Elisabeth Nowak

Miteinander Schule leben

Demokratie erleben und Werte erlernen

Ein Praxishandbuch

Mit Kopiervorlagen

Elisabeth Nowak ist Diplom Sozialpädagogin und Religionslehrerin. Neben ihrer langjährigen Tätigkeit im Grundschulbereich arbeitet sie ehrenamtlich in der Mediation im Gemeindepastoral und ist Mentorin sowie Prüferin für angehende Religionslehrer. Darüber hinaus ist sie Mitglied einer Arbeitsgruppe zur kollegialen Beratung und beschäftigt sich mit der Entwicklung von Standards zur Qualitätssicherung und Qualitätsmanagement in sozialen Organisationen. Ein weiterer Schwerpunkt ist die vergleichende soziale Arbeit sowohl innerhalb der nationalen als auch europäischen Sozialpolitik und die Erforschung systemtheoretischer Wirkfaktoren innerhalb einer sozial-emotionalen Basispädagogik. Ein von ihr entwickeltes Ausbildungsprogramm für Schulkind-Streitschlichtung ist in ihrem Praxishandbuch *Miteinander Lernen – Zusammen Wachsen, Peer-Mediation in der Grundschule* publiziert. Neben ihrer Aufgabe als Mutter zweier Töchter, davon eine Tochter mit Mehrfachbehinderung, befasst sie sich mit Entwicklungspsychologie, integrativer und interkultureller Erziehung, Gestalt-, Lern- sowie Genderpädagogik.

Gedruckt auf umweltbewusst gefertigtem, chlorfrei gebleichtem
und alterungsbeständigem Papier.

7. Auflage 2025

Illustrationen: Inka Grebner
Titelzeichnung: Andreas Schrötter
Layout/Satz: PrePress-Salumae.com, Kaisheim
Druck: Rausch Druck GmbH, Aindlinger Str. 14, 86167 Augsburg

ISBN 978-3-95660-**007**-4

www.brigg-verlag.de

Gewidmet meinen Töchtern Veronika und Angelika

Vorwort

Schule ist Reiz- und Schlüsselwort zugleich. Eltern, Schüler, Lehrer, Schulbehörden, Politiker und Wissenschaftler und die halbe Gesellschaft klagen über diese allen vertraute Institution andauernd, lautstark und vielfältig. Alle haben Erfahrungen mit Schule. Viele halten sich für Experten.

Aber Schule ist nicht mehr, was sie war. Schule ist schlimmer geworden, sagen die einen. Schule hat sich verändert und ändert sich fortgesetzt und durchaus auch zum Vorteil für alle Beteiligten, sagen andere. Die große Nationen vergleichenden Studien setzen die Schulen – Schüler, Eltern und Lehrer, die Politiker, die Kritiker – unter enormen Druck. Schule sei Schuld am zu geringen wirtschaftlichen Wachstum, an zu hohen Arbeitslosenzahlen – und an einer weit verbreiteten „Politikverdrossenheit". Schule wird zum wiederholten Male zum Gegenstand scharfer gesellschaftspolitischer Auseinandersetzungen und zum Zankapfel der Parteien. Schule hat sich ausgedehnt und soll wieder kürzer werden. Schulen sind größer geworden, sie sollen wieder kleiner werden. Schulen sind teuer geworden – Musik- und Sportunterricht fallen aus, die Ausstattung mit Computern ist wichtiger und dafür gibt es Sponsoren. Schulsozialarbeit kann man sich nicht leisten.

Schulen sind Orte, an denen Kinder und Jugendliche viel Zeit zubringen. Sie stellen einen Ort der Sozialisation und eine Lebenswelt dar. Schulen sind kreativer geworden, aber Schulen sind auch „technischer" geworden. Wer lange hin sieht, versteht: Schulen sind auch im 21. Jahrhundert gesamtgesellschaftlich betrachtet ohne Alternativen. Man kann sie nicht abschaffen – sie müssen anders, neu werden.

Elisabeth Nowak arbeitet auf diese andere Schule hin. Es geht ihr nicht um ein paar „Rezepte" und Anweisungen, sondern um die Neugestaltung der Lebenswelt Schule. Ihr Vorschlag: Ein „Demokratieprojekt", damit dort Demokratie praktiziert und Werte erfahren werden können. Um dieses „Duo" kreisen die Überlegungen, Fragestellungen und Vorschläge zur Gestaltung einer neuen Schule in der künftigen Gesellschaft.

Demokratie wird als jene Wirklichkeit verstanden und begriffen, in der Kinder und Jugendliche erleben können, dass sie wertgeschätzt werden – „etwas wert" sind, sogar wertvoll (voller Werte) sind. Mit Bezugnahme auf die Kinderrechte wird das Anliegen nicht als „Gut-Will-Veranstaltung" für ein paar engagierte Lehrer empfohlen, sondern wird ein Rechtsanspruch und damit eine Pflicht deutlich gemacht.

Das „Demokratieprojekt" in der Schule will Demokratie erfahrbar, Werte erlernbar und Schule von allen gestaltbar werden lassen. Diesem Anliegen gelten alle Vorschläge, Darstellungen und Anregungen, die die Sozialpädagogin/Religionslehrerin vorlegt. Sie will das einzelne Schulkind erreichen, die Klasse und letztlich die ganze Schule, die „Schulgemeinschaft". Ihre „sozial-emotionale Basispädagogik" geht von einer „flachen Hierarchie" im Lerngeschehen aus und lässt den Respekt vor dem Schulkind nicht nur erkennen, sondern auch fühlen. Durch ein immer wieder angeregtes und angeleitetes „gemeinsames Miteinander Füreinander" wird die „Schulgemeinschaft" aufgebaut.

Elisabeth Nowak hält sich nicht lange bei systematischen Reflexionen auf, sondern wendet sich rasch den praktischen Seiten ihres „Demokratieprojekts" zu. Sie beschreibt Kompetenzen, die es zu formulieren und zu erwerben gilt, sie stellt die Instrumente dar, die es in das Schulleben zu „implementieren" gilt und skizziert die einzelnen Schritte bis hin zur Evaluierung des Projekts. Sie unterstützt die Handelnden mit motivierenden Anregungen: Die Schulleitung, die Organe der Elternmitwirkung, die Steuerungsgruppe. Ein Methodenpool hilft die Praxis zu beginnen. Schließlich geht der Blick noch einmal in die Gesellschaft, in der die Schule lebt. Sie ist dort zu platzieren, wo die Schüler, Eltern und Lehrer ihren Platz haben.

Das Mühen um Demokratie in der Schule wird nicht das Anliegen von Schulsozialarbeit und das Bemühen von Sozialpädagogen (allein) sein können. Dieses Anliegen greift tief in das Leben und in die Strukturen von Schule ein. Es muss von allen „aufgegriffen" werden. Dieser Band will dabei helfen.

Prof. Dr. Franz Schmid
Benediktbeuern

Dank

An dieser Stelle möchte sich die Autorin bedanken bei der Schule Percha: der Schulleitung, dem Kollegium, allen Schulkindern und den Eltern für die Kooperation und Unterstützung. Ein ganz herzlicher Dank gilt der Schulrektorin Berni Bernecker. Besonders durch sie konnte das Projekt und die wissenschaftliche Studie so durchgeführt werden, dass die Thematik „Demokratie erleben und Werte erlernen" in das schulische Umfeld kam, die Konzeption in der Praxis erforscht werden konnte und daraus resultierend die Entwicklung hin zu einer demokratischen Schule stattfinden konnte.
Last but not least geht ein weiterer Dank an die Familie der Autorin (Walter, Veronika und Angelika sowie Katze Paula), die durch ihr geduldiges Verständnis maßgeblich zum Gelingen des vorliegenden Buches beigetragen haben.

Inhalt

Übersicht über Materialien (M)

Um die Lesbarkeit zu erleichtern, wurde auf die weiblichen Morpheme verzichtet. Die Personenkategorisierungen wurden nur dann benutzt, wenn es sich um homogene Gruppen handelte (z. B. Pädagoginnen, Lehrerinnen).

„Hoffnung [Demokratie] ist wie ein Pfad.
Am Anfang existiert er noch nicht,
er entsteht erst, wenn viele Menschen den gleichen Weg gehen."
(Lu Xun/ZhouShuren[Anm.E.Nowak])

Einführung: Miteinander Schule leben – Demokratie erleben und Werte erlernen

In unserer Kultur stellt Schule (nach Hartmud von Hentig) die größte gesellschaftliche Veranstaltung dar. Sie fordert einen Zeitabschnitt im menschlichen Leben ein, in welchem die Wirkungsstärke des Lernpotenzials und der Lebenskraft so groß ist, wie sonst nie mehr im Lebenslauf. Sie beansprucht die ganze Kindheit und Jugendzeit. Insofern ist es bedauerlich, dass junge Gesellschaftsmitglieder, wenn sie aus der Schule entlassen werden, zwar reich an Kenntnissen, aber arm an Erfahrungen sind, zwar mit vielen Erwartungen behaftet, aber ohne große Orientierung. Viele unserer Kinder und Jugendlichen zeigen sich als *Nesthocker* und werden nur ganz langsam selbstständig. Ein großer Anteil der Schulabgänger weist durch defizitäre Sozial- und Lebenskompetenzen eine große Distanz zum Gemeinwesen auf und zeigt dadurch das fortschreitende Individualisierungsausmaß unserer pluralistischen Gesellschaft. Die Schulwelt, in der unsere Kinder in ihrer demokratischen Heimat aufwachsen, könnte die Ausbildung dieser Kompetenzen entscheidend fördern, wenn sie sich öffnet für ein partizipatives und demokratisches Miteinander lernen und leben. Ein *demokratisches Miteinander Schule leben* kann aber nur auf der Grundlage der Grundrechte gelingen. Gemäß der gesellschaftspolitischen Dimension der Verantwortung für Kinder muss die Erwachsenengeneration die kindlich elementaren Grundrechte garantieren und einlösen, weil Kinder darauf angewiesen sind. Im demokratischen Verständnis und ihrem Recht auf eine Zukunft sollen Kinder ihr eigenes Leben und Lernen in einem pädagogischen Rahmen selbst gestalten können. Diesem Anspruch entspricht leider nicht, dass in den meisten deutschen Schulen bis heute den lernenden Schulkindern nicht genügend Entfaltungsraum für selbsttätiges Handeln, Mitbestimmen und Mitgestalten zugestanden und eingeräumt wird. Die in Demokratiepädagogik implizierten ethisch-christlichen Grundwerte können infolgedessen im Schulalltag nicht ausreichend nachhaltig vermittelt und verankert werden. So wird den jungen Gesellschaftsmitgliedern eine Kompetenzerweiterung verwehrt, um auf der einen Seite als mündige Bürgerinnen und Bürger ihre zukünftigen Chancen auf politische Teilhabe einlösen und auf der anderen Seite ihr Leben in der Gesellschaft verantwortungsübernehmend selbst gestalten zu können.

Demokratie – als Lebensform

Demokratie – als Lebensform und soziale Idee verstanden – impliziert eine *politische* (Wissen, Überzeugungen) und *pädagogische* Aufgabe mit der Zielsetzung, bei (Grund-) Schulkindern die Ausformung von Mündigkeit anzubahnen und zu fördern. Demokratische Lebensführung setzt die Einübung demokratischer Kommunikationsformen und die Erfahrungen von Partizipation, Zugehörigkeit und Verantwortung voraus. Um eine gelingende Integration als Kind, Jugendlicher und Erwachsener in unsere Gesellschaft zu ermöglichen, benötigen Kinder für ihren Mündigkeits-Entwicklungsprozess kommunikative und soziale Schlüsselkompetenzen. Weil dieser Bildungsauftrag, nach der erfolgten wesentlichen Formung und Ausrichtung im Elternhaus, in unserer Demokratie dem Staat obliegt, hat die Institution Schule in Erfüllung dieses Auftrages (Grund-)Schulkinder zur Wahrnehmung ihrer Rechte und Übernahme ihrer Pflichten, vor Gott und den Mitmenschen, zur Anerkennung ethischer Normen hinreichend zu bilden und vorzubereiten. Sie hat (Grund-)Schulkinder zu selbstständigem Urteil, zu eigenverantwortlichem Handeln, Leistungsmotivation und Leistungsbereitschaft zu führen. Aus diesem Verständnis heraus bedarf es eines Perspektiven-Wechsels, um sowohl das schulische Missverhältnis von Aufwand und Erfolg bewusst wahrzunehmen als auch die vorliegenden Konsequenzen bewusst verändern zu wollen. Es braucht aber Geduld für diesen gesellschaftlichen Lernprozess, um zu einer *demokratischen Schulwirklichkeit* zu gelangen. Ist doch die Entwicklung des demokratischen Prinzips aus seinem antiken Ursprung bis hin zur demokratischen Staatsform, wie wir sie heute in Europa leben können und dürfen, durch die Jahrhunderte der Menschheit gegangen. Die Verantwortlichen in Bildungs- und Sozialpolitik und unsere Gesellschaft sind aufgerufen, engagiert für ein neues, im Schulsystem verankertes demokratisches Lehren und Lernen einzutreten. Nur so können neue Wege für eine *Schule der nächsten Generation* beschritten werden. Als Leitfrage ergibt sich somit die Fragestellung, wie diese neuen demokratischen Wege aussehen und beschritten werden können.

Wie kann sich eine demokratische Schulwirklichkeit gestalten?

Demokratie in der Schulwelt kann innerhalb von Sozial-Projekten gestaltet und implementiert werden. Ein demokratisches *Miteinander Schule leben* kann so im Schulalltag erlebt und erlernt werden. Durch Demokratiepädagogik kann eine implizierte Werteerziehung ermöglicht und durch ein Learning by Feeling and Doing nachhaltig verankert werden. Im Erleben einer *demokratischen Schulwirklichkeit* werden Schulkinder im konstruktivistischen Sinn zu mündigen Baumeistern und Mitgestaltern. Demokratie ist so als Lebensform anzubahnen und auszubilden. Demokratieerziehung wird postuliert als normatives, soziales sowie kommunikatives Grundprinzip und ist für Schulentwicklung und Schulkultur zu begreifen. *Miteinander Schule leben* bedeutet einen Innovationsprozess, um demokratische Prinzipien in die Schulwelt zu transformieren.

Wie kann ein Demokratie-Projekt erfolgreich implementiert werden?

Für die Schule der Primarstufe stellt Demokratielernen wegen der entwicklungspsychologischen Konstellation der Lernenden besondere Anforderungen an die beteiligten Innovations-Akteure. Im beschriebenen Sozial-Projekt *Demokratie erleben und Werte erlernen* wurde ein Konzept anhand eines Demokratie- und Werteerziehungs-Projektes an einer Grundschule für die Primarstufe entwickelt, welches die Entwicklungsstufen der Schulkinder berücksichtigt. Die in diesem Alter beginnende Ausbildung sozialer Fähigkeiten wurde bei der Konzeptentwicklung in den Blick genommen und im Praxisprozess zusammen mit den Kindern erprobt und angepasst. So konnte ein altersgerechtes, praxiserprobtes Demokratie- und Werteerziehungs-Projekt gestaltet werden, das genau auf die Primarstufe und ihre spezifischen Anforderungen zugeschnitten ist. Die pädagogische Zielsetzung der Ausbildung eines demokratischen Verständnisses und Erziehung zur Demokratiefähigkeit, Vermittlung von Werten konnte durch Institutionalisieren demokratischer Strukturen erreicht werden. Mit dem Forum der Schulversammlung konnten durch ein *Learning by Feeling and Doing* im Rahmen von Sozialzielen basisdemokratische Kompetenzen ausgebildet werden durch ein schulkindorientiertes politisches Agieren (Partizipation, Gleichwertigkeit, Mehrheitsprinzip, freie Meinungsäußerung, gemeinschaftliches Regelbefolgen). Durch das systemisch wirkende Instrument *Feedback-Tafel* konnten durch ein Lernen in Sozialzielen gemeinschaftsförderliche Verhaltensweisen eingeübt und nachhaltig praktisch umgesetzt werden. Die prozessbegleitende Dokumentierung und Visualisierung ermöglichten eine breit wirkende Projekt-Transparenz und Öffentlichkeitsarbeit. Schließlich wurden mittels Selbstevaluation mit partizipativen und responsiven Beteiligungsformen und prozessorientierten Methoden (Fragebögen, Interviews, Alltagsbeobachtungen) im Projektverlauf Empfehlungen herausgearbeitet, die zusammen mit dem Evaluationsergebnis als verantwortlich für die erfolgreiche Implementierung definiert wurden. Die postulierten Leitlinien stellen die Essenz des ganzen Evaluationsprozesses dar. Durch soziales und basisdemokratisches Lernen konnten bei Grundschulkindern so die erforderlichen Kompetenzen für ein Wertefundament in der Gemeinschaft ausgebildet werden: Werte und Verhaltensweisen, die ein friedliches, gewaltfreies Zusammenleben fördern und eine schulkindgerechte, selbst erfahrene Orientierung für die Gesellschaft geben zur Mitwirkung an demokratischen Meinungsbildungs- und Mitentscheidungsprozessen. Das vorliegende Praxishandbuch stellt demzufolge ein praxiserprobtes Konzept für eine Demokratie- und Werteerziehung in einer (Grund-)Schule vor. Geschrieben wurde es von einer Lehrerin und Sozialpädagogin aus der Praxis für die Praxis. Es bietet eine wertvolle Arbeitshilfe für Innovations-Akteure (Schulleitung, Schulpädagoginnen und Schulpädagogen sowie Sozialpädagoginnen und Sozialpädagogen), die engagiert für eine Demokratie in der Schulwelt eintreten und ein solches Projekt in ihre Schule bringen wollen.

Systemische Wirkfaktoren einer demokratischen Schulwirklichkeit und Anforderungen an eine Schule der nächsten Generation

Das Praxishandbuch geht weit über den empirischen Projektbereich hinaus und stellt Schule als Sozial-System einer Netzwerk-Gesellschaft dar, in welcher die beteiligten Individuen die Schnittpunkte bilden. Es werden die Auswirkungen einer demokratischen Wirklichkeit im System Schule aufgezeigt. Vor diesem konstruktivistischen Hintergrund wird eine Didaktik diskutiert, die eine wechselseitige Beziehung fördert für eine *Demokratie im Kleinen* in einer partizipativen Unterrichts- und selbstwirksamen Lernkultur. Diese stellt in ihren Auswirkungen Anforderungen an ein verändertes pädagogisches Rollenbild mit einer partizipativen Partnerschaft *auf Augenhöhe* und einer *neuen Fehlerkultur*. Die für solche interaktionistische Didaktik wirksamen konstruktivistischen Methoden werden dargestellt und ebenso das Konzept für ein Teamwork mit kollegialer Partizipation. Möglichkeiten einer partizipativen und synergetisch wirkenden Schulleitung werden aufgezeigt. Die Möglichkeiten einer *Eltern-Kultur* mit neuen wertschätzenden Beteiligungsformen innerhalb eines Elternforums und einer Elternmitwirkung, die sich abgrenzt von der bisher meist praktizierten Eltern-Arbeit, wird ausgebreitet. Schließlich wird eine *offene Schule in der Demokratie* definiert sowohl mit ihrem Auftrag zur Kooperation mit den kontextuellen gesellschaftlichen Systemen als auch mit ihrer Erziehungsverantwortung, die ihr anvertrauten Menschenkinder für ein bürgergesellschaftliches Engagement auszubilden. Vor dem Hintergrund einer Gesellschaft im Wandel der Zeit werden demografisch bedingte Anforderungen an die Zukunft für eine *Schule der nächsten Generation* formuliert.

Reichhaltige Arbeitshilfen für die praktische Umsetzung

Im vorliegenden Praxishandbuch finden sich motivierende Anregungen zur Umsetzung der einzelnen Bausteine. Ein reichhaltiges Angebot an Anleitungen, Methoden und Materialien erleichtern den Einstieg in die demokratische Praxis. Alle Materialien werden, bezogen auf das spezifische Kapitel, in einer Übersicht dargestellt.

„Demokratie heißt, sich in seine eigenen Angelegenheiten einzumischen."
(Max Frisch)

1. Warum sollen Kinder in der Schule Demokratie erleben und Werte erlernen?

Unsere Kinder wachsen in eine „pluralistische Gesellschaft"[1] hinein mit einer auf Gewaltenteilung beruhenden demokratischen Verfassung. Innerhalb dieser Grundordnung darf und soll der einzelne Mensch in Rückbindung an die gesellschaftlichen Werte und Normen sein Leben freiheitlich so gestalten, dass es für ihn und auch die Gemeinschaft förderlich ist. Werte und Normen im demokratischen Prinzip:

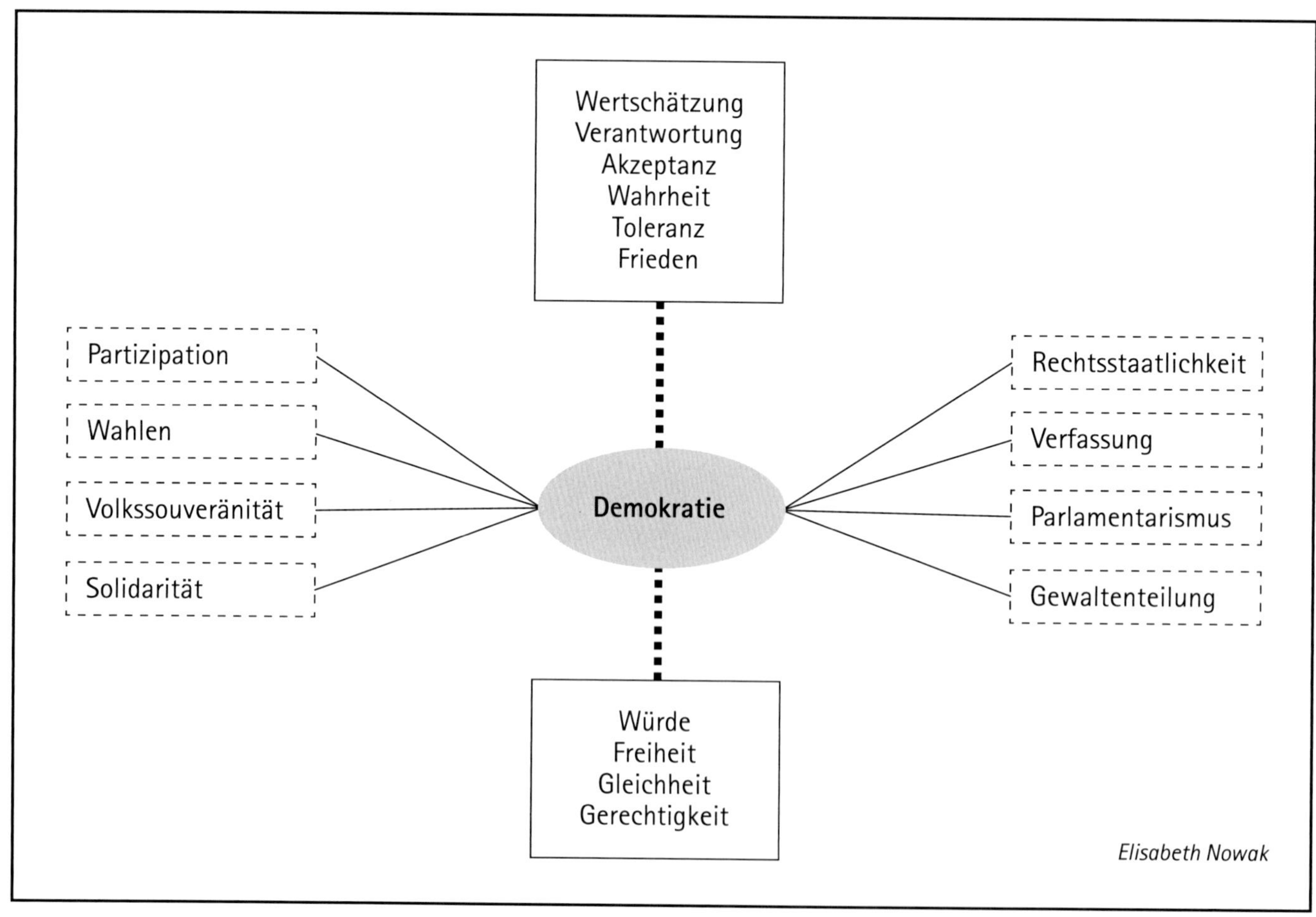

Der amerikanische Reformpädagoge und Philosoph John Dewey definiert eine demokratische Gemeinschaft als „die Gemeinschaft derjenigen, die miteinander in Kommunikation stehen und planend über die gemeinsame Lebenswelt miteinander kommunizieren (...). Eine kreative Demokratie entsteht erst dann, wenn Bürger in einem freien Staat über das Medium der Sprache ihren gemeinsamen Lebensraum regeln und gestalten. Damit ist Demokratie nicht nur als eine Regierungs- und Gesellschaftsform, sondern vor allem als eine spezifische Form des Zusammenlebens charakterisiert. Die Qualität einer Demokratie hängt damit unmittelbar mit der Qualität der sozialen Beziehungen in ihr zusammen. Als Lebensform lebt sie von der Kommunikation im sozialen Nahraum, in der Alltagswelt".[2] Aus dieser Sicht unterteilt Dewey den Demokratiebegriff folgendermaßen:

1 Eine pluralistische Gesellschaft bedeutet eine moderne, demokratische, durch Mobilität und kulturelle wie ethnische Vielfalt ausgezeichnete Gesellschaft (vgl. Hentig, 2003, S.110)

2 Vgl. Dewey: Demokratie und Erziehung, 2000/1916

Dreiteilung des Demokratiebegriffs[3]

Herrschaftsform	Gesellschaftsform	Lebensform
Grundrechte und staatsbürgerliche Rechte	Pluralismus	Partizipation
Rechtsstaat	Heterogenität	Toleranz
Wahlen/Volkssouveränität	soziale Differenzierung	Fairness
Parlamentarismus/ Parteienwettbewerb	friedliche Konfliktregelung	Demokratische Kompetenzen
Gewaltenteilung	Konkurrenz/Marktwirtschaft	Vielfalt der Lebensstile („pursuit of happiness"[4])
Soziale Sicherung	Offenheit/Öffentlichkeit	Chancenvielfalt
	Zivilgesellschaft	Solidarität
		Selbstorganisation

Elisabeth Nowak[5]

In diese Gemeinschaft soll sich das Individuum partizipativ, d.h. mitgestaltend und mitbestimmend, integrieren können. Für eine erfolgreiche Integration mit gelingenden sozialen Beziehungen bedarf es sowohl kommunikativer und sozialer Kompetenzen als auch einer, auf demokratischen Grundrechten basierenden, christlich-ethischen Werteausstattung.

1.1 Werte und Moral in der demokratischen Gesellschaft

Werte „meint das, was wir in unserer Kultur dazu erklären und auch so erfahren"[6] : Wertschätzung, Verantwortung, Akzeptanz, Wahrheit, Toleranz, Friede, Würde, Freiheit, Gleichheit, Gerechtigkeit. Sittliche Werte sind Motivationen und Zielsetzungen, an denen sich der Mensch ausrichtet. Sie betreffen Verhaltensweisen der Menschen, die ihr Leben gelingen lassen und haben auffordernden Charakter. Normen (lat. Norma = Winkelmaß, Regel, Richtschnur) bezeichnen allgemein anerkannte, als verbindlich geltende Regeln für menschliches Verhalten. Diese Sollen-Maßstäbe beanspruchen, befolgt zu werden. Tugend (lat. virtus) meint Tauglichkeit, Tüchtigkeit und damit die sittliche Beschaffenheit des menschlichen Wollens und Handelns. Der Terminus Tugend bezeichnet die Kraft des Menschen, sich und sein Handeln nach den sittlichen Pflichten und Zielen zu gestalten und damit die Fähigkeit, sich entsprechend der einzelnen Werte zu verhalten. Wenn Menschen nach den Werte-Maßstäben handeln, können sie in einer demokratischen Gemeinschaft gut zusammenleben, weil die Werte ihnen sagen, was sie tun sollen oder nicht. Aufgabe einer Gesellschaft ist es deshalb, die Auseinandersetzung mit Normen und Werten zu führen. In unserer wertepluralistischen Gesellschaft ist die Verständigung auf gültige Normen und Werte problematisch und deshalb wird in diesem Kontext auch vom Wertewandel gesprochen. Diese Verständigung ist unabdingbar. Um eine Beliebigkeit und Individualisierung zu verhindern, muss die Rückbindung der Normen und Werte an eine globale Ethik vorgenommen werden.

Wertesystem

Werte werden funktional als Steuermechanismen für individuelle Einstellungen und Verhaltenspositionen definiert. „Durch ihre Internalisierung werden Wertekonzeptionen zu Werteorientierungen innerhalb des individuellen Überzeugungssystems."[7] „Über die moralischen Kernprinzipien einer Demokratie (Gerechtigkeit und Respekt vor der Würde aller Menschen) besteht über alle kulturellen Grenzen hinweg eine hohe Übereinstimmung. Besorgniserregend ist allerdings die oft sehr große Kluft zwischen moralischen Idealen einerseits und realem Handeln andererseits. Menschen wissen oft nicht, wie diese Prinzipien in konkreten Situationen anzuwenden sind, ‚vergessen' diese Prinzipien oft, wenn sie unter zeitlichen oder emotionalen Stress kommen oder sind völlig hilflos, wenn (...) sie bspw. zwei Handlungsweisen erfordern, die sich gegenseitig ausschließen, den Handelnden vor ein Dilemma stellen: Wie kann ich so entscheiden, dass alle beteiligten Moralprinzipien eingehalten werden?"[8]

---

3 Ebd.
4 „Pursuit of happiness" verstanden als unveräußerliches Recht auf Verfolgung des eigenen Glücks (vgl. von Hentig, 2003, S. 119)
5 Grafik E. Nowak nach Dewey: Erziehung zur Demokratie, 2000/1916
6 Vgl. Hentig, 2003, S. 135
7 Ebd.
8 Lind: www.uni-konstanz.de, download 30.05.2008

1.2 Moralerziehung und Wertevermittlung

Der Wunsch, moralisch zu handeln, setzt mehr als moralische Ideale und Werte voraus. Er setzt auch moralisch-demokratische Fähigkeiten voraus, um diese Ideale in konkreten Situationen konsistent und differenziert anzuwenden zu können. Wenn Demokratie gelingen soll, müssen möglichst alle Bürger möglichst viele dieser Fähigkeiten besitzen. Junge Menschen brauchen daher eine moral-ethische Werteausstattung, um gegenüber einer „postmodernen Gleichgültigkeit (...), Individualismus und Populismus"[9], zunehmendem Konsum sowie Gewaltbereitschaft, innerhalb einer sich opportunistisch gestaltenden Gesellschaft gerüstet zu sein.

Junge Menschen brauchen ganzheitliche Bildung mit demokratischer Erziehung, die ohne ethische Lernprozesse mit einer nachhaltigen Wertevermittlung und Moralerziehung nicht denkbar ist. Ganzheitliche Bildung bedeutet Wertebezogenheit. Im Spannungsfeld zwischen einer Förderung zur individuellen Autonomie auf der einen Seite und solidarischer Beteiligung an der Gemeinschaft auf der anderen Seite liegt Erziehung zur „ethisch-moralischen Kompetenz, welche drei wesentliche Dimensionen unterscheidet: Moralitätskompetenz (Kohlberg), Moralkompetenz (Maxime als Schnittfläche – Habermas) und ethische präskriptive Kompetenz. Der double bind der Ethik liegt in der Kritik/Problemerschließung und Handlungsorientierung. Ethische Urteilsbildung findet nicht nur als individuelle Urteilsbildung statt, sondern auch als soziale Auseinandersetzung".[10]

Moralerziehung und Wertevermittlung bilden den Bereich der Erziehung, der Hilfen zur individuellen Lebenssinnfindung sowie Orientierung an Werten und sozialen Normen umfasst, die ihrerseits eine Unterscheidung zwischen *guten* (richtigen) und *schlechten* (falschen) Handlungsweisen erlaubt. Als *zentrales Ziel* in demokratisch verfassten (offenen) Gesellschaften kann die Forderung nach Erziehung zur ethischen Urteilsfähigkeit und moralischen Mündigkeit gelten. „Wie verschiedene Untersuchungen nahelegen, beeinflusst die Art und Weise des erzieherischen Vorgehens in der m[oralischen] E[rziehung] nachhaltig die angestrebten Zielsetzungen. So ist ein mit moralischer Mündigkeit umschriebenes Ziel mit Methoden der Gesinnungsmanipulation und Indoktrination unvereinbar (...). Unter **moralischer Mündigkeit** [wird] die Fähigkeit und Bereitschaft verstanden, mit Sach- und Sozialverstand mit den großen ethischen Prinzipien der Menschheit wie Freiheit, Brüderlichkeit u.a. in den konkreten Situationen umgehen zu können."[11]

Definition von Moral
... als Übereinstimmung des Verhaltens mit sozial vorgegebenen Erwartungen und Normen *(Normenkonformität)*,
... als Übereinstimmung des Verhaltens mit den eigenen moralischen Idealen und Prinzipien *(Gewissen)*.

Bereits Sokrates hat, nach Lind, vor mehr als 2500 Jahren erkannt, dass Moral eine Tugend/Fähigkeit und dadurch lehrbar ist. Auf der Grundlage von Kohlbergs moralischer Urteilsfähigkeit definiert Lind Moral

„als Fähigkeit, in Bezug auf die eigenen moralischen Ideale konsistent und in Bezug auf die jeweilige Situation angemessen (differenziert) zu urteilen und zu handeln *(Fähigkeitsdefinition)*."[12]

„Viele glauben zwar heute immer noch, dass Moral allein eine Frage der richtigen Werthaltung und Gesinnung ist. In diesem Verständnis müsste sie eingetrichtert werden. Die Forschung zeigt jedoch, dass Moral weitgehend eine Frage der Fähigkeit zu sein scheint, moralische Dilemmata oder Aufgaben zu lösen, die uns das Leben stellt. Insofern sind die verschiedenen Argumente, Moral sei
a) eine Frage angeborener Persönlichkeitseigenschaften also Wesenszüge oder
b) bloß eine Werthaltung oder Einstellung oder Ähnliches nicht zutreffend."[13]
Fähigkeiten sind erlernbar.

Moral lernen bedeutet, die Fähigkeit zur Verantwortungsübernahme zu entwickeln durch eine selbst erfahrene Perspektivenübernahme.

„Die neuere moralpsychologische Forschung hat die Bedeutung für die Gestaltung der Schule (und anderen Bildungsinstitutionen) als *Demokratische Gemeinschaft* erkannt. Kinder erwerben moralische Fähigkeiten durch den Umgang mit Erwachsenen und Kindern, wobei der Qualität dieses Umgangs dabei ganz besondere Bedeutung zukommt. Wechselseitiger Respekt und Achtung, das Prinzip des gerechten Austauschs und andere Prinzipien einer demokratischen Gemeinschaft scheinen für die Ausbildung solcher Fähigkeiten von zentraler Bedeutung."[14] Nach Lind ist Moralerziehung durch die Ausbildung einer Urteils- und Diskursfähigkeit erfolgreich. Dazu hat er die Konstanzer Methode auf der Basis der Dilemmadiskussion von Blatt und Lawrence Kohlberg entwickelt. „Diese Methode stellt die Auseinandersetzung mit Gegenargumenten in den Mittelpunkt, setzt semireale Dilemmas und die rhythmische Abwechslung

9 Greiffenhagen: A. a. O., S. 133
10 Dietrich, 2007
11 Vgl. Lind, 2003, S. 33
12 A. a. O., S. 33
13 Burggraeve; Scheppens, 1999, S. 15
14 A. a. O., S. 37

von Phasen der Unterstützung und Herausforderung ein, um ein optimales Aufmerksamkeitsniveau bei Schülern zu erreichen, bei welchem sie nicht gelangweilt und auch nicht überfordert werden. Mit der Methode der Dilemmadiskussion können über moralische Fähigkeiten hinaus auch spezifisch demokratische Kompetenzen gefördert werden:

- Die Fähigkeit Respekt und Toleranz bei der Verfolgung eigener Zielsetzungen zu zeigen
- Interessenkonflikte durch vernünftigen Diskurs anstatt mit Gewalt zu lösen
- den Gegner als Instanz zur Überprüfung eigener moralischer Standpunkte schätzen zu lernen."[5]

Lind hält aufgrund seiner langjährigen praktischen Erfahrung a) die Ausbildung der Lehrenden zur Anwendung seiner *KMDD (Konstanzer Methode Dilemma-Diskussion)* als essentiell für das Gelingen und die Wirksamkeit und b) ist seine Methode für die Primarstufe erst ab der 3. Jahrgangsstufe einsetzbar. Die Lehrenden brauchen gründliche pädagogische und psychologische Kenntnisse und sollen Grundlagen in der Moralphilosophie aufweisen. Die edukativen semirealen (hypothetischen) Dilemma-Situationen für den Unterricht sind entwicklungspsychologisch an die Altersgruppe und Lebenswelt der Schulkinder anzupassen, damit sie nicht überfordert werden. Dilemma-Diskussionen dürfen keine Ängste auslösen, sollen aber neugierig machen, spannend sein, und empathische Perspektivenübernahme ermöglichen.[16]

Kinderrechte:

1. Gleichheit, unabhängig von Rasse, Religion, Herkunft oder Geschlecht
2. gesunde geistige und körperliche Entwicklung
3. einen Namen und Staatsangehörigkeit
4. ausreichende Ernährung, menschenwürdige Wohnverhältnisse und medizinische Versorgung
5. besondere Betreuung im Falle körperlicher oder geistiger Behinderung
6. Liebe, Verständnis und Geborgenheit
7. unentgeltlicher Unterricht, Recht auf Spiel und Erholung
8. Beteiligung an der Gestaltung der eigenen Umwelt
9. Schutz vor Grausamkeit, Vernachlässigung und Ausbeutung
10. Schutz vor allen Formen der Diskriminierung und eine Erziehung im Geiste der weltweiten Brüderlichkeit, des Friedens und der Toleranz

1.3 Rechte der Kinder (nicht nur) in der demokratischen Gesellschaft

„Von Natur aus gibt es ein Bedürfnis des Kindes und des jungen Menschen nach Hilfen beim Sich-Einfinden und -Einüben in die Welt wie sie ist."[17] Gemäß einer politischen Dimension der Verantwortung für Kinder muss die Erwachsenengeneration die kindlich-elementaren Grundrechte garantieren und einlösen, weil Kinder darauf angewiesen sind. Im demokratischen Verständnis und ihrem Recht auf eine Zukunft sollen Kinder ihr eigenes Leben und Lernen in einem pädagogischen Rahmen selbst gestalten können.

Die Kinderrechte gelten, gemäß dem demokratischen Gleichheitsgrundsatz, für alle Kinder auf der Welt. Im Jahr 1959 haben die Vereinten Nationen eine Deklaration über Kinderrechte verabschiedet. Zwar wurde diese Erklärung noch nicht völkerrechtlich bindend, aber sie stellte zumindest eine Absichtserklärung dar. Erst 1989 wurden in einer Konvention mit 54 Artikeln die Kinderrechte neu gefasst und als bindendes Recht verabschiedet. Alle ratifizierenden Länder stellen damit sicher, dass ihre Gesetze der Übereinkunft entsprechen. Deutschland hat 1992 die Konvention übernommen. 184 Staaten haben bis 1995 die Charta der Kinderrechte ratifiziert.[18]

1.4 Pflichten der Kinder – Selbstdisziplin lernen für die Gemeinschaft

Werte sichern Rechte. Verbote bewahren Werte, indem sie Grenzen setzen, ohne die sinnvolles Leben und Handeln nicht möglich ist. Neben ihren Rechten haben Kinder auch Pflichten: Auch sie haben Verbote einzuhalten. Orientierung an universellen Werten, die Verpflichtung zur Einhaltung von Verboten und Regeln sind zentrale Erfordernisse, um ein gelingendes, friedliches Zusammenleben und Zusammenarbeiten in einer Gemeinschaft (Familie, Schule, usw.) zu ermöglichen. Das Befolgen von Verboten und Regeln (Disziplin) setzt die Fähigkeit zur Selbstdisziplin voraus. Diese Fähigkeit muss erlernt werden. „Verbote sind nur wie Linien auf dem Fußballplatz, die bestimmen, wann ein Fehler gemacht wird. Sie ermöglichen nur das Spiel, sind aber selber noch nicht das Spiel. Die Spieler müssen das Spiel selber ermöglichen durch die Fähigkeiten, die sie durch das Training (eine Form des Übens und des Lernens von anderen) entwickelt haben. Ob man gut spielt, hängt von der Mannschaft und von den Spielern ab. Das Spiel wird nicht mehr von den Linien und den Spielregeln, sondern vom Talent, von der qualifizierten Vorbereitung, vom Team-

15 Vgl. Lind, S. 73 ff.
16 Näheres zur Methode siehe http://uni-konstanz.de
17 Vgl. Hentig, 2003, S. 183
18 Vgl. http://.www.dadalos-d.org, download vom 22.06.2007

geist und dessen Einsatz bestimmt. Man kann allerdings nur Fußball spielen innerhalb der abgesteckten Linien und der Regeln, die die Übertretungen bestimmen."[19] Soziale Normen erwirbt der Mensch in einem lebenslangen Prozess von seinem ersten Lebenstag an. Wesentlich ist dabei, dass allmählich die in der sozialen Umgebung gelebten Werte und Normen zu Eigen gemacht, internalisiert werden. Je früher dieser Sozialisationsprozess erfolgt, desto wirksamer schlägt er sich in der Ausbildung der Basispersönlichkeit nieder. Je intensiver der Personenbezug (primär in der Familie, dann die Peers in der sozialen Lebenswelt Schule) und die Zuwendung sind, desto erfolgreicher sind die Bemühungen.

„Die erzieherische Beziehung basiert ohne Zweifel auf der Anerkennung des [jungen Menschen] in seiner Eigenheit und auf dem Willen, ihn im vollen Sinne des Wortes ‚Subjekt' oder ‚Person' werden zu lassen (...). Dieser Wille soll auch in erfahrbarer Bestätigung und Bejahung zum Ausdruck gebracht werden. Durch Worte und Zeichen vonseiten der Erzieher können Kinder oder Jugendliche ihr Selbstwertgefühl entwickeln und durch diese positiven Erfahrungen gelingt es ihnen, selber Glück zu erfahren und mit anderen Menschen wirklich zu kommunizieren."[20]

Voraussetzung für die Ausbildung von (Selbst-)Disziplin ist eine Verbindung zwischen äußerer und innerer Kontrolle. Dazu gehört unabdingbar eine grundsätzlich akzeptierende, wohlwollende, empathische bzw. liebevolle Haltung gegenüber dem Kind. Nur in einer solchen Atmosphäre fördern Verbote und Grenzziehungen die Persönlichkeit: ➔ Abweichendes Verhalten wird erkannt und besprochen. ➔ Abweichendes Verhalten wird klar herausgestellt und eindeutig sanktioniert. Auch hier ist wichtig, dass die Strafe nur auf das Verhalten des Kindes abzielt und nicht auf seine Persönlichkeit. Keinesfalls darf mit Liebesentzug sanktioniert werden. Neben den Verboten existiert ein Regelwerk. Hilfreich für die Durchsetzung und Nachhaltigkeit des Regelwerks kann die Einbeziehung in die gemeinsame Entwicklung von verbindlichen Regeln in den verschiedenen Bereichen und Ebenen durch die jungen Menschen sein.

Die Regel ist für den Menschen da und nicht der Mensch für die Regel

Damit die *Regel für den Menschen da ist und nicht der Mensch für die Regel*, brauchen Regeln eine Rückbindung an die Werte und Normen der Gesellschaft. Regeln ermöglichen die Auseinandersetzung mit und die Einigung auf Werte, die in der Gesellschaft oder Institution vermittelt werden sollen. Regeln sollen nicht verbieten, sondern ein Miteinander leben ermöglichen. Regeln sollen besonders für folgende Bereiche des menschlichen Miteinanders definiert werden:

- respektvoller, höflicher Umgang miteinander,
- Toleranz gegenüber den Gefühlen, Ansichten und Bedürfnissen der Mitmenschen,
- Ehrlichkeit,
- Zuverlässigkeit,
- Kommunikation untereinander,
- Essen und Trinken,
- Achtsamkeit im Umgang mit eigenem und fremdem Eigentum,
- Wertschätzung der Natur,
- Sauberkeit, Hygiene
- Regeln in der Familie, im Kindergarten, in der Schule, im Freundeskreis.

Umgang mit Regeln

Der Umgang mit den Regeln muss gelernt werden. Nur wenn alle Beteiligten fähig und bereit sind, sich an gemeinsame Regeln zu halten (und die Erwachsenen dies vorleben), kann ein friedliches und förderliches Zusammenleben in der Gemeinschaft verwirklicht und gelebt werden. Bei der Durchsetzung klarer Regeln sind folgende Aspekte zu beachten:

- Sinn/Zweck bewusst machen (Disziplin beschränkt oder schikaniert nicht die persönliche Freiheit),
- Adressaten in die Vereinbarung gemeinsamer Regeln mit einbeziehen (Identifikation mit der Regel erhöht Motivation zur Verantwortungsübernahme),
- Regelverstöße ahnden (konsequent Grenzen setzen),
- soziale Kompetenz gezielt lehren und fördern (Selbstdisziplin, Impulskontrolle, Empathie).

1.5 Selbstverständlichkeit der Demokratie?

Menschenrechte sind in der Demokratie verankert. Demokratie ist aber keine Selbstverständlichkeit, sie muss(te) immer wieder erkämpft werden und auch in unserer Zeit muss immer wieder um sie gerungen werden. Um zu einer modernen Demokratie zu kommen, wie wir sie heute in Europa leben dürfen, wurden vielfältige Wege beschritten. Letztendlich war die Weiterentwicklung des demokratischen Prinzips, aus seinem antiken Ursprung bis hin zur demokratischen Staatsform im heutigen Verständnis, nur auf der Grundlage der in Europa seit einer Vielzahl von Jahrhunderten vorhandenen christlich-ethischen Grundwerte möglich: „[Die Demokratie] wurde geboren, als der Mensch berufen wurde, die Würde der Persönlichkeit in individueller Freiheit, den Respekt vor dem Recht des anderen und die Nächstenliebe gegenüber seinem Mitmenschen zu verwirklichen."[21] Die Wandlungsfähigkeit der Demokratie, sich immer wieder an neue gesellschaftliche, kulturelle und wirtschaftlich veränderte Verhältnisse anzupassen, wird durch die Geschichte belegt. Erfreulicherweise wurden und werden bei dieser Entwicklung langsam immer brei-

19 Burggraeve; Scheppens, 1999, S. 42
20 A.a.O., S. 16
21 Aus einer Rede Robert Schumans vor der christlich-demokratischen Fraktion des Europa-Parlaments 1958

teren Gesellschaftsschichten die Chancen auf politische Teilhabe zugestanden und eingeräumt. Aufgrund dieser Entwicklung glauben die meisten deutschen Staatsangehörigen, dass es ganz normal sei, in einer Demokratie zu leben[22]. Damit einhergehende im Grundgesetz verankerte demokratische Grundrechte werden ebenfalls oftmals wie selbstverständlich hingenommen:

- Das Recht der unantastbaren individuellen Würde des Menschen.[23]
- Das Recht der Mitwirkung bei politischen Wahlen und das abgegebene Votum in einer korrekten Auszählung gewertet zu finden.
- Das Recht, sich gegen Unrecht und staatliche Übergriffe gerichtlich zur Wehr setzen zu können.
- Das Recht der freien Meinungsäußerung ohne Gefährdung des eigenen Lebens.
- Das Recht, sich selbstbestimmt nach eigenem Wunsch politisch zu engagieren.
- Das Recht auf Gleichbehandlung und Gleichberechtigung.

1.6 Wertschätzung und Mündigkeit für Demokratie

Die Stabilität und Entwicklung dieser historischen Errungenschaft Demokratie ergibt sich nicht von selbst. Die demokratischen Werte (im doppelten Wortsinn) werden leider in unserer Gesellschaft unverständlicher Weise oftmals nicht mehr ge-WERT-schätzt, sondern unreflektiert als selbstverständlich vorausgesetzt. Zum einen ist die Bewältigung der Modernisierungsprozesse das Kernproblem für unsere pluralistische Gesellschaft (infrage stellen bestehender und bislang sicher geglaubter politischer Strukturen aufgrund gesellschaftlicher und ökonomischer Veränderungen, Individualisierung, Globalisierungseffekte). Zum anderen ist aufgrund einer oftmals unglaubwürdigen Politik leider ein Negativtrend bis hin zu einer Politik(er)-Verdrossenheit beobachtbar. Viele Menschen werden gegen die Politik gleichgültig dadurch, dass „unsere Politik fortfährt, sich so darzustellen, wie sie es tut – korrupt, undeutlich, selbstgefällig (...)".[24] Der Fortbestand demokratischer Strukturen braucht jedoch ein mündiges bürgerschaftliches Engagement, damit der Wandel unter möglichst breiter Teilhabe der betroffenen Menschen stattfinden kann.

Mündigkeit für Demokratie

Ein mündiges bürgerschaftliches Engagement kann nur mit gewissen Fähigkeiten erfolgen. „Bedingungen für diese Teilhabe sind moralische und demokratische Kompetenzen. Zu diesen gehört als Grundvoraussetzung das gemeinsame Erlernen der Sprache der Demokratie, um soziale Probleme und Konflikte durch die demokratische Brille betrachten zu können."[25] Diese werden in unserer heutigen Zivilgesellschaft in der als Keimzelle des Staates verstandenen Familie – Aristoteles spricht von der „Familie als natürliche Ordnung des Staates"[26] – aufgrund von veränderten Lebensentwürfen oftmals nur noch in Ansätzen entwickelt. Sollen unsere jungen Gesellschaftsmitglieder zu mündigen und aktiv teilhabenden Bürgerinnen und Bürgern heranwachsen, müssen sie eine Demokratieerziehung sowohl in ihrer Familie als auch ihrer schulischen Lebenswelt erfahren, welche als Zielsetzung die Ausformung von Mündigkeit hervorbringt. In diesem Empowerment-Prozess können und sollen sich Eltern und Lehrerschaft gegenseitig unterstützen und durch eine fruchtbare Zusammenarbeit bereichern. „Als mündig im Vollsinn des Wortes ist derjenige zu bezeichnen, der in *einem* Akt, *einer* Situation Nützlichkeitsrücksichten und sittlichen Normen gerecht wird. Die Koinzidenz (...) von Sittlichkeit und Utilität (...) ist das Kennzeichen des Mündigen."[27] Mündigkeit kann auch als doppelte Befähigung verstanden werden: „Einmal kann der Mündige sich – in den Normalsituationen des Lebens in der Gesellschaft – selbst helfen; sodann kann er Verantwortung übernehmen."[28]

„Aus der Darstellung des Mündigkeitsbegriffs lassen sich drei allgemeine pädagogische Folgerungen in Gestalt übergreifender Ziele ziehen:

- ➔ Damit der junge Mensch sich später mit den Realitäten des Lebens auskennt, von denen sein eigener Vor- und Nachteil abhängt, wird er angeleitet, Kenntnisse und Fähigkeiten zu erwerben und dabei seine Fähigkeiten und Kräfte zu üben und zu steigern;
- ➔ damit er später seinen Willen aufbietet, um Verpflichtungen einzugehen und sie auch gegen Trieb, Neigung und „soziale" Zwänge einzulösen, wird ihm zugemutet, seinen Willen zu üben und zu festigen;
- ➔ damit er kraft seiner Reflexivität seine Identität stiftet und bestätigt und so die Merkmale der Mündigkeit verknüpft, damit er sich sein Tun und Lassen zurechnet und dafür verantwortlich einsteht, wird die Reflexivität des Unmündigen durch den Mündigen ausgelöst."[29]

22 In Westdeutschland seit 1945 mithilfe der Alliierten Siegermächte und in Ostdeutschland seit der sog. Wende im Jahr 1989
23 Grundgesetz (GG) Art.1, Abs. 1, in Verbindung mit Art. 79, Abs. 3 (Ewigkeitsklausel)
24 Vgl. Hentig, 2003, S. 127
25 Uki Maroshek-Klarman
26 dtv-Atlas Philosophie, S. 53
27 Ritzel, 1973, S. 15. In: Badry: Pädagogik, S. 46
28 Ebd.
29 Ritzel, 1973, S. 19. In: Badry: Pädagogik, S. 47

Nachfolgende Grafik soll diesen Zusammenhang verdeutlichen:

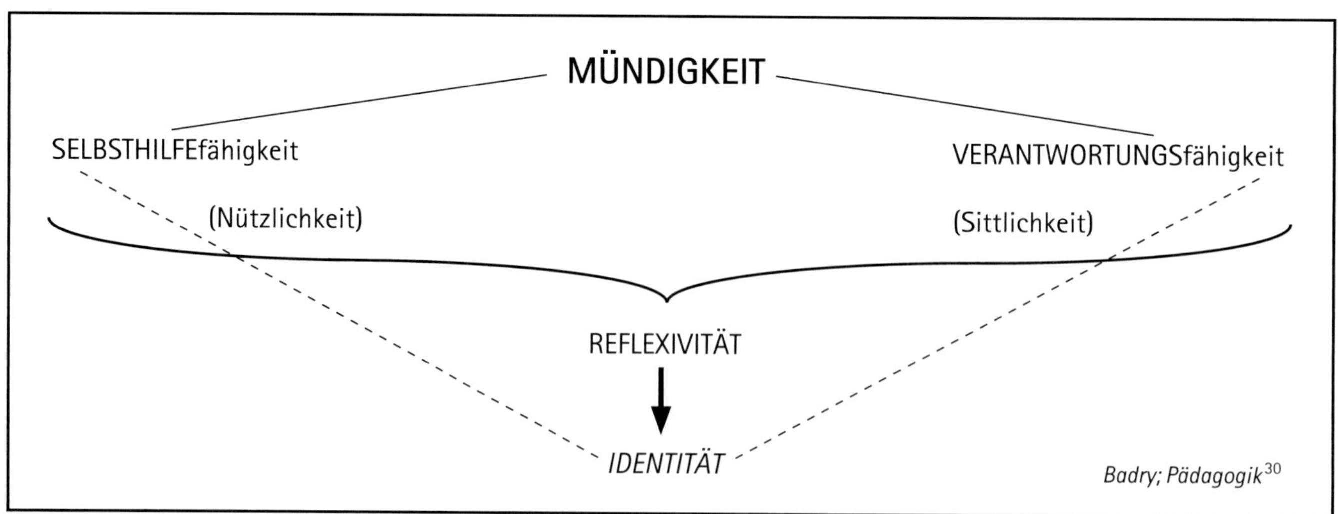

1.7 Bildungsauftrag für Demokratiekompetenz in der Schulwelt

Demokratie – als Lebensform und soziale Idee verstanden – impliziert eine politische (Wissen, Überzeugungen) und pädagogische Aufgabe: Zielsetzung ist – neben Moralerziehung und Wertevermittlung – die Ausformung von Mündigkeit als Bürgerin und Bürger. Demokratische Lebensführung setzt die Einübung demokratischer Kommunikationsformen und die Erfahrungen von Partizipation, Zugehörigkeit und Verantwortung voraus. Um eine gelingende Integration als Kind, Jugendlicher und Erwachsener in unsere Gesellschaft zu ermöglichen, benötigen unsere Kinder für ihren Mündigkeits-Entwicklungsprozess moralisch-demokratische Kompetenzen.

Bildungsauftrag zur Demokratieerziehung

Nach der erfolgten wesentlichen Formung und Ausrichtung im Elternhaus obliegt in einer Demokratie dem Staat der Bildungsauftrag für unsere Kinder.[31] Hierzu hat unsere Gesellschaft die Institution Schule geschaffen. „Der Auftrag der Schule bestimmt sich aus dem Recht des einzelnen auf Förderung seiner Anliegen und Erweiterung seiner Fähigkeiten sowie aus dem Anspruch von Staat (GG Art.7 Abs.3)[32] und Gesellschaft an einen [mündigen] Bürger, der zur Wahrnehmung seiner Rechte und Übernahme seiner Pflichten hinreichend vorbereitet ist. In Erfüllung des Auftrages erzieht die Schule zur Selbstbestimmung in Verantwortung vor Gott und den Mitmenschen, zur Anerkennung ethischer Normen, zur Achtung vor der Überzeugung anderer (...). Sie führt zu selbstständigem Urteil, zu eigenverantwortlichem Handeln und zur Leistungsbereitschaft (...)."[33] Dieser Bildungsauftrag postuliert eine Grundvorstellung von Schule „als Lebens- und Erfahrungsraum."[34] Im konstruktivistischen Sinn bezeichnet Dewey die *demokratische Schulwirklichkeit* als eine „embryonic society"[35]. Eine demokratische Gesellschaft *im Kleinen* meint eine Demokratie vor Ort in der schulischen Lebenswelt der Kinder. Das bedeutet ein *Miteinander Schule leben – Demokratie erleben und Werte erlernen* im Verständnis einer Lebensführung auch im Schulalltag, welches sich durch Kompetenzen zum demokratischen Alltagshandeln gestaltet und so ein zukunftsprägendes Demokratieerlebnis ermöglicht. Innerhalb demokratischer Strukturen können Kinder im Schulalltag moralisch-demokratische Kompetenzen mit impliziter Wertevermittlung nur im Erleben am Modell (durch Vorbilder) und Selbertun erlernen. Kinder lernen praktisch und lebensnah durch eigenes, wiederholendes Handeln – in welchem eine Verantwortungsübernahme mit enthalten ist.

Sie lernen durch Nachahmung. Den Lehrenden obliegt hier eine Vorbildfunktion. Sie prägen ihre Lernenden (Schulkinder) durch ihr Verhalten und ihre Art des Umgangs mit ihnen. Weil vorgelebte Werte (im Elternhaus, in der Schulwelt) in der Praxis greifen, können sowohl moralisch-demokratische Kompetenzen angebahnt sowie ausgebildet werden und eine nachhaltige Werteausstattung kann sich entfalten:

- **Wertschätzung** (Achtung, Anerkennung, Liebe)
- **Freiheit und Verantwortung** (freiheitliches, solidarisches Handeln)
- **Wahrheit** (Vertrauen, sich verlassen können auf, Authentizität)
- **Toleranz** (Rücksichtnahme, Respekt vor dem Fremden, Anderen)
- **Akzeptanz** des anderen, der anderen – so wie er oder sie ist)
- **Frieden** (Gewaltlosigkeit, menschenwürdiges Leben).

30 Ebd.
31 Gesetzliche Basis: Grundgesetz GG Art.7 Abs.3
32 Teuber, R.: Gesetzliche Grundlagen der Kooperation allg. bildender Schulen mit anderen Einrichtungen und Personen, 2004, S. 59
33 Vgl. Lind unter Pkt. 1.2
34 Vgl. Hentig, S. 190
35 A.a.O., S. 110

Demokratieerziehung in der Schule ist demzufolge keine politische Bildung oder fachbezogene Institutionenkunde,

➔ sondern wird durch soziale Erfahrungen im sozialen Nahraum und im Schulalltag durch ein bestimmtes Schulethos vermittelt;

Demokratie-Lernen gelingt nicht in einer autoritären und repressiven Umgebung,

➔ weil Schulkinder, die dem Widerspruch zwischen Theorie und undemokratischer Praxis ausgesetzt sind, keine demokratischen Kompetenzen ausbilden können.

Postuliert wird Demokratieerziehung als ganzheitliches Grundprinzip von Bildungsprozessen und ist deshalb insbesondere für Schulentwicklung und Schulkultur zu begreifen. Demokratie im Kleinen soll gemäß dem Bildungsauftrag in der Schulwelt verankert sein. Schule hat heute die zentrale Aufgabe, die ihr anvertrauten Kinder auf ein Leben in einer demokratischen Zivilgesellschaft vorzubereiten. Diesem Anspruch wird sie gerecht, wenn Schule

a) Demokratie *erlebbar* macht
- jedes Schulkind ist gleichberechtigt zu einem bewussten moralisch-demokratischen Handeln zu befähigen und kann ein solches Selbstverständnis entwickeln;

b) Werte *erlernbar* macht
- jedes Schulkind kann innerhalb seiner demokratischen Fähigkeiten im eigenen Tun eine Werteausstattung ausbilden;

c) Miteinander Schule leben *erfahrbar* macht
- mitgestaltendes und mitbestimmendes Handeln innerhalb der Schulgemeinschaft mit demokratischen Strukturen.

Soll dieser demokratische Anspruch verwirklicht werden, stellen sich folgende Fragen:

- Wie kann es innerhalb der staatlichen Institution Schule zu einer demokratischen Schulkultur kommen und ein Miteinander Schule leben gestaltet werden?
- Wie können demokratische Schulstrukturen entwickelt werden?
- Wie können im Schulalltag demokratische Prinzipien erlebt und mitgestaltet werden?
- Wie kann es bei Schulkindern in der Primarstufe zur Ausbildung von Demokratie- und Sozial-Kompetenzen kommen?
- Wie kann eine nachhaltige Moralerziehung und Wertevermittlung im Bereich der Schule stattfinden?

1.8 Materialien zu Kapitel 1

M 01 Überlegungen zur eigenen Klärung
M 02 Werte-Puzzle
M 03 Welche wertebezogenen Vorstellungen für ein Leitbild sind wichtig?
M 04 Welche Rechte haben Kinder in einer demokratischen Gesellschaft?
M 05 Gibt es auch in der Familie Demokratie?

Überlegungen zur eigenen Klärung

M 01

1. Was für eine Gesellschaft wünsche ich mir in Zukunft?

2. Welche Werte sind mir wichtig?

3. Welche Werte möchte ich den Kindern vermitteln?

4. Mit welchen Fähigkeiten müssen Kinder heute ausgestattet werden, um das Morgen mitgestalten zu können?

5. Kann ich durch mein pädagogisches Wirken erreichen, dass sie Selbstvertrauen aufbauen können?

6. Versuche ich, den Kindern Selbstachtung als auch Achtung für andere zu vermitteln?

7. Wie können Kinder lernen, fair miteinander umzugehen?

8. Wie schaffen es Kinder, ihre Interessen und Bedürfnisse durchzusetzen?

9. Beteilige ich die Kinder an den vielfältigen Entscheidungen im Schulalltag?

10. Wie fördere ich den Selbstbildungsprozess der Kinder?

M 02

Werte-Puzzle

Wert-schätzung	Achtung	An-erkennung	Liebe
Freiheit	freiheit-liches	soli-darisches	Handeln
Verant-wortung	Selbst-bestimmen	Folgen	tragen
Wahrheit	Vertrauen	sich verlassen	können auf
Toleranz	Rücksicht-nahme	Respekt	vor dem
		anderen	Fremden
Akzeptanz	des anderen	der anderen	so wie er oder sie ist
Frieden	Gewalt-losigkeit	menschen-würdiges	Leben

Vorschlag:
Aus den dargestellten Begriffen ein Puzzle basteln:
- vergrößern
- Karten laminieren

Aus den dargestellten Begriffen Quizkarten basteln:
- auf der Vorderseite den Begriff
- auf der Rückseite durch Kinder erarbeitete Definitionen

Welche wertebezogenen Vorstellungen für ein Leitbild sind wichtig?

M 03

Kann als Fragebogen für das Kollegium zum Einstieg in eine Werte- und Leitbild-Diskussion benützt werden. Als Methode bietet sich die Quadratmethode an.
Weitere Einsatzmöglichkeiten: Quizkarten, Abfrage mit ankreuzen u. a. m.

Verantwortung Partizipation, Kritikfähigkeit		Wir kennen unsere Rechte und Pflichten: Wir sind zuständig. Wir halten uns an das verbindliche Ergebnis demokratischer Abstimmungen.
Toleranz und Gleichberechtigung		*All men are equal:* Alle Menschen sind gleich viel wert – egal ob weiblich oder männlich, jung oder alt, deutsch oder ausländisch, gesund oder behindert.
Respekt und Rücksicht		Wir hören einander zu. Wir benachteiligen niemanden oder bringen ihn in Misskredit. Wir sind gegenüber Schwächen anderer aufmerksam. Wir nutzen Vertrauen nicht aus. Wir nehmen Rücksicht auf die Lern- und Ruhebedürfnisse der anderen.
Hilfsbereitschaft und Schulkind-Courage		Wir erkennen und helfen, wenn andere unsere Hilfe brauchen. Wir sehen nicht weg, sondern setzen uns ein.
Vorbild sein		Eltern, Lehrerinnen und Lehrer sowie ältere Schulkinder sollen mit gutem Beispiel vorangehen, damit wir von ihnen lernen können.
Konfliktbewältigung		Jedes Schulkind und Schulbeteiligte vermeidet körperliche und verbale Gewalt sowie seelische Verletzungen. Konflikte werden besprochen und durch Schlichter-Kinder gelöst.
Umweltbewusstsein		Wir gehen achtsam mit dem schulischen Material (Bücher, Möbel, Schulhaus) um. Wir vermeiden Müll und Verschmutzungen, um den Einsatz von Chemikalien zu verringern.
Entdeckungslust, Kreativität, Fantasie		Wir fördern wissenschaftliche, künstlerische, politische, kreative und sportliche Veranstaltungen und Aktivitäten in Projekten.
Bürgerschaftliches Bewusstsein		Wir sind mit sozialen Projekten eingebunden im kommunalen Umfeld der Schule.

M 04

Welche Rechte haben Kinder in einer demokratischen Gesellschaft?

Nowak: Miteinander Schule leben · Best.-Nr. 007

Gibt es auch in der Familie Demokratie?

M 05

Überlege selbst und mit deinen Eltern: Was heißt für unsere Familie Demokratie?

Da solltest du mitreden und mitentscheiden dürfen:

- ○ Wohin geht die nächste Urlaubsreise?
- ○ Darf in der Wohnung geraucht werden?
- ○ Wie viel Taschengeld bekommst du?
- ○ Wie wird die Hausarbeit aufgeteilt?
- ○ Wie laut darf die Musik in den einzelnen Zimmern sein?
- ○ Welche Farbe soll das neue Auto haben?
- ○ Wie werden Geburtstagsfeste gestaltet?
- ○ Welches Fernsehprogramm wird ausgewählt und von wem?
- ○ Wann musst du an welchen Tagen zu Hause sein?

Finde selbst noch Beispiele:

- ○ ______________________________
- ○ ______________________________
- ○ ______________________________
- ○ ______________________________

„Erzähl es mir – und ich werde es vergessen.
Zeig es mir – und ich werde mich erinnern.
[Hilf mir und] lass es mich [selbst] tun – und ich werde es nicht vergessen."
(Konfuzius [Maria Montessori])

2. Was bedeutet Miteinander in einer demokratischen Schule leben?

Miteinander Schule leben in einer demokratischen Schulkultur setzt voraus, dass demokratische Prinzipien in den Schulalltag übertragen (transformiert) werden. Dies bedeutet einen Innovationsprozess für eine demokratische Schulentwicklung auf der Mesoebene (hier die einzelne Schule), deren Auswirkungen bis hinein in die Makroebene (die Institution Schule) reichen. Nachfolgende Grafik soll – in Anlehnung an die Grafik in Kapitel 1 – eine Übertragung demokratischer in schuldemokratische Prinzipien veranschaulichen:

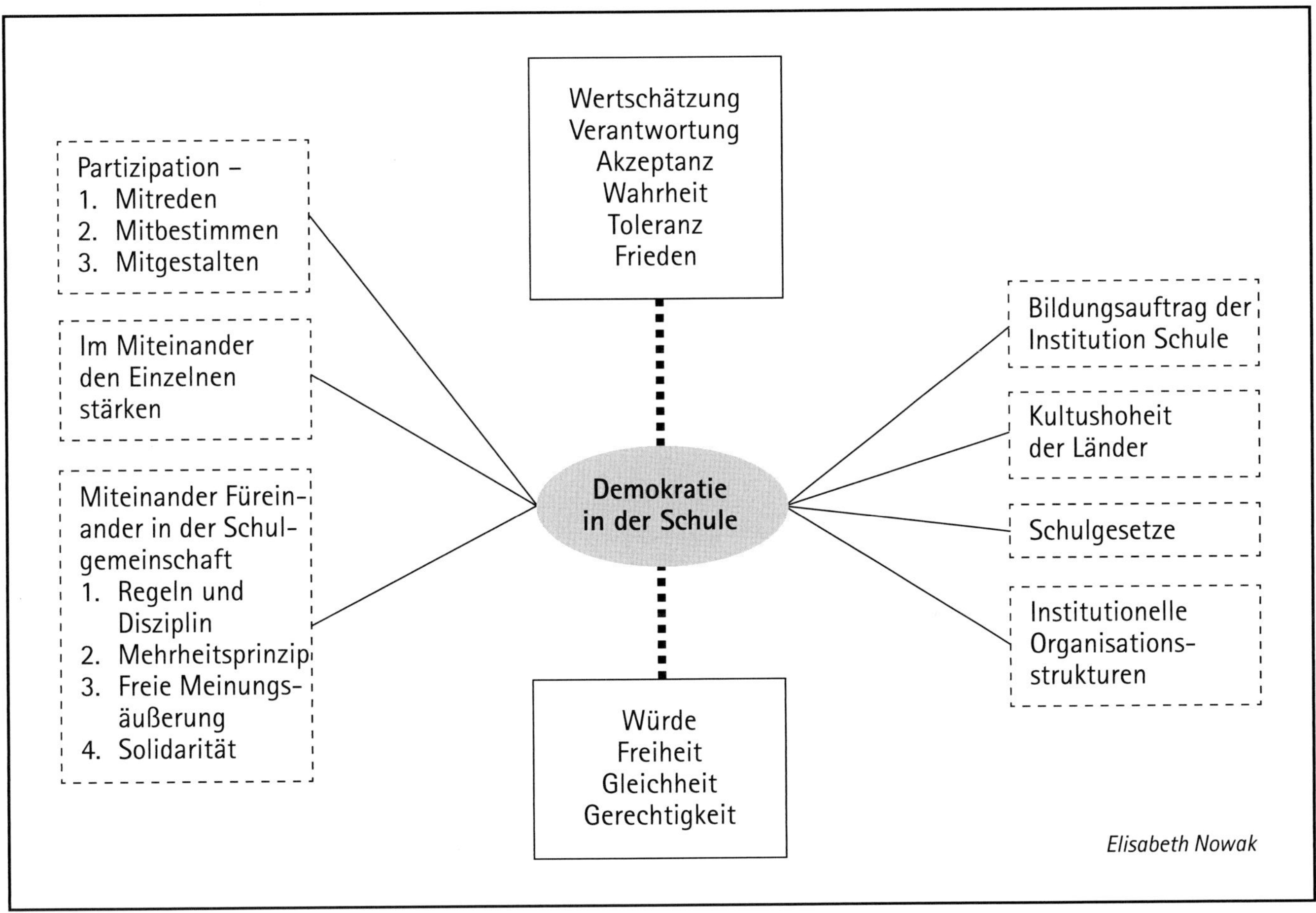

Miteinander Schule leben in einer demokratischen Schulkultur setzt voraus, dass die erforderlichen Kompetenzen angebahnt und ausgebildet werden können. Für die Primarstufen-Schule wird als relevanter Erziehungsbereich das Lernfeld Förderung demokratischer Kompetenzen für das Leben in einer Demokratie definiert, da in ihm die Beteiligten die Kommunikations- und Handlungsfähigkeiten sowie die erforderlichen Einstellungen erwerben, sich mit sozialen Konfliktsituationen und politischen Entscheidungssituationen und deren Veränderungsmöglichkeiten auseinanderzusetzen. Demokratie lernen in der Primarstufen-Schule bedeutet aufgrund entwicklungspsychologischer Gegebenheiten der Lernenden besondere Anforderungen an die Lehrenden. Viele demokratiepädagogische Angebote müssen altersgemäß adaptiert werden. Dennoch sollen diese Schulen – wie andere Schulen auch – ein Ort des demokratischen Lernens sein können. Liegt hierin doch die Option einer sehr frühen Anbahnung von basisdemokratischen Kompetenzen, zu denen ein moralisches Bewusstsein, Urteilsfähigkeit und Meinungsbildung sowie aktive Beteiligung am politischen Leben gehören. Sie sind dann entwickelbar, wenn Schulkinder sich intensiv mit demokratischen Grundwerten auseinandersetzen können und konsequent angeleitet werden, Konflikte demokratisch (gewaltfrei) zu regeln und Entscheidungsprozesse aktiv mitzugestalten. „Ziel ist es, als Grundlage gelebter Demokratie im Schulalltag eine Kultur der Anerkennung des gleichen Rechtes auf freie Entfaltung (Prinzip Gleichberechtigung) zu schaffen."[36] Dies gilt sowohl für die Lernenden, Lehrenden, Eltern sowie alle an der Schule mitwirkenden Akteure. In Anlehnung an den dreiteiligen Demokratiebegriff von Dewey können nachfolgende Lern- und Kompetenzbereiche abgegrenzt werden:

	Demokratie als Lebensform	**Demokratie als Gesellschaftsform**	**Demokratie als Herrschaftsform**
Lernbereich	Voraussetzungen zur aktiven Teilhabe und Gestaltung von Gesellschaft - personale, - soziale, - wertbezogene Kompetenzen	Respekt und Toleranz zum Pluralismus, zur Heterogenität - Konflikt, - Konkurrenz, - Öffentlichkeit, - Zivilgesellschaft	Politische Institutionen - Macht, Kontrolle, - Volkssouveränität, - Rechtsstaatlichkeit, - Entscheidungsverfahren, - Mehrheitsprinzip
	Im Miteinander den Einzelnen stärken	**Partizipatives Miteinander**	**Miteinander Füreinander in der Schulgemeinschaft**
Entwicklungsziele	➔ Persönlichkeitsentwicklung (Selbstkonzept) ➔ soziale Kompetenzen ➔ Kommunikationskompetenz ➔ Ausbildung einer Werteausstattung	➔ Gleichwertigkeit ➔ Respekt ➔ Toleranz ➔ Gemeinschaftliche Regeln ➔ Disziplin ➔ Kommunikationskompetentz ➔ soziale Kompetenz ➔ Mediations-Kompetenz	➔ Wissen um Menschenrechte, ➔ Freie Meinungsäußerung ➔ Solidarität ➔ Politik-Kompetenz

Elisabeth Nowak[37]

2.1 Partizipatives Miteinander ist aktive Teilhabe

Partizipation kann als wesentliches Grundrecht innerhalb demokratischer Prinzipien in einer Zivilgesellschaft bezeichnet werden. „Demokratiekompetenz zu entwickeln, ist ohne Partizipation nicht denkbar. Wer Kinder zu demokratischen Bürgerinnen und Bürgern erziehen will, muss ihre Partizipation also nicht nur zulassen, sondern bewusst fördern."[38] Im Sinne einer Demokratieerziehung stellt Partizipation sowohl ein zentrales Recht als auch ein Ziel dar. Als schuldemokratisches Prinzip bedeutet es eine aktive Teilhabe durch

Mitreden, Mitbestimmen und Mitgestalten

Vorbedingung für ein partizipatives Mitgestalten des Schulalltags sind Beteiligungsmöglichkeiten, die den Schulkindern Handlungsräume eröffnen und ihnen ein lernbezogenes Erfahren durch eigenes Tun und selber Fühlen (Learning by Feeling and Doing) ermöglicht. Bedingungen für Beteiligungsmöglichkeiten bestehen in erster Linie darin, dass die Schulkinder über ihre Beteiligungsoptionen informiert werden müssen, um dann – zunächst ohne eigene Mitbestimmung und aktive Teilhabe – mitarbeiten zu können. Beteiligungsmöglichkeiten unterscheiden sich also von einer Partizipation darin, dass sich „zwischen der Beteiligung (...) und Partizipation (...) sowie innerhalb der einzelnen Beteiligungsformen unterschiedliche Grade einerseits der Selbstbestimmung bzw. Autonomie [ergeben], d.h. der Frage wie viel Gestaltungsspielraum den Schülern gegeben wird, und andererseits unterschiedliche Grade der Einflussmöglichkeit auf den Entscheidungsprozess und sein Ergebnis".[39]

Im zweiten Schritt ist dann zu differenzieren, in welchen Bereichen die verschiedenen Organisationsformen bzw. verschiedenen Handlungsformen der Schulkind-Partizipation stattfinden kann (Unterricht, Klasse, jahrgangsübergreifend, alle Schulkinder, der Schule, den Lehrkräften, Elternschaft, kommunales Umfeld u.a.m.). Werden vielfältige Möglichkeiten innerhalb einer gleichberechtigten Kommunikationskultur angeboten, wirkt sich dies als motivationale Förderung für partizipative Schulentwicklung aus. Wichtig ist hierbei sowohl vonseiten der Schulkinder als auch vonseiten aller Beteiligten ein möglichst hoher Identifikationsgrad mit ihrer Aktion.

36 http://www.demokratiepaedagogikberatung.de, download vom 14.09.2007, siehe auch Pkt. 5.3
37 Grafik E. Nowak nach Dewey: Erziehung zur Demokratie, 2000/1916
38 Portmann/Student 2005, S. 6 in: Giesel u.a. 2007, S. 159
39 Giesel u.a. 2007, S. 160

2.2 Im Miteinander den Einzelnen stärken mit sozial-emotionaler Basispädagogik

„Schule [befindet sich] durch gemeinsame Aushandlungsprozesse auf gleicher Augenhöhe in einem ständigen Wandlungs- und Optimierungsprozess."[40] Eine demokratiebezogene Schulkultur lässt den Schulalltag als gemeinsamen Lebensraum erscheinen, in welchem ein Miteinander Schule leben respektvoll und gleichwertig vollzogen werden kann. Hierin sind zwei demokratische Grundrechte angesprochen: 1. die Würde des Menschen und 2. die Gleichheit der Menschen. Als schuldemokratisches Prinzip bedeutet dies die

respektvolle Mitmenschlichkeit und Gleichwertigkeit

a) Das Schulkind braucht als menschliches Ich die Interaktion mit dem Du, um in der Schulgemeinschaft im respektvollen Miteinander soziale und basisdemokratische Kompetenzen[41] weiter ausbilden zu können. Im schulischen Rahmen soll es sich ge-WERT-schätzt fühlen und als gleich-WERT-ig erfahren. Erst durch diese Fähigkeiten wird es als Individuum zu einem gesunden wertebezogenen und verantwortungsbewussten Handeln, Selbstbewusstsein und Selbstkonzept[42] befähigt. Es kann sich eine Persönlichkeit ausformen, die Verantwortung für sich und die Gemeinschaft übernimmt. Diese Persönlichkeit kann sich in die Gemeinschaft integrieren und die Schullaufbahn kann gelingen.

b) Die Umsetzung der sozialen Gleichwertigkeitsidee in einer demokratiebezogenen Schulkultur, soll neben dem respektvollen Miteinander „schließlich auch ein das Lernen förderndes Verhältnis zwischen Lehrern und Schülern hervorbringen".[43] Durch einen „Umgang auf Augenhöhe"[44] kommt es zu einer Hierarchieverflachung, die von der sozial-emotionalen Basispädagogik zugelassen bzw. sogar erwünscht wird. Wenn „die Schüler das Gefühl haben, da vorne steht ein Lehrer, der geht auf unsere Wünsche ein, der geht auf unsere Probleme ein, der hat immer ein offenes Ohr für uns und der versucht den Unterricht so zu machen, dass ich wirklich was lerne"[45], kann sich eine beziehungsprägende und lernförderliche Empathie auf beiden Seiten entwickeln. Dieses einfühlende Verstehen ermöglicht respektvolle Mitmenschlichkeit und verhindert Formen einer repressiven Autorität im Unterricht trotz Leistungsdruck und strukturellen Erschwernissen. Die sozial-emotionale Basispädagogik sieht den Lehrenden als pädagogischen, partnerschaftlichen Begleiter, der das Vertrauen seiner ihm anvertrauten Lernenden gewinnen kann. Der ihre Stärken fördert durch ein Zutrauen und Selber-Tun-Lassen sowie ein Aus-Fehlern-Lernen zulässt und vorhandene Schwächen respektvoll akzeptiert. Es ist eine Pädagogik, die eine soziale und emotionale Basis anbahnt und grundlegend fördert. Auf der Grundlage eines *schulischen Ur-Vertrauens* der Anerkennung und Wertschätzung wird ein Schulkindorientiertes und selbstwirksames Learning by Feeling and Doing ermöglicht. Durch all diese Faktoren kann sich ein lustvolles Lernklima gestalten, in welchem die Schulkinder in ihrem Selbstbewusstsein bemächtigt (empowered) werden. Dies ist die beste Prävention gegenüber Unterdrückung und fördert ein friedvolles, verständnisvolles Miteinander. „Mehr Demokratie wagen, bedeutet hier entsprechend, auf autoritäres Verhalten zu verzichten und dem Einzelnen in einer repressionsfreien Atmosphäre Entfaltungsspielraum zu gewähren. Ein starkes Selbstbewusstsein wird als Grundvoraussetzung dafür gesehen, dass die Schüler in einer Gemeinschaft leben lernen. Denn teilweise haben es die Schüler durch das Aufwachsen in autoritären Elternhäusern und durch die Erfahrungen in autoritären Schulen noch nicht gelernt, sich für die eigenen Belange angemessen einzusetzen."[46]

c) Auch zwischen den Lehrkräften gilt es, ein gleichwertiges und respektvolles Miteinander für einen demokratiebezogenen Schulalltag sowohl zu leben als auch *vor*zuleben. „Entsprechend setzt man auf eine intensive Kooperation und Kommunikation im Kollegium, die besonders geprägt ist von dem Gedanken der Gemeinsamkeit."[47] Nicht nur der formelle Austausch (Konferenzen, kollegiales Gespräch, Rundbriefe, Dienstanweisungen usw.) sondern besonders die informellen Tür- und Angelgespräche (am Schulmorgen, in der Pause, vor und nach dem Stundenwechsel, am Kopierer usw.) sorgen für ein förderliches Arbeitsklima. Erfolgreich funktionierendes Teamwork braucht Offenheit und Transparenz, braucht konkurrenzfreies Denken und Handeln, bedeutet keinesfalls ein Einzelkämpfertum sondern ein von einem Wir-Gefühl getragenes, respektvoll und wertschätzendes Zusammenarbeiten.

2.3 Miteinander Füreinander in der Schulgemeinschaft

Prinzipien werden verstanden als Richtlinien für ein zwischenmenschliches Verhalten in einer demokratischen Gesellschaft. Als ein wesentliches Prinzip existieren in einer Demokratie Regeln und Gesetze. Ohne dieses demokratische Element würde Anarchie herrschen, d.h. gesellschaftliches Chaos, Rechtlosigkeit, Unordnung und Planlosigkeit. Ihre

40 A.a.O., S.164
41 D.h. sozialer Austausch, Kommunikation, Empathie, Impulskontrolle, Toleranz, Verantwortungsübernahme
42 D.h. Selbstwertgefühl, Selbstwahrnehmung, Fremdwahrnehmung
43 Giesel u.a. 2007, S.224
44 Ebd.
45 A.a.O., S.226
46 Giesel et al. 2007, S.226
47 A.a.O., S.226

Funktion ist die Sicherung der Gerechtigkeit und darüber hinaus letztendlich auch des Friedens. Gesetze und Regeln gelten nach dem demokratischen Gleichheitsgrundsatz für alle Menschen gleich. Zwar wird einerseits der Einzelne durch Regeln und Gesetze in seiner persönlichen Freiheit eingeschränkt[48], andererseits sichern sie zugleich diese Freiheit für ihn. Bildungsgesetze und Regelungen der Länder und des Bundes sichern die Rechtsstaatlichkeit für die Institution Schule in der Bildungspolitik.

Gemeinschaftliche Regeln und Selbstdisziplin

An die Beschaffenheit von Regeln werden Anforderungen gestellt: Regeln müssen anpassungsfähig sein. Regeln sollen einfach, korrekt und bildhaft sein. Das erwartete Verhalten soll beobachtbar sein und genau beschrieben werden. Regeln müssen etabliert werden und dürfen nicht abstrakt vermittelt werden. Die Nachhaltigkeit der Regelbefolgung wird durch Einbindung der Regeln in Rituale erhöht. Regeln sollen mit einem „Ich" oder „Wir" beginnen, damit genau definiert ist, wer die Adressaten sind. Regeln bedürften der Festlegung von Sanktionen, wenn Regeln nicht eingehalten wurden bzw. dagegen verstoßen wird.
Auf die Schulwelt übertragen bedeuten Regeln und das wichtige Regelbefolgen eine Basis für einen geregelten und sicheren Schulalltag, in welchem ein friedliches Miteinander Schule leben gelingen kann. Werden Regeln partizipativ gemeinschaftlich erarbeitet unter Einbeziehung aller Beteiligten, dann ist ihre Akzeptanz und Durchsetzungskraft viel nachhaltiger.
Regelbefolgen (Disziplin) setzt die Fähigkeit zur Selbstdisziplin voraus. Die Fähigkeit zur Selbstdisziplin wird vom Schulkind leichter in der Schulgemeinschaft ausgebildet, erfährt es doch durch seine Peers (Mitschülerinnen und Mitschüler) eine soziale Kontrolle durch ihre Rückmeldung. Es erfolgt also meist unmittelbar eine altersgerechte Reaktion auf die kindliche Aktion. Dieses Feedback auf gleicher Augenhöhe durch die Gleichaltrigen ermöglicht eine höhere Akzeptanz beim Schulkind und führt dadurch zu mehr Selbstwirksamkeit. Zugrunde liegt hier ein Verständnis der Peer-Education, welches Schulkinder untereinander als wertvolle Pädagogen und Pädagoginnen erscheinen lässt. Für eine demokratiebezogene Selbstdisziplin ist eine partizipative Mitgestaltung bei den Regeln durch die Schulkinder unabdingbar. Solche durch die Kinder mitbestimmten Regelungen haben einen weitaus höheren Umsetzungserfolg aufgrund der Identifikation mit dem gemeinsam geschaffenen Regelwerk.[49]

Mehrheitsprinzip

Wie bereits unter Punkt 2.2 ausgeführt, eröffnet das schuldemokratische Prinzip der Partizipation einen schulkindorientierten Gestaltungsraum durch Mitreden, Mitbestimmen und Mitgestalten. Mitbestimmen beinhaltet ein Wahlrecht und ein Stimmrecht bei der Abstimmung. Beim Mehrheitsprinzip „erlangt der Wille der Mehrheit nach einer Abstimmung gegenüber der Minderheit alle Verbindlichkeit".[50] Bezogen auf eine demokratiebezogene Schulkultur bedeutet dies im Schulalltag einerseits, dass das einzelne Schulkind lernen kann, sich einer mehrheitlichen Meinung zu beugen, weil es eben die Mehrheit so bestimmt hat. Es muss seine Interessen zurückstellen und lernen, dies zu akzeptieren. Insofern greift dieses Mehrheitsprinzip auch die Werte gegenseitige Akzeptanz und Toleranz (Respekt vor der Meinung der Gemeinschaft) auf. Andererseits liegt darin auch ein Potenzial, Bedingungen für eine gemeinschaftliche Entscheidung selbst zu schaffen. Wenn durch Diskussion kein Konsens, keine Einigung in strittigen Fragen, erzielt werden kann, muss abgestimmt werden. Das Schulkind kann den Vorschlag einbringen „Lasst uns abstimmen. (...) Wenn dann vier gegen drei ist, dann haben die drei halt dieses Mal Pech und das nächste Mal Glück, wenn sie vielleicht dafür sind oder dagegen".[51] Darüber hinaus verhilft das Mehrheitsprinzip dazu „in größeren Gruppen und bei heterogenen Interessenlagen entscheidungsfähig zu bleiben".[52] Das Pluralitätsprinzip impliziert weiterhin den Wert der Gleichwertigkeit „bedeutet der Mehrheitsentscheid die gleichen Chancen für alle, mit der eigenen Stimme, eine Entscheidung beeinflussen zu können".[53]

Freie Meinungsäußerung

Um den eigenen Vorschlag im Sinne einer freien Meinungsäußerung einzubringen, muss das Schulkind dazu in der Lage sein und wiederum dazu im Vorfeld, auch durch die Ausbildung kommunikativer Kompetenzen, befähigt worden sein. Hat es innerhalb eines wertschätzenden Schulklimas durch seine Mitschülerinnen und Mitschüler bzw. durch seine Lehrerinnen und Lehrer oder der Gemeinschaft erfahren dürfen, dass seine Meinung zählt und wichtig ist, dann kann ein Selbstbewusstsein und Selbstwertgefühl ausgebildet werden.
Das Schulkind erlebt, dass die Anderen seine andere Meinung respektieren und ihm eine eigene Meinung zugestehen und ihm das Recht einräumen, diese eigene Meinung auch zu äußern. „Dass das Recht, seine Meinung frei zu äußern, gerade in der Institution Schule eine besondere Bedeutung hat, wird klar, wenn man das Hierarchiegefälle zwischen Lehrern und Schülern betrachtet. Das Recht auf freie Meinungsäußerung ist entsprechend neben Stimmrecht und Mitsprache bzw. Mitbestimmung der am häufigsten genannte Aspekt, der das Demokratieverständnis der Schüler beschreibt."[54]

Solidarität

Solidarität kann als *Kitt* für ein zwischenmenschliches Verhalten in einer demokratischen Gesellschaft verstanden werden. So wie diese weiche Substanz, die dazu dient, das Glas im Fensterrahmen zu halten, so hält Solidarität

---

48 GG Art. 2, II.1: „Jeder hat das Recht auf die freie Entfaltung seiner Persönlichkeit, sowie er nicht die Rechte anderer verletzt ..."
49 Siehe Punkt 1.4 und M 06
50 Giesel u. a., S. 248
51 Ebd.
52 Ebd.
53 Ebd.
54 Giesel u. a., S. 251

eine Gemeinschaft in einem demokratischen Wertegefüge zusammen. Solidarität bedeutet ein Zusammenstehen, ein gemeinsames Eintreten für Interessen oder gegen Ungerechtigkeiten bzw. gegenseitige Hilfe. Als schuldemokratisches Prinzip bedeutet es, ein Schule leben mit einem wertebezogenen Handeln im Gemeinsinn und in Übereinstimmung eines Miteinander Füreinander in der Schulgemeinschaft. Solidarisch Schule leben heißt, gemeinsam füreinander und nicht gegeneinander. Im Bewusstsein der Schulkinder ist verankert, dass für Egoisten und Einzelkämpfer kein Platz in einer solidarischen Schulgemeinschaft ist.

Ein Zusammenstehen oder Zusammenhalten beginnt im Klassenverbund, wo ein solidarisches miteinander Lernen durch ein gemeinsames Eintreten für Interessen oder gegen Ungerechtigkeiten und gegenseitige Unterstützung im Lernprozess erfolgen kann. Gefördert wird dies konkret durch Unterrichtsformen wie z. B. Lernen in Gruppen, an Stationen, in Freiarbeit, in Projekten. Miteinander Füreinander im Schulalltag braucht weiterhin eine entwickelte Streitkultur, wo sich jahrgangsübergreifend Schlichterkinder für die anderen einsetzen und gegenseitige Hilfe in der Konfliktbeilegung leisten. Mithilfe des Mehrebenen-Instruments Peer-Mediation (Streit-Schlichterkinder) können die Kontrahenten eine Lösung finden, bei welcher beide Seiten gewinnen. Dies fördert die Entwicklung einer Streitkultur bei allen Schulkindern durch das Erleben der Schlichtung in den Pausen, im Unterricht, im Schulbus usw.

Fazit

Ein Schulethos kann sich dann entwickeln, wenn die Gesamtheit der das Handeln bestimmenden sittlichen und moralischen Grundsätze (Wertschätzung, Freiheit und Verantwortung, Wahrheit, Toleranz, Solidarität und Frieden) im Schulalltag umgesetzt und gelebt wird. Wenn Kinder in der Schule demokratisch erfahren, dass

- ➔ jeder Einzelne Wertschätzung und Anerkennung erfährt,
- ➔ jeder Einzelne für das Schulklima und seine Gestaltung mit verantwortlich ist,
- ➔ wenn Wahrheit und Toleranz im Miteinander erlebt und gelebt werden,
- ➔ wenn die eigene Freiheit nicht zu Lasten der Gemeinschaft gelebt wird,
- ➔ wenn der oder die andere respektiert wird, so wie er oder sie ist,
- ➔ wenn dem anderen durch die Schulgemeinschaft solidarisch Hilfe zu Teil wird,

dann kann sich Schule als eine Wirklichkeit für ein demokratisches Leben-Lernen konstruieren, in welcher eine nachhaltige Werteverankerung stattfinden kann. Innerhalb eines gelingenden Schulalltags mit einem friedlichen gemeinschaftlichen Miteinander, wird die Schulzeit Erlebnisraum für ein Demokratie erleben und Werte erlernen. In diesem zukunftsprägenden Erlebnisraum sind wichtige freudvolle Ressourcen vorhanden zum gemeinsamen Spielen, Sprechen, Singen, Essen, Trinken, zu Spaß und Erholung.

2.4 Schulkind(Zivil)courage und Gewaltprävention

Wurde Solidarität in ihrer Wirkung symbolhaft als Kitt verstanden[55] so kann Zivilcourage als *Salz in der Suppe der Demokratie* gesehen werden, weil einerseits Demokratie die Überwindung von Gewalt sowohl einfordert als auch ermöglicht, und andererseits Menschen mit demokratischen Kompetenzen und wertebezogenem Handeln Ungerechtigkeiten, Diskriminierungen, Verletzungen der Menschenrechte nicht nur wahrnehmen, sondern auch für die Werte Gerechtigkeit, Gleichwertigkeit und Menschenwürde einstehen. Aus diesem Grund ist in einer demokratiebezogenen Schulkultur eine Schulkind(Zivil)courage anzuregen, zu unterstützen und auch zu wertschätzen (auszuzeichnen). Schulkinder, die Zivilcourage in ihrem Handeln sowohl in ihrer Schule als auch in ihrem Lebensraum zeigen und gezeigt haben, sollen mit ihrem vorbildlichen Tun öffentlich gewürdigt werden. Eine demokratieförderliche Schule weiß um den Zusammenhang zwischen Demokratieerziehung und ihrer gewaltpräventiven Wirkung. Insofern ist die Institutionalisierung der gewaltfreien Regelung von Konflikten[56] durch Schlichtung (Peer-Mediatioren[57] und Lehrende als Mediatoren) ein wichtiges demokratisches Mehrebenen-Instrument. Streit und Gewalt wird als pädagogische Aufgabe für die Schulgemeinschaft erkannt und eine präventiv wirkende Streitkultur ausgebildet. Im demokratischen Verständnis sind alle Schulbeteiligten an der Thematik Rücksichtslosigkeit, Fehlverhalten, deren pädagogisch sinnvollen Sanktionierungsformen und aktiven Gewaltvermeidung aktiv zu beteiligen.

2.5 Materialien zu Kapitel 2

M 06 Wer-Wie-Wo-Wann Regeln?
M 07 Vorschlag für eine Schulordnung
M 08 Mehrheitsregel und freie Meinungsäußerung
M 09 Demokratie lebt von der Toleranz
M 10 Solidarität – ein demokratischer Wert
M 11 Schulkind(Zivil)courage

55 Siehe Punkt 2.3
56 Mit WIN-WIN-Lösungen, bei welcher beide Kontrahenten (Streitende) gewinnen
57 Ausgebildete Schlichter-Kinder schlichten Streitigkeiten ihrer Mitschülerinnen und Mitschüler

Wer-Wie-Wo-Wann-Regeln?

M 06

Wer braucht die Regeln? Wie kommen (kamen) die Regeln zustande? Wurden sie gemeinsam entwickelt oder wurden sie übernommen? Sind die Regeln veränderbar oder starr? (Wann) sind Ausnahmen von den Regeln möglich? Gelten sie für alle oder nur für bestimmte Gruppen? Wer muss sich nach den Regeln richten? Wie gehen unterschiedliche Menschen mit Regeln um? Ist die praktizierte Regel-Praxis transparent? Wo sind Regeln rechthaberisch, autoritär oder dogmatisch?

Zusammenleben braucht Regeln. Aber Regeln müssen flexibel und hinterfragbar sein. Regeln sollen nicht verbieten, sondern Leben ermöglichen. Regeln sind für Menschen da.

Geben die Regeln auch Antworten auf folgende Fragen?

- Werden die Lernpotentiale der Kinder wirklich hervorgelockt?
- Sind Kinder vor Bloßstellungen und Demütigungen geschützt?
- Wird keine Gruppe von Kindern diskriminiert?
- Werden andere Kulturen und Religionen geachtet?
- Wird der/die Einzelne gehört, wenn er/sie Vorschläge äußert oder Kritik einbringt?

Sind die Regeln flexibel genug? Wer ist für die Einhaltung der Regeln verantwortlich? Was geschieht bei Regelverstößen?

Vorschlag für eine Schulordnung

M 07

Leitlinien für die Schule

Erwartungen an Lehrkräfte, Schulkinder und Eltern

Hausordnungsregeln:

Wie verhalte ich mich bei Unterrichtsbeginn?

Wie verhalte ich mich in der Pause?

Wie gehe ich mit Einrichtungsgegenständen um?

Wie gehe ich mit Energie (Licht, Wasser usw.) um?

Wie gehe ich mit Müll um?

Wer ist dafür verantwortlich?

Wo gibt es Schulkind-Partizipations- und Mitwirkungsmöglichkeiten

Wie werden Regelverstöße sanktioniert?

Mehrheitsregel und freie Meinungsäußerung

M 08

In der Demokratie gilt die Regel, dass bei Wahlen und Abstimmungen die Mehrheit entscheidet und die Minderheit die Mehrheitsentscheidung anerkennt. Deshalb ist die Mehrheitsregel ein Kompromiss, d.h. ein Mittelweg, durch den sich Unstimmigkeiten friedlich austragen lassen. Deshalb darf die Minderheit auch mit ihren Argumenten zu Wort kommen.

Zur Demokratie gehört auch, dass meine eigene Meinung keine Mehrheit erzielt. Dann muss ich meine eigenen Interessen hinten anstellen und die Meinung der anderen akzeptieren. Das ist ein wichtiger Schritt, um Wertschätzung und Toleranz zu lernen.

Die Mehrheitsregel bedeutet aber auch Gleichwertigkeit, weil es die gleichen Chancen für alle bietet, mit der eigenen Stimme eine Entscheidung zu beeinflussen.

Damit ich meinen eigenen Vorschlag richtig einbringen kann, muss ich bestimmte Regeln lernen. Mit diesen Regeln lerne ich mich selbstbewusst darzustellen und meine eigene Meinung den anderen nahezubringen.

Folgende Fragen zum Überlegen und Üben:

Mach deine eigene Abstimmung:

☺ 😐 ☹	☺ Stimmt genau ☹ Stimmt nicht 😐 Stimmt teilweise
○ ○ ○	Ich werde geschätzt, mein Tun anerkannt, mein Wort gilt etwas.
○ ○ ○	Ich bestimme mein Handeln selbst, übernehme Verantwortung.
○ ○ ○	Ich wurde überstimmt, aber ich akzeptiere die Mehrheitsmeinung.
○ ○ ○	Ich erhalte wohlwollende Kritik.
○ ○ ○	Ich gebe meine Meinung wertschätzend wieder.
○ ○ ○	Ich akzeptiere Widerspruch.
○ ○ ○	Ich lasse mich auf Diskussionen ein.
○ ○ ○	Mit meiner Stimme kann ich Meinungen bilden.
○ ○ ○	Ich kann damit Entscheidungen beeinflussen.

M 09

Demokratie lebt von der Toleranz

Was ist Toleranz?

Toleranz bedeutet, andere zu respektieren, zu akzeptieren und anzuerkennen. Toleranz entsteht durch Wissen, Offenheit, Kommunikation und durch Freiheit des Denkens, der Gewissensentscheidung und des Glaubens. Toleranz bedeutet auch, über Unterschiede hinwegzusehen und somit eine friedlichere Welt ohne Krieg zu schaffen.

Was ist keine Toleranz?

Nicht tolerant zu sein bedeutet, andere Menschen auszulachen, sie zu verspotten, auszugrenzen.

Weil Menschen das Recht haben, verschieden zu sein, ist ein Zusammenleben ohne Toleranz nicht denkbar.

Folgende Fragen zum Überlegen und Üben: **Was ist deine Meinung?**

① **kann ich verstehen** ② **akzeptieren** ③ **ist mir egal** ④ **dagegen muss ich etwas tun**

	Wenn ein Kind (in der Schule) weint.
	Wenn ein Kind Fehler macht und es andere dafür auslachen.
	Wenn Kinder andere Kinder hänseln oder lächerlich machen.
	Wenn ein Kind als dumm hingestellt wird.
	Wenn Kinder beschimpft, beleidigt oder kritisiert werden.
	Wenn Kinder bedroht werden.
	Wenn sich Kinder auf dem Pausenhof schlagen.
	Wenn Kinder von Erwachsenen (oder umgekehrt) ungerecht behandelt werden.
	Wenn Noten nicht gerecht den Leistungen entsprechen.
	Wenn Menschen mit Behinderung nicht geachtet, nicht respektiert werden.
	Wenn Schuhe oder Kleidungsstücke versteckt werden.
	Wenn fremdes Eigentum beschädigt oder zerstört wird.
	Wenn ein Tier von Menschen gequält wird.
	Wenn ...

Solidarität – ein demokratischer Wert

M 10

Was bedeutet Solidarität?

Solidarität bedeutet, dass Stärkere in einer Gemeinschaft die Schwächeren unterstützen. Menschen handeln solidarisch, wenn sie sich gegenseitig helfen und gemeinsam für Interessen oder gegen Ungerechtigkeiten eintreten. Es ist nicht solidarisch, wenn ich nur an mich selbst denke. Durch Solidarität kann sich eine (Schul-) Gemeinschaft entwickeln, in der es selbstverständlich ist, füreinander da zu sein.

Folgende Fragen zum Überlegen und Üben:

Wie kann ein solidarisches Handeln aussehen?

Finde Beispiele

➔ In deiner Familie:

____

____

➔ In deinem Freundeskreis:

____

____

➔ In der Straße, wo du lebst:

____

____

➔ In deiner Schule:

____

____

Wofür setzt du dich ein?

für meine Familie		für den Umweltschutz	
für die Menschenrechte		für den Sport	
für die Rechte der Kinder/Jugend		für den Tierschutz	
für Menschen mit Behinderung		gegen Gewalt	
für ältere Menschen		gegen Drogen	
für Arme und Kranke		für ...	
für die Kirchengemeinde		gegen ...	

Schulkind(Zivil)courage

M 11

Was bedeutet Zivilcourage?

Courage bedeutet Mut. Zivilcourage bedeutet: Die Augen auf machen, nicht weg sehen und mutig eintreten für sich selbst und andere gegen Ungerechtigkeiten. Zivilcourage meint ebenso, die eigene Meinung auch gegen Widerstände zu vertreten.

Was ist für Zivilcourage wichtig?

Gestalte deine eigene Rangfolge mit Nummern von 1 (= Platz 1) bis 10 (= Platz 10)

Sich gemäß den Werten + Regeln verhalten		Mutig sein	
Sich einmischen gegen Ungerechtigkeiten		Vorbilder haben	
Folgen in Kauf nehmen (akzeptieren)		Keine Angst vor Mächtigen haben	
Von anderen Unterstützung bekommen		Der eigenen Stimme gehorchen	
Die eigene Meinung öffentlich sagen, trotz ...		Bereit zum Risiko sein	

Finde heraus, was Zivilcourage verhindern kann?

	→ Es könnte gefährlich sein
	→ Ich kann hier ja doch nichts ausrichten ...
	→ Ich weiß nicht, was ich tun soll ...?
	→ Was geht das mich an ... ?
	→ Das Opfer ist doch selbst schuld an ...
	→ Dafür sind doch andere zuständig.
	→ Bloß nicht auffallen ....

Finde eigene Beispiele für Zivilcourage ?

Ich sage meine Meinung – ohne zu beleidigen	→ vor der Klasse → →
Ich gebe Fehler (im Verhalten) zu	→ → →
Ich helfe anderen Kindern, wenn	→ → →
Ich trete ein für ...	→
Ich gehorche meiner eigenen Stimme, wenn	→

„Denn was wir alleine nicht schaffen,
das schaffen wir dann zusammen.
Dazu brauchen wir keinerlei Waffen, unsre Waffe nennt sich unser Verstand …
Nur, wir müssen geduldig sein, dann dauert es nicht mehr lang."
(Xavier Naidoo)

3. Wie kann Demokratiepädagogik im Schulalltag umgesetzt werden? (Von der Theorie zur Praxis)

Die Realisierung einer Vision ist faszinierend und spannend zugleich. Findet die Innovations-Akteurin eine Schulleitung, die für die Idee gewonnen werden kann und offen für innovative Prozesse ist, dann kann das Kollegium mit ins Boot geholt werden und ein neuer *„demokratischer"* Weg kann beginnen. Durch Projektlernen kann die Umsetzung der Demokratiepädagogik im Schulalltag in Sozialprojekten erfolgen. Bereits Schulkinder in der Primarstufe können durch eigenes Erleben und Handeln im Schulalltag an ein demokratisches Verständnis herangeführt werden und Demokratie lernen. Bei den Entscheidungsprozessen ist darauf zu achten, dass sie partizipativ durchgeführt werden und möglichst alle Beteiligten mit dem Verlauf und Ergebnis zufrieden sind.

3.1 Motivation für das Projekt „Demokratie erleben und Werte erlernen"

Wie kam es zum Projekt „Demokratie erleben und Werte erlernen"? Im Verlauf der sozialpädagogischen Tätigkeit an einer Grundschule entwickelte sich ein zunehmendes Bedürfnis nach mehr Partizipation im Schulalltag sowohl bei den Schlichter-Kindern als auch jahrgangsübergreifend durch alle anderen Mitschulkinder. Dieser Wunsch zeigte sich aufgrund eines Schulentwicklungsprozesses, welcher vor einigen Jahren mit der Implementierung eines Streitschlichter-Projektes initiiert wurde. Damals wurde ein altersgerechtes angepasstes Ausbildungsprogramm für Peer-Mediation in der Grundschule konzipiert, dieses in der Praxis im Schulalltag erprobt, evaluiert und als Ergebnis in einem Praxishandbuch als wertvolle Arbeitshilfe für die Implementierung einer Peer-Schlichtung in der Grundschule beschrieben.[58] Weil die Schulkinder zunehmend Sozialkompetenz entwickelten, kam es vermehrt zu Diskussionen, zu einem verstärkten miteinander Reden sowohl zwischen den Schulbeteiligten, den Kindern untereinander, zwischen den Lernenden (Schulkindern) und Lehrenden (Lehrkräften) und der Elternschaft. Die Schulgemeinschaft entwickelte eine Streitkultur mit einem verständnisvollen Konflikt lösen, bei welchem beide Seiten gewinnen konnten. Der positive Einfluss der Schlichterkinder auf ihre Peers (Mitschülerinnen und Mitschüler) im Rahmen ihrer Schlichtungsarbeit in den Pausen griff zunehmend, weil

a) Versöhnungsziele im Schlichtungsgespräch altersadäquat vermittelt wurden,
b) Gelegenheiten gegeben wurde, mit den Peers die Probleme zu artikulieren und Lösungsmöglichkeiten gemeinsam zu erarbeiten,
c) alle Beteiligten in einem ähnlichen Wertesystem wurzelten und diese Art eines versöhnlichen Umgangs spielerisch im Nachahmen erlernbar war.

Durch diesen Empowerment-Prozess zeigte sich bei allen Schulkindern auf unterschiedlichste Weise der Wunsch, an ihrer Schule *mehr* ➔ ernst genommen und gehört zu werden, ➔ die eigene Meinung frei zu äußern, ➔ durch einen wertschätzenden und respektvollen Umgang als Persönlichkeit akzeptiert zu werden. Die Schulgemeinschaft zeigte zunehmend das Bedürfnis einer Schulentwicklung als „demokratieförderliche Schule, die Schülern grundlegende und konstruktive Erfahrungen mit demokratischen Prozessen, Normen und Institutionen vermittelt und sie befähigt, in einer demokratischen Gesellschaft engagiert zu sein".[59]
All diese Beobachtungen motivierten dazu, dem Wunsch der Lernenden nach mehr Mitbestimmung im Schulalltag Ausdruck zu verleihen. Mit großer Unterstützung vonseiten der Schulleitung konkretisierte sich die Idee, bei allen Schulkindern mittels eines neuen Sozialprojektes gezielt demokratische und „wert"-volle Kompetenzen anzubahnen und auszubilden. Im Schulalltag sollte bei Schulkindern innerhalb eines Sozial-Projektes handlungsorientiert ein Learning by Feeling and Doing im demokratischen Erleben gefördert werden. Hierfür sollten zum einen Möglichkeiten geschaffen werden durch die Entwicklung des Konzeptes *Demokratie erleben und Werte erlernen* auf der Schulebene als Mehrebenen-Instrument[60] und zum anderen durch individuelles Demokratie-Lernen[61] auf Klassenverbandsebene als Ein-

58 Nowak E. (Hrsg.); Koch, J.: Miteinander Lernen Zusammen Wachsen - Peer-Mediation in der Grundschule
59 Giesel u.a., S. 10
60 Siehe Projektbeschreibung unter Punkt 3.2
61 Siehe Kap. 5

ebenen-Instrument, im Unterricht mittels Lernprozessen, in welche die Lernenden nicht nur eigenverantwortlich und selbsttätig handelnd eingebunden sind, sondern sich auch als Mitgestalter erfahren. Demokratische Strukturen konnten eingerichtet werden für ein wertebezogenes Lernen in Sozialzielen. Mit Unterstützung der Schulleitung und im kollegialen Austausch mit allen Klassenleitungen konnte als demokratisches Forum die Schulversammlung eingerichtet und institutionalisiert werden. Fünf Termine wurden für die Schulversammlung festgelegt.

3.2 Projekt-Beschreibung

Pädagogische Zielsetzung: Ausbildung von Sozial-Kompetenz und Demokratie-Kompetenz, Werteerziehung innerhalb demokratischer Strukturen, Gestaltung einer partizipativen Unterrichts- und selbstwirksamen Lernkultur:

a) gezielte Förderung der Sozial-Kompetenz (soziale Wahrnehmung, emotionale Intelligenz, Kommunikation, resilientes Verhalten)
b) gezielte Förderung der Demokratie-Kompetenz durch Einrichtung einer Schulversammlung
c) Einrichtung der Schüler- und Schülerinnen-Sprechstunde
d) Einrichtung eines Klassenrats in allen Jahrgängen, damit die Schulkinder selbstbestimmt ihre Wünsche, Probleme, Missstände sowie Lösungs- und Verbesserungsvorschläge bewerten und diskutieren können
e) Förderung demokratieförderlicher Unterrichtsstrukturen und selbstwirksamer Lernkultur
   - durch interaktionistische Didaktik (konstruktivistischer Methodenpool, siehe Punkt 5.1)
   - Theaterprojekte mit vernetzender Teamwork, Aufführungen
   - Übernahme von Unterrichtseinheiten durch die Schulkinder der 3. und 4. Klassen
f) Verankerung der bereits seit mehreren Jahren vorhandenen Peer-Mediation
g) Erziehung zu wertebezogenem Handeln.

Zielsetzung des Projekts: Entwicklung einer demokratischen Schule mittels Schulversammlung als Mehrebenen-Instrument. Partizipation an Entscheidungsprozessen und Ausbildungsmöglichkeit demokratischer und sozialer Kompetenzen für jedes Schulkind und die gesamte Schulgemeinschaft.

1.) Aktive Mitwirkung für die Schulkinder im Lebensbereich Schule und Mitbestimmung bei wichtigen Entscheidungen durch das Erleben von partizipativen Prozessen und
2.) politisches Bewusstsein bei (Grund-)Schulkindern ausbilden, Verständnis politischer Entscheidungen, deren Voraussetzungen und Zusammenhänge anbahnen und fördern,
3.) Identifikation mit dem Gemeinwesen im Rahmen des Bildungsziels bürgerschaftliches Engagement.

Zielgruppe: Schulkinder in der Primarstufe erfahren ein Demokratie-Lernen, welches – unabhängig und in Ergänzung zum Unterricht – über Institutionen, Strukturen und Prozesse der verfassten Demokratie auf der erlebten Erfahrung demokratischer Prozesse und konstruktiver Partizipation basiert.

Konzept: Aufbauend auf den bereits vorhandenen sozialen Strukturen sollen demokratische Strukturen ausgebildet und verankert werden. Entwicklung einer demokratischen Schule. *Demokratie erleben und Werte erlernen* soll bereits in der Primarstufe erfolgen.

3.3 Sozialkompetenz

„Auf dem historischen Hintergrund sind folgende Kompetenz-Definitionen vorhanden: als a) Problemlösefähigkeiten, deren erfolgreiche sowie verantwortliche Nutzbarmachung sowie b) Grundausstattung an Sach-, Methoden-, Sozial- und Personalkompetenz als auch c) Orientierungs- und Handlungsfähigkeit. Daraus folgernd muss ,die Kenntnis (...) Eingang in ein >Können< finden, zu dem auch der Umgang mit Gefühlen (wie z.B Scheu oder Empörung) oder mit sozialen Dynamiken (z.B. Gruppendruck oder Führungsverhalten) gehört."[62]

Der Begriff *Sozialkompetenz* geht auf den symbolischen Interaktionismus von Mead zurück und meint die persönlichen Fähigkeiten, Erfahrungen und Einstellungen, die es ermöglichen, das eigene Verhalten handlungsorientiert von der individuellen Perspektive hin zu einer gemeinschaftlichen auszurichten, die individuellen Handlungsziele mit den Einstellungen und Werten einer Gruppe zu verknüpfen:

Im Umgang mit anderen	Wahrnehmung, Sprachfähigkeit, Kritikfähigkeit, Selbstdisziplin, Menschenkenntnis, Empathie, Toleranz, interkulturelle Kompetenz
Bei der Zusammenarbeit	Kommunikationskompetenz, Kooperation, Konfliktfähigkeit, Teamfähigkeit
Als Führungsqualität	Verantwortung, Vertrauen, Vorbildfunktion, Flexibilität, Konsequenz
Im Allgemeinen	Emotionale Intelligenz, Engagement, intrinsische Motivation

62 Dietrich, 2007

Sozial-Kompetenz wird gezielt gefördert durch die Bausteine

- soziale Wahrnehmung,
- emotionale Intelligenz,
- Kommunikation,
- resilientes Verhalten.

Baustein: Soziale Wahrnehmung

Wie und dass sich eigentlich ein Mensch verhält, ist größtenteils von seiner Wahrnehmung der ihn umgebenden Welt bestimmt (s. Kap. 5: Wahrnehmung der äußeren, inneren Welt und derjenigen, die sich auf Fantasie begründet). *Soziale Wahrnehmung* ist a) Wahrnehmen von Sozialem (Menschen) und b) zugleich auch die Wahrnehmung durch Soziales. Das Verhalten wird durch die jeweilige Wahrnehmung gelenkt und stellt dabei einen Kompromiss dar – zwischen dem, was der Mensch hypothetisch wahrzunehmen erwartet und dem – was er faktisch als Ausdeutung aus seiner Umwelt vorfindet. Wahrnehmung geschieht aufgrund von Wahrnehmungsgesetzen, die keine objektiven Mechanismen sondern subjektive Konstruktionsprinzipien sind.

Die Gestaltpsychologie definiert: das Gesetz der Geschlossenheit (Zusammengehörigkeit), das Gesetz der Nähe (Nähe und Distanz), das Figur-Hintergrund-Prinzip (der Kontext macht den Sinn) und die Bewegung ermöglicht Wahrnehmung (Bsp. Wackelbilder). Das wichtigste Wahrnehmungsorgan ist das Gehirn. Das jeweilige sozial Wahrgenommene steuert das Verhalten und ist immer

selektiv	aus vielen Reizen werden besonders ansprechende ausgefiltert
organisiert und anordnend	die Umwelt wird nach den eigenen Stimmungen und Beweggründen organisiert
akzentuiert	das ausgewählte Material wird noch einmal unterschieden in wichtig und weniger wichtig
fixierend	nur die Merkmale des Wahrgenommenen, welche die Vorlieben, Vorurteile, Stereotype bestätigen, werden ausgefiltert[63]

Stereotypen und Vorurteile steuern folglich die Wahrnehmung. Solche Zuschreibungen – anderen Eigenschaften zuteilen und damit auch soziale Wertungen – helfen zwar zur schnellen Orientierung in einer komplex gewordenen Welt, andererseits ist die Grenzlinie zu Feindbildern sehr schmal und leicht überschreitbar. Eingeschränkte oder Fehl-Wahrnehmung, falsche Auslegung und Wahrnehmungsverarbeitung, Angst und Stress resultieren oftmals in unangemessenen Reaktionen. Bezugsgruppen mit einem starken Zugehörigkeitsgefühl (Peer groups) beeinflussen ausnehmend stark die Wahrnehmung und damit auch die Bewertung des Wahrgenommenen. Weil Lernen auf Wahrnehmung gründet, ist die Entwicklung von sozialer Wahrnehmungsfähigkeit auch soziales Lernen. Insofern kommt dem Baustein *soziale Wahrnehmung* im schulischen sozialen Lernen eine hohe Bedeutung zu.

Baustein: Emotionale Intelligenz

Der gekonnte Umgang mit Gefühlen und Gefühlsausdruck (Emotionen) wird als *Emotionale Intelligenz* bezeichnet. Impulskontrolle ist für eine Primärprävention wichtig. Deshalb gehört zur sozialen Kompetenz, dass Kinder (und Erwachsene) lernen, eigene und fremde Gefühle zu erkennen, sie ernst zu nehmen, adäquat auszudrücken und darauf zu reagieren. Das Mitfühlen im Sinne eines einfühlenden Verstehens spielt als Empathie eine große Rolle. Direkte körperliche Empfindungen werden als Gefühle bezeichnet. Gefühle beeinflussen unser gesamtes Bewusstsein und sind zentraler Bestandteil des menschlichen Ausdrucks (s. Kommunikation). Gefühle sind bedürfnisspezifisch und treten stark auf, wenn Bedürfnisse nicht befriedigt oder verletzt werden. Gefühle werden oft unterdrückt und suchen sich dann andere Ventile. Gefühle sind gemäß der Bedürfnispyramide (Maslow) hierarchisch eingeordnet, je nach ihrer existenziellen oder vitalen Bedeutung. Sie sind schwierig zu verstehen und rational zu erfassen. Für gefühlsgesteuerte Verhaltensweisen gibt es keine Filter im Bewusstsein, weil sie spontane, automatische Reaktionen auf äußere und innere Wahrnehmungen sind.

Emotionale Intelligenz kann sich als übergeordnete Fähigkeit fördernd (z. B. Lust am Lernen) oder behindernd (z. B. Frust beim Lernen, Angst vor Versagen bei Proben) auf alle anderen Fähigkeiten auswirken. Es hängt von der Weiterentwicklung der *Emotionalen Intelligenz* ab, wie kognitive und intellektuelle Fähigkeiten eingesetzt werden können. Insofern ist diese Entwicklung auch für das gesamte Lernen in der Schule von entscheidender Bedeutung. Übungen zum Erkennen, Benennen, Ausdrücken, Anschauen und ernst nehmen, mit Gefühlen kontrolliert umgehen und empathisch mitfühlen, gehören mit in den Schulalltag. Empathie kann gelernt werden, wenn das Kind ein Selbstkonzept entwickelt hat. Dann kann es den anderen Menschen als selbstständiges Wesen erfassen, der so ähnlich wie es selbst erlebt. Empathie kann innerhalb des demokratischen Prinzips *Solidarität*, d. h. *Miteinander Füreinander* in der Schulgemeinschaft erlebt und dadurch sozialisiert werden.

Baustein: Kommunikationsfähigkeit

In der *Kommunikation* tauschen Sender und Empfänger *verbale* und *nonverbale* Botschaften aus. Sie wird im täglichen *Miteinander* gelernt und kann gezielt gefördert werden. Gefühle und Empathie spielen eine große Rolle bei dieser sozialen Interaktion. Die eigene nonverbale Ausdrucksfähigkeit hilft beim Erkennen der nonverbalen Signale der Mitmenschen. Die Fähigkeit, über ei-

63 Vgl. http://de.www.wikipedia.org., download 27.03.08

gene Gefühle zu sprechen ermöglicht ein Verständnis für einen empathischen Perspektivenwechsel zum anderen. *Kommunikation* zwischen Erwachsenen und Kindern ist immer von einem Machtgefälle geprägt. Deshalb kommt der Kommunikationspsychologie in der Schule zunehmend Bedeutung zu.

Jede Nachricht hat vier Seiten[64]: Sachinhalt, Beziehung, Selbstoffenbarung und Appell. Um die Störanfälligkeit von Kommunikation aufgrund dieser Faktoren zu reduzieren, gibt es Gelingensfaktoren für *gute Gespräche*, die in der **Zugewandtheit** liegen. Werden diese von den Lehrenden beachtet, können diese Faktoren in der schulischen *Kommunikation* eine nicht zu unterschätzende positive Auswirkung zeigen[65]:

Gute Gespräche bedeuten,

- dass sich die Gesprächspartner gut fühlen und
- dass jeder seine Ziele einigermaßen erreicht hat,
- dass sie sich beide über das Nichterreichen einig sind (beiderseitige WIN-WIN-Lösung).
- Wertschätzung und Offenheit, das Kind kann über seine Meinung und Gefühle sprechen, ohne dass es vom Erwachsenen gesteuert wird.

Partnerschaftliches Verhalten Umgang auf gleicher Augenhöhe	Blickkontakt offene Körperhaltung	Aktiv zuhören Interesse zeigen
Wertschätzung Respekt	gute Gesprächsatmosphäre, Nähe und Distanz	Fähigkeit, eindeutige Ich-Botschaften zu formulieren
Kind zum Erzählen ermutigen, was es empfindet oder will	Nachfrage-Kultur	Ansprechen der gefühlten, beobachteten Störung
Pause anbieten, wenn das Kind nicht mehr bei der Sache ist	Höflichkeit	Bemühungen um Klärung auf Sach- bzw. Beziehungsebene
Einsatz von Regeln	Einsatz von Ritualen	Klärung Lehrer-Schulkind-Rolle

Kommunikation zwischen Lehrenden und Schulkindern sollten **gute, wertschätzende und offene Gespräche** sein. Für die Gesprächsführung mit Kindern können von den Lehrenden die Gelingensfaktoren **Rücksichtnahme und Sensibilität** als beeinflussend erkannt werden. Kinder lernen auf diese Art und Weise am Modell wie sie gute Gespräche führen können.

Baustein: Resilientes Verhalten

In der Psychologie bedeutet *Resilienz* „die Stärke eines Menschen (...), Lebenskrisen wie schwere Krankheiten, lange Arbeitslosigkeit, Verlust von nahe stehenden Menschen oder ähnliches ohne anhaltende Beeinträchtigung durchzustehen (...). Kinder [werden] als *resilient* bezeichnet, die in einem risikobelasteten Umfeld aufwachsen, das durch Risikofaktoren wie z. B. Armut, Drogenkonsum oder Gewalt gekennzeichnet ist und sich dennoch zu erfolgreich sozialisierten Erwachsenen entwickeln. Resiliente Personen haben erlernt, dass sie es sind, die über ihr eigenes Schicksal bestimmen (sog. *Kontrollüberzeugung*). Sie vertrauen nicht auf Glück oder Zufall, sondern nehmen die Dinge selbst in die Hand. Sie ergreifen Möglichkeiten, wenn sie sich bieten. Sie haben ein realistisches Bild von ihren Fähigkeiten".[66]

Folglich ist es erfreulich, dass *Resilienz als Erziehungsziel* verstärkt in den schulischen Fokus rückt: Die Entwicklung seelischer Stärke kann Kinder stark machen für ihre Lebenswelt zur Bewältigung alltäglicher Stresssituationen (schlechte Noten, Fehler, Schikane, Enttäuschung, kein Lob ...) oder bei schwerwiegenden Problemen (Vernachlässigung, Scheidung der Eltern, Gewalterfahrungen, Mobbing ...) in Familie und Schule. *Resilientes Verhalten* ist Bestandteil der Sozialkompetenz und wirkt als primäre Gewaltprävention.

Kernpunkte der Resilienz[67]

1. Such dir einen Freund und sei anderen ein Freund
2. Fühle dich für dein Verhalten verantwortlich
3. Glaube an dich selbst

64 Siehe Watzlawick: Man kann nicht nicht kommunizieren. In: Watzlawick, P. et al: Menschliche Kommunikation, Bern, Stuttgart, Wien, 1971 (2) sowie Schulz von Thun, F.: Miteinander reden. 3 Bde., Reinbek 1998.

65 Siehe Nowak, E.; Koch, J.: Miteinander Lernen – Zusammen Wachsen in der Grundschule, 2006

66 http//de.wikipedia.org, download vom 27.03.2008. Forschungsergebnisse *(Emmy E. Werner, Glen Elder)* zeigten, dass es bestimmte *protective factors* (Schutzfaktoren) gibt, die Menschen in belastenden Situationen nicht zerbrechen, sondern *wegen* dieser biegsam *(resilient)* werden lassen. Sie wachsen unter Rückgriff auf persönliche und sozial vermittelte Ressourcen. Dieser Entwicklungsprozess hält das ganze Leben hindurch an, weil Selbstheilungskräfte geweckt und Schutzfaktoren und Beziehungen in sozialen Netzwerken entwickelt werden.

67 Psychologie heute. 9/2005, S. 23

Die Resilienzforschung benennt drei Kategorien Schutzfaktoren, welche Kinder resilient werden lässt:[68]

Persönliche Merkmale
Freundliche, aufgeschlossene, positive und herzliche Grundstimmung
Sicheres Bindungsverhalten zumindest zu einem Familienmitglied
Hohe Effizienzerwartung, die Menschen (z. B. mit Behinderung) zur Bewältigung von Aufgabenstellungen motiviert
Realistischer Umgang mit Situationen und deren Problematik, verbunden mit gut handhabbaren Gefühlen von Verantwortung und Schuld
Durch- bis überdurchschnittliche Fähigkeiten und hohe soziale Kompetenzen, insbesonders Empathie und Fähigkeiten zum Lösen von Konflikten, aber auch zum Auslösen von sozialer Unterstützung durch die Bereitschaft „Selbstenthüllung"
Hohes Maß an Selbstwertgefühl und Selbstvertrauen
Schutzfaktoren in der Familie
Verlässliche primäre Bezugsperson
Erziehungsstil, der Risikoübernahme und Unabhängigkeit ermöglicht bzw. als Ziel hat
Ermutigung, Gefühle auszudrücken, verbunden mit einer positiven Identifikationsfigur
Schutzfaktoren außerhalb der Familie
Stabile Freundschaften
Unterstützende Erwachsene (z. B. Lehrerin, Lehrer, Betreuerin, Betreuer)
Erfreuliche, unterstützende Situation im Schulalltag mit angemessenen Leistungsanforderungen; klaren und gerechten Regeln, Übernahme von Verantwortung und vielfacher positiver Verstärkung von Leistung und Verhalten
Sensible Öffentlichkeit
Bindung an schulische Normen und Werte

Was jedes Kind von seinen Bezugspersonen erwartet:

Emotionales Beziehungsangebot, das durch Aufmerksamkeit, Zugewandtheit und Ansprechbarkeit geprägt ist	↔	Geborgenheit und Sicherheit
Antworten auf seine Fragen	↔	Orientierungshilfe im sozialen Miteinander
Kindgerechte Gestaltung seines Lebensraums	↔	Altergemäße Entwicklungsanreize
Nachahmungsmodelle in der Welt der Erwachsenen	↔	Aufgaben und Herausforderungen, die in der Welt des Kindes liegen und deshalb nicht in die Hilflosigkeit führen

„[Schul-]Kinder brauchen Bezugspersonen [Lehrende], die sie begleiten, damit sie wenigstens eine Vorstellung davon oder wenigstens eine Vision davon erhalten, weshalb sie auf der Welt sind (warum sie zur Schule gehen), wofür es sich lohnt, sich anzustrengen (beim Lernen), eigene Erfahrungen zu sammeln [Learning by Feeling and Doing], sich möglichst viel Wissen, Fähigkeiten und Fertigkeiten anzueignen. [Schul-]Kinder brauchen

68 Vgl. Kobelt-Neuhaus, Daniela, 2004, S. 7

Orientierungshilfen [geregelten Schulalltag, Regeln], äußere Vorbilder [Lehrende, Mitschulkinder, Freunde, Mentorinnen und Mentoren] und innere Leitbilder [Werteausstattung, Weltsicht, Einstellungen, Phantasie, Kreativität, Freiraum, Spielen], die ihnen Halt bieten und an denen sie ihre Entscheidungen ausrichten. Dann können sie sich im Wirrwar von Anforderungen, Angeboten und Erwartungen zurechtfinden."[69]

Persönlichkeitsentwicklung

Erst durch eine solchermaßen entwickelte *Sozialkompetenz* kann sich eine Persönlichkeit mit folgenden Komponenten entwickeln:

- Selbstkonzept (Selbstwertgefühl, Selbstbestimmung, Selbstvertrauen)
- Entscheidungsfähigkeit, selbsttätige Handlungsfähigkeit
- Selbstverantwortung, Verantwortungsbewusstsein
- Selbstdisziplin und Disziplin
- Kritikfähigkeit, Reflektionsfähigkeit
- Ausbildung der eigenen Perspektive und Sich-ein-lassen-können auf die Sichtweise des anderen.

3.4 Demokratiekompetenz

Zur *Demokratiekompetenz* gehören persönliche Fähigkeiten *(Sozialkompetenz)*, Erfahrungen und Einstellungen, die es ermöglichen:

- an Demokratie als Lebensform teilzuhaben und diese aktiv in der Gemeinschaft mit anderen Menschen zu gestalten;
- sich für Demokratie als Gesellschaftsform zu engagieren, um in lokalen und globalen Kontexten mitzugestalten;
- Demokratie als Regierungsform durch aufgeklärte Urteilsbildung und Entscheidungsfindung zu erhalten und weiterzuentwickeln.

Demokratie lernen heißt, sie in der Schule erleben und leben; sie auf der Ebene der Regelung von alltäglichen Angelegenheiten anzuwenden. Demokratie lernen in der Primarstufe vollzieht sich sowohl in institutionalisierten Mitwirkungsgremien als auch über Möglichkeiten der Beteiligung, Verantwortungsübernahme und Zugehörigkeit. Demokratiepädagogik umfasst pädagogische, insbesondere schulische und unterrichtliche Aktivitäten zur Förderung von Fähigkeiten, die Menschen benötigen, um eine Demokratiekompetenz auszubilden.

Demokratiekompetenz

Partizipation ist Ausdruck der *Demokratiekompetenz*. Dies gilt für Schulkinder in besonderem Maße als gleichberechtigte Mitglieder des Schulgemeinwesens. Schulkinder gestalten ihre Schulgemeinschaft aktiv mit und erfahren, dass sie in allen sie betreffenden Belangen mitwirken, mitentscheiden und Verantwortung übernehmen: – im Abstimmen, Evaluieren und Präsentieren von Ergebnissen; – eine Gruppe übernehmen; – die eigene Perspektive wechseln; – Zutrauen für Aufgaben durch die Erwachsenen erhalten; – Übungsfelder für autonomes Handeln einnehmen; – Auseinandersetzungen konstruktiv austragen; – sich in Mitbestimmungsgremien engagieren; – an Kinderparlamenten teilhaben usw.

Partizipation lässt Schulkinder ein selbstwirksames demokratisches Handeln erleben. Ihr Selbstvertrauen wird gefestigt und ihre Persönlichkeit kann sich entwickeln. Ihr politisches Bewusstsein wird ausgebildet und ihre Handlungsmuster werden erweitert. Sie lernen dadurch, dass sie zum Baumeister für die Gestaltung ihrer Schulwirklichkeit werden. Das bedeutet: Sie identifizieren sich mit ihrer Schule, übernehmen die Verantwortung für das Schulklima und die Schulgemeinschaft. Zur *Demokratiekompetenz* gehören folgende Bausteine:

Einfühlungsvermögen und Kompromissbereitschaft

Schulkinder regeln ihre Konflikte selbst. Dies erfolgt über Mediationsgespräche mithilfe der ausgebildeten Schlichter-Kinder, die von Erwachsenen gecoacht werden. Zielsetzung ist die Entwicklung einer konstruktiven Streitkultur.

Wechselseitige Anerkennung und Respekt

Rechte und Pflichten werden gemeinsam entwickelt von den Schulkindern, Lehrkräften und Eltern und auch befolgt. Selbstdisziplin wird in einem von wechselseitiger Achtung und Wertschätzung geprägten solidarischem Umgang miteinander ausgebildet.

Eigene Interessen und Bedürfnisse erkennen und formulieren können

Schulkinder planen und gestalten den Unterricht und das Schulleben mit. Grundhaltung sind Gewaltfreiheit und ein friedliches Miteinander in der Schulgemeinschaft.

Vorstellungen, Meinungen, Bedürfnisse anderer wahrnehmen und zu einem Interessenausgleich kommen

Miteinander und Füreinander in der demokratischen Schulgemeinschaft: Klassenrat, Schulversammlung sind Teil des Schullebens und sind Organe für Mitbestimmung und politisches Agieren. Unterricht verändert sich durch offene Unterrichtsformen, Werkstattunterricht, Projektunterricht.

Demokratische Werte, Orientierungen und Einstellungen

Im Demokratie erleben und leben können Werte erlernt werden. Durch Unterricht und Schulleben bilden die Schulkinder *Sozial-* und gleichermaßen *Demokratiekompetenz* aus. Sie erlernen Orientierungen und persönliche Einstellungen am Vorbild und Vorleben der Erwachsenen. Dies trägt dazu bei, dass Schulkinder die Bedeutung der für ein demokratisches Gemeinwesen konstitutiven Werte verstehen lernen, diese in Entscheidungssituationen kritisch reflektieren und sie gegen demokratiekritische Einwände mit Argumenten verteidigen können.

69 Haug-Schnabel, S. 6. [auf die Schulwelt bezogene Einfügungen Nowak]

Verantwortung übernehmen und solidarisch handeln

Durch Mitarbeit in Projekten des Gemeinwesens erfolgt die Öffnung der Schule nach außen in das kommunale Umfeld. Schulkinder arbeiten mit außerschulischen Partnern (Seniorenheim, Schule für Menschen mit Behinderung, Krankenhaus usw.) zusammen und erleben damit ein bürgergesellschaftliches Engagement.[70]

Nachdenken und Bewerten

Alle Schulkinder erhalten – wie die erwachsenen Schulbeteiligten auch – prozessorientierte Fragebögen: ➔ für die Bewertung des Erlebens der Schulversammlung, ➔ die praktische Umsetzung der Sozialziele usw. Dadurch lernen sie zu reflektieren. Durch die schriftliche Form der Rückmeldung kann sich eine selbstwirksame Feedback-Kultur entwickeln. Weil wertvolle Anregungen sowie Änderungswünsche durch die Schulkinder direkt in den Demokratieprozess mit einfließen, erleben die Schulkinder die praktische Umsetzung in ihrem Lernprozess (Wofür wird das gemacht?).[71] Das Bewerten der Lehrenden durch die Lernenden mit Einschätzbögen lässt einen *Umgang auf Augenhöhe* entstehen. Die Rückmeldungen geben wichtige konstruktive Anregungen aus der Perspektive der Schulkinder für eine partizipative Unterrichtskultur und sollen vonseiten der Lehrkraft ge*wert*-schätzt werden. Beim Schulkind bewirken sie eine selbstwirksame Lernkultur, weil es das, was es bei der Lehrkraft bewertet, für sich selbst als Person auch reflektiert.

3.5 Phasenspezifischer Ablauf für die Projekt-Implementierung

<table>
<tr><th colspan="2">Vorbereitungsphase</th></tr>
<tr><td>• Warum Demokratie an unserer Schule?
Grundlage hierfür ist der Schulentwicklungsprozess – begonnen mit dem Streitschlichter-Projekt. Die Schulkinder zeigen mehr soziale Kompetenzen (Diskussionen, verstärktes miteinander Reden sowohl die Kinder untereinander als auch zwischen Lehrenden und Lernenden).
Es hat sich eine Streitkultur mit WIN-WIN-Konfliktlösungen (beide Seiten gewinnen) an der Schule entwickelt.
• Welche Ziele sind realisierbar?
Schulkinder wünschen sich mehr Mitsprache, Mitbestimmung und Mitgestaltung des Schulalltags.
Unsere Schule soll demokratisch werden
➔ Erziehung zur Demokratiefähigkeit
➔ Vermittlung von Werten
➔ Lernen in Sozialzielen
➔ Demokratische Handlungskompetenzen ausbilden</td><td>Schulkindorientierter Empowerment-Prozess
a) Schulleitung und Kollegium für die Projektidee „Demokratie erleben und Werte erlernen“ gewinnen.
b) Pädagogische Konferenz
Vorgeschlagen wird ein neues Sozialprojekt für demokratisches Erleben und Erlernen. Vorschlag wird im Kollegium angenommen und es konkretisiert sich die Idee. Ein neues Sozialprojekt soll begonnen werden.
c) Konzeption des Demokratieprojektes
➔ Schulversammlung als Forum
➔ Werte erlernen in Sozialzielen
d) Projektleitung, wissenschaftliche Begleitung
e) Anschluss an bereits vorhandenes Schlichter-Kinder-Projekt ist vorteilhaft</td></tr>
<tr><th colspan="2">Einführungsphase</th></tr>
<tr><td>• Demokratische Prinzipien in der Schulversammlung:
➔ Partizipation,
➔ Gleichwertigkeit
➔ Mehrheitsprinzip,
➔ gemeinschaftliche Regeln befolgen,
➔ freie Meinungsäußerung

• Systemische Vernetzung
• Wie kann Schulversammlung im Ablauf gestaltet werden?</td><td>f) Beginn des Demokratieprojektes und Einrichtung einer Schulversammlung als Mehrebenen-Instrument für eine demokratisch partizipative Schul(kind)entwicklung.
g) Sechs Schulversammlungen werden terminiert (jeweils eine Woche vor den Ferien), Institutionalisierung der Schulversammlung als Mehrebenen-Instrument.
h) Das Kollegium beschließt als erstes Sozialziel GRÜẞEN für die 1. Schulversammlung.</td></tr>
</table>

70 Siehe Kap. 6
71 Siehe Kap. 4

Einführungsphase	
• Wer moderiert (Lehrende und Lernende – Schlichter-Kinder, Klassensprecher) • Lernen in Sozialzielen ist demokratisches Lernen und Werteverankerung (Gleichwertigkeit und respektvolle/wertschätzende Mitmenschlichkeit, Verantwortung übernehmen, solidarisches Handeln) • Wie können Sozialziele im Schulalltag umgesetzt werden? • Nachhaltigkeit in der Umsetzung durch Punktabstimmung an der Feedback-Tafel • Welche langfristigen Auswirkungen auf die gesamte Schulgemeinschaft können erwartet werden? • Fragebogen zur Evaluation der Schulversammlung. • Transparenz eines demokratischen Schulalltags herstellen. • Prozess visualisieren an Stellwänden (Schulversammlungshaus und Feedback-Tafel) • Begleitende Öffentlichkeitsarbeit.	i) Alle Klassen überlegen im Klassenrat Bedarfe für Sozialziele aus dem Schulalltag der Schule, bereiten Präsentationen für die 1. Schulversammlung vor (Plakat, Rollenspiel, aufsagen ...). j) Der Ablaufplan wird entworfen: Anfangsritual (Begrüßung, Lied). Was ist Demokratie? (Kinder lernen Begriff, sagen es mit eigenen Worten) TOP 1 (Vorstellung des Sozialziels GRÜßEN, Beobachtungsauftrag an Versammlung für praktische Umsetzung im Schulalltag, Bewertung ist in nächster Schulversammlung einzubringen). TOP 2 (Klassen präsentieren ihre Bedarfe, Kinder votieren für ihr wichtigstes Sozialziel, dadurch Bestimmung der Reihenfolge). k) Rahmenbedingungen für nachhaltiges soziales Lernen schaffen durch das Instrument Feedback-Tafel. l) Kollegium entwickelt zweidimensionale Verhaltenskategorien und Indikatoren (ich tue selbst – ich erlebe bei anderen). m) Kinder agieren politisch, stimmen ab und bewerten die Umsetzung des Sozialziels. Die Bewertung wird statistisch ausgewertet und Ergebnisse werden in der nächsten Schulversammlung diskutiert. n) Immer wiederkehrende Schulversammlungen fördern einen anhaltenden Lern- und Verankerungsprozess. o) Einbindung des Elternbeirats durch Sitzung p) Einbindung der gesamten Elternschaft durch Informationsbrief

Ablaufplanung der Schulversammlung

Im Forum der Schulversammlung wird ein Handlungsraum für schulkindorientiertes demokratisches und politisches Agieren eröffnet. Die Schulversammlung wirkt jahrgangsübergreifend als Mehrebenen-Instrument, weil alle Schulkinder und das gesamte Kollegium anwesend sind. Die Schulversammlungen werden in ihrem Ablauf ritualisiert. Sie beginnen immer mit

- einem Hinweis auf die Schulversammlungsregeln,
- beginnen, enden mit dem Schulversammlungslied[72] (Entwicklung Wir-Gefühl der Schulgemeinschaft),
- weisen die abzuhandelnden Themen in Tagesordnungspunkten auf,
- bezeichnen die moderierende(n) Person(en),
- nennen die Protokollführerin und bestimmen wer Fotos macht,
- zeitlicher Beginn und Ende der Versammlung werden festgehalten.

Praxis: Die Schulversammlungen

Die terminlich festgelegten sechs Schulversammlungen bieten ein Forum für alle Schulbeteiligten. Die Streitschlichter-Kinder, Klassensprecher, unterstützt von der Projektleiterin üben sich im Moderieren. In der 1. einführenden Schulversammlung wird vom Kollegium das Sozialziel GRÜßEN eingebracht. Auftrag an alle Anwesenden der Schulversammlung: Alle Klassen beobachten im Schulalltag, ob gegrüßt wird. Im Klassenrat wird evaluiert und diskutiert, was hierbei gut gelaufen ist bzw., was noch verbessert werden soll. Eine Bewertung ist von jeder Klasse in die nächste Schulversammlung einzubringen. Weiterhin werden von allen Schulkindern Bedarfe aus Beobachtungen des sozialen Miteinanders im Schulalltag ermittelt. Im Klassenrat formuliert jede Klasse ein Sozialziel aus den Beobachtungen im Schulalltag und erarbeitet eine Präsentation. Ein Schulversammlungshaus wird gestaltet und soll begleitend den Lernprozess visualisieren. In der Schulversammlung wird aus den vier präsentierten Vorschlägen

72 Naidoo, Xavier: Was wir alleine nicht schaffen; Telegram X.

über das wichtigste Sozialziel abgestimmt und dadurch die Reihenfolge für das nächste umzusetzende Sozialziel ermittelt. Die Schulkinder müssen sich entscheiden, für welches dieser vier Sozialziele sie ihre Stimme abgeben. Jeder Schüler und jede Schülerin hat ein Votum, d.h. er/sie darf nur einmal mit Handzeichen bei einem der vier Vorschläge abstimmen. In diesem partizipativen demokratischen Prozess können die Schulkinder so ihr soziales Schulleben gemeinsam mitbestimmen und gestalten, übernehmen dafür aber auch Mitverantwortung. In der 2. Schulversammlung stellt jede Klasse ihre Präsentationen vor durch Plakate, Rollenspiele. Nennungen:

Sozialziel GRÜßEN (Bedarf: mehr Höflichkeit),
Sozialziel MITEINANDER (Bedarf: Schulkinder nicht mehr ausgrenzen),
Sozialziel ACHTSAMKEIT (Bedarf: mehr Ordnung halten an der Schule),
Sozialziel MITEINANDER REDEN (Bedarf: Streit mit Worten klären).

3.6 Instrument Feedback-Tafel für nachhaltiges Lernen förderlicher Verhaltensweisen

Für nachhaltiges Lernen in Sozialzielen wird eine Feedback-Tafel entwickelt, die das in der Schulversammlung durch votieren in seiner Reihenfolge bestimmte nächste Sozialziel visualisiert. Für die praktische Umsetzung im Schulleben werden vom Kollegium in Teamarbeit zweidimensionale Indikatoren und Verhaltenskategorien definiert (ich tue selbst ..., ich sehe ... und ich erlebe bei anderen), welche den Schulkindern die förderlichen Verhaltensweisen für das jeweils umzusetzende Sozialziel aufzeigen[73]:

Sozialziel	Ich tue selbst	Ich erlebe bei anderen
GRÜßEN	A) Ich grüße die Lehrerinnen B) Ich grüße andere Schulkinder C) Ich grüße meine Klassenkameraden	D) dass mich Lehrerinnen grüßen E) dass mich andere Schulkinder grüßen F) dass mich meine Klassenkameraden grüßen
MITEINANDER	A) Ich fühle mich einbezogen B) Ich habe einen Freund C) Ich gehe auf Kinder zu, die alleine sind	D) dass Kinder mit einbezogen werden
ACHTSAMKEIT	A) Ich hebe meinen Müll im Pausenhof/ Schulhaus auf B) Ich hebe auch Müll von anderen Kindern auf C) Ich passe gut auf meine Sachen auf D) Ich gehe achtsam um mit Sachen, die der Schule gehören	E) dass Kinder ihren Müll im Pausenhof/ Schulhaus aufheben F) dass Kinder auch Müll von anderen aufheben G) dass Kinder auf ihre Sachen gut aufpassen H) dass Kinder achtsam umgehen mit Sachen, die der Schule gehören
MITEINANDER REDEN	Ich kläre Streit mit Worten A) auf dem Pausenhof B) im Schulbus C) in der Klasse	Ich erlebe bei anderen, dass Kinder Streit mit Worten klären D) auf dem Pausenhof E) im Schulbus F) in der Klasse

73 Siehe Kopiervorlagen 34 und 35

Praxis: Die Nachhaltigkeit

Um die Nachhaltigkeit in der praktischen Umsetzung zu evaluieren, punkten die Kinder nach einer gewissen Zeit ihr Tun, Sehen, Erleben bei anderen mithilfe der Indikatoren und Verhaltenskategorien. Die Projektleitung wertet die Stimm(Punkt)abgaben aus und bringt im Vorfeld zur nächsten Schulversammlung die Ergebnisse ins Kollegium ein. Die Schlichter-Kinder oder auch die Klassensprecher der 3. oder 4. Klasse[74] erstellen Plakate, Folien oder andere Visualisierungsmöglichkeiten mit den Ergebnis-Diagrammen und präsentieren diese in der nächsten Schulversammlung. Das einzelne Schulkind kann so demokratisch Prinzipen der Wahl und Stimmabgabe auf direkte Weise erleben: Was es mit seinem Punkt (Votum) bewirkt hat und zu welchem Ergebnis es beigetragen hat. Gemeinschaftlich wird das Ergebnis der Befragung zur Umsetzung des jeweiligen Sozialziels beleuchtet und Verbesserungen für eine größere Nachhaltigkeit diskutiert. Die statistische Auswertung wird von allen Kindern diskutiert und durch Impulsfragen vonseiten der Moderation kann ein Austausch für Verbesserungsvorschläge initiiert werden. Das Procedere des weiteren Lernens in Sozialzielen und Evaluierung der Umsetzung in den Schulalltag innerhalb der Schulversammlungen gestaltet sich im Verlauf des Schuljahres auf die gleiche Art und Weise. Am Ende des Schuljahres wird in einer abschließenden Schulversammlung die Umsetzung aller beschlossenen Sozialziele bewertet und diskutiert (bei welchem ist es sehr gut gelaufen, bei welchem nicht so gut).
Im Vorfeld hierzu wird mit einer Fragebogenaktion die individuelle Schulkindeinschätzung ermittelt:

- ➔ das am besten umgesetzten Sozialziel
- ➔ das am wenigsten umgesetzten Sozialziel,
- ➔ die Rangfolge der Wichtigkeit aller Sozialziele aus der individuellen Schulkindperspektive.

Weiterhin wurde evaluiert, welche Bestandteile im Ablauf der Schulversammlungen für gut empfunden wurden und welche anders gestaltet werden sollten. Antwortoptionen sind: freie Meinungsäußerung, Schulversammlungslied, Moderation durch Schlichter-Kinder, Moderation durch Klassensprecher, Vorstellung der Ergebnisse durch Rollenspiele, Plakate, Abstimmen, Mitreden, Versammlungsregeln. Interessant ist auch die Frage, was die Kinder in ihrer Klasse aufgrund der Schulversammlung alles gemacht haben? Antwortoptionen: Klassenrat, Schüler-Sprechstunde, Rollenspiele, Umfrage, Diskussionen, Beobachtungsaufträge, Plakate erstellen, Präsentationen (Rollenspiele) vorbereiten.

3.7 Öffentlichkeitsarbeit

Der Weg hin zu einer demokratieförderlichen Schule erfordert eine hohe Transparenz, greifen doch die Auswirkungen eines demokratischen *Miteinander Schule leben* über sie hinaus in die Lebenswelt der Schüler, hinein in die Familien und die Gesellschaft. Das bedeutet sowohl innerhalb als auch außerhalb der Schule die Einbeziehung der Öffentlichkeit durch Öffentlichkeitsarbeit. Der Demokratisierungsprozess wird zum einen im Schulhaus visualisiert und möglichst auch über eine schuleigene Homepage verbreitet. Zum anderen kann durch Einladungen der Presse sowie kommunalen Politikern zur Schulversammlung die Schulentwicklung auch der breiten Öffentlichkeit zugänglich gemacht werden. Durch eine zielgerichtete Öffentlichkeitsarbeit im regionalen Schulraum wird eine verstärkte Auseinandersetzung der Demokratiethematik mit anderen Schulen erreicht.

3.8 Materialien zu Kapitel 3

M 12 Puzzle der Begrifflichkeiten
M 13 Checkliste: Demokratie in unserer Schule
M 14 Was siehst du? (Hase/Ente)
M 15 Perspektivenwechsel (Katze/Pferd)
M 16 Erkennst du das oder das?
M 17 Spiele zum Spaß haben
M 18 Vier Tipps für besseres Wahrnehmen
M 19 Was und wie sind Gefühle?
M 20 Mein Gefühlskompass
M 21 Gefühle haben Farben
M 22 Wie fühle ich mich, wenn jemand sagt ...
M 23 Wie geht Kommunikation?
M 24 Aktives Zuhören heißt gutes Zuhören
M 25 Körpersprache verstehen
M 26 Achtsam miteinander sprechen und umgehen
M 27 Schlaue Tipps für gute (Streit)-Gespräche
M 28 Mein Selbstporträt
M 29 Freundschafts-Botschaft
M 30 Das Schulversammlungshaus
M 31 Ablaufplan Schulversammlung
M 32 Schulversammlungslied
M 33 Muster-Protokoll der 1. Schulversammlung
M 34 Feedback-Tafel: Sozialziel GRÜßEN
M 35 Feedback-Tafel: Sozialziel ACHTSAMKEIT
M 36 Muster für einen Eltern-Infobrief

74 In der 1. und 2. Klasse gibt es noch keine Klassensprecher, außerdem wären die Erst- bzw. Zweitklasskinder überfordert

Puzzle der Begrifflichkeiten

M 12

Demokratie	in	der
Schule	Partizipation	Mitreden
Mitgestalten	Mitbestimmen	Im
Miteinander	den	Einzelnen
stärken	Miteinander	Füreinander
in	der	Schul-gemeinschaft
gemein-schaftliche	Regeln	Disziplin
Mehrheits-prinzip	freie	Meinungs-äußerung
Schul-	versammlung	Solidarität

Vorschlag:
Die Begriffe können als Karten angefertigt werden. Auf der Vorderseite ist der Begriff, auf die Rückseite schreiben die Schulkinder mit ihren Worten die Erklärung für den Begriff.
Spielarten:
Begriff erraten lassen anhand der Umschreibung auf der Rückseite oder anders herum, die Erklärung anhand des Begriffes finden lassen.

Checkliste: Demokratie in unserer Schule?

Kann als Schulkind-Fragebogen, Fragebogen für das Kollegium (im Vorfeld zu einer Schulversammlung erfragt werden)

Demokratie setzt Anerkennung und Partizipation (Mitbestimmen und Mitgestalten) voraus. Wie sieht es damit in unserer Schule aus? Was wünschst du dir? Kreuze an!

①	②	① **Das haben wir** ② **Das wünsche ich mir**
○	○	Bei Entscheidungen, die mich betreffen, kann ich mitreden.
○	○	Schulkinder haben echte Mitbestimmungsmöglichkeiten und Rechte.
○	○	Schulkinder trauen sich, ihre Meinung zu sagen.
○	○	Lehrer arbeiten als Team zusammen und tauschen sich aus.
○	○	Lehrer akzeptieren Wünsche und Kritik von Schulkindern.
○	○	Schulkinder achten und wertschätzen ihre Lehrer.
○	○	Lehrer achten und wertschätzen ihre Schulkinder.
○	○	Der Lernfortschritt beim einzelnen Schulkind ist Lehrern wichtig und wird besprochen.
○	○	Was zählt ist nicht blinder Gehorsam, sondern Selbstverantwortung, Selbstbestimmung und Freude am miteinander Lernen.
○	○	Lehrer erklären Regeln und halten sich (als Vorbild) selbst daran.
○	○	Regeln werden partizipativ gestaltet.

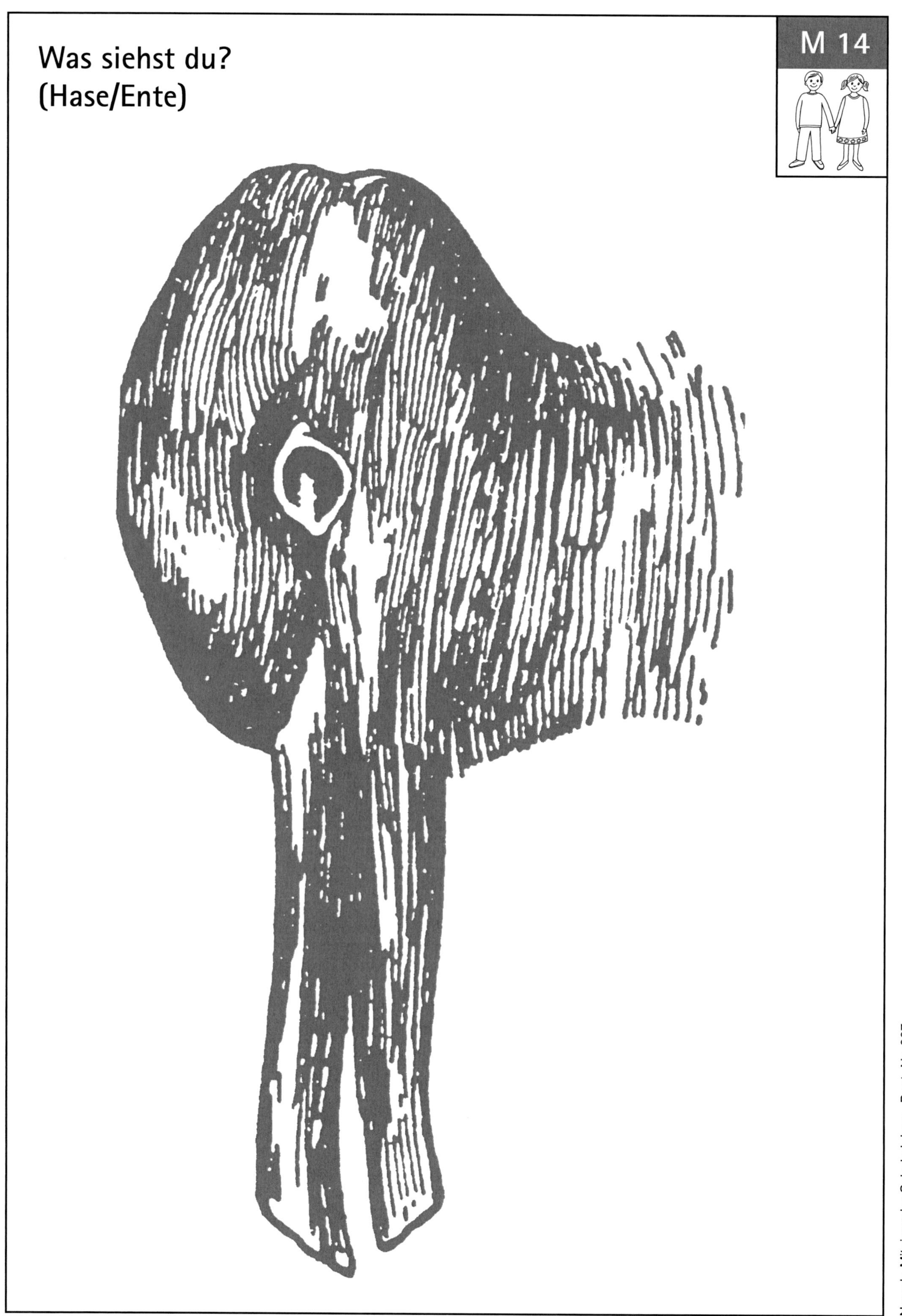
M 14
Was siehst du?
(Hase/Ente)

Perspektivenwechsel: Einmal Katze, einmal Pferd

M 15

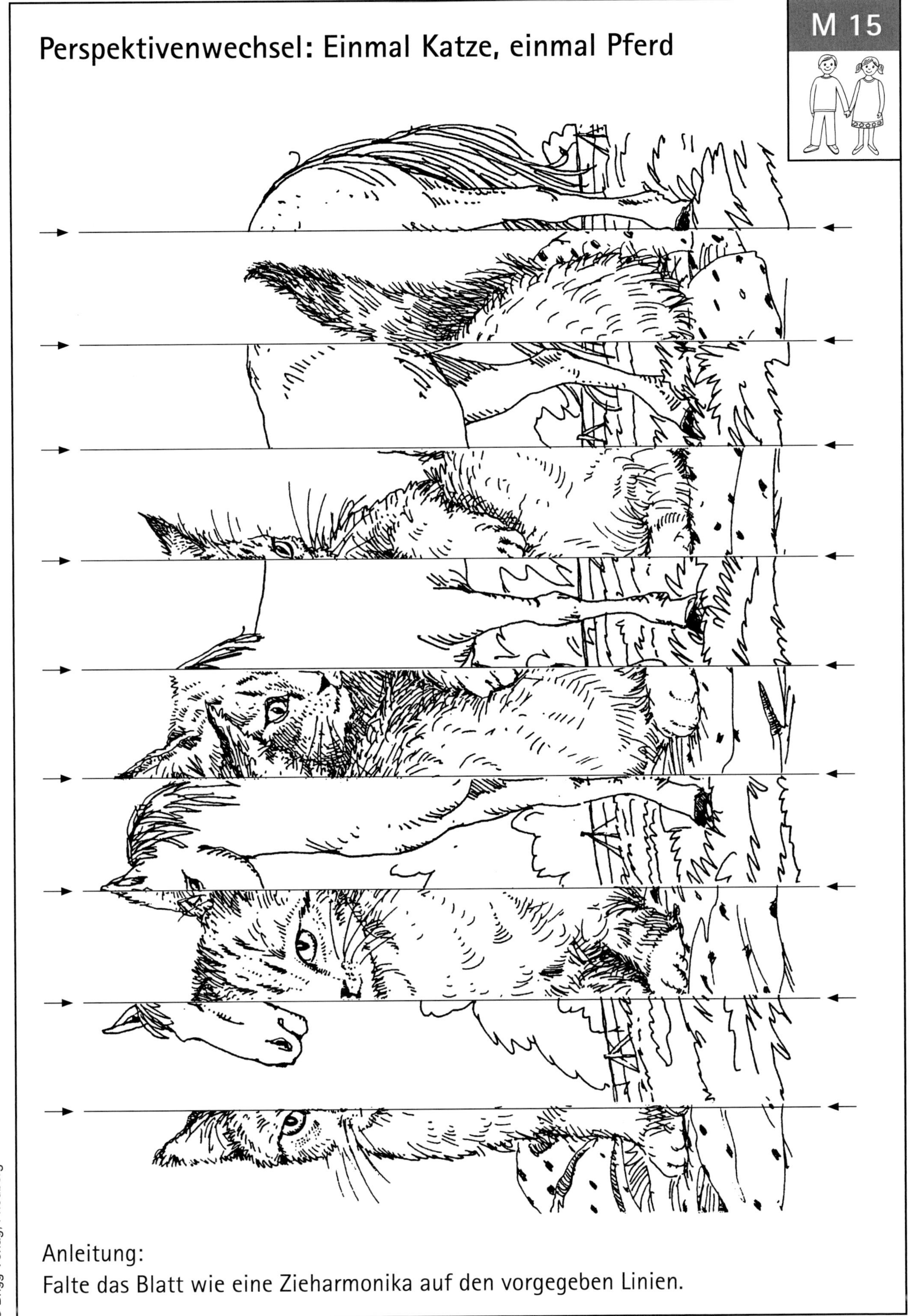

Anleitung:
Falte das Blatt wie eine Zieharmonika auf den vorgegeben Linien.

Erkennst du das oder das?

Alles kreist um den Mittelpunkt!

Sind die Mittelkreise wirklich gleich groß?

Auch im Tierreich gibt es scheinbar Ausnahmen!

Wie viele Beine hat der Elefant?

Ein Korbgeflecht hat es in sich!

Sind wirklich alle Querlinien parallel?

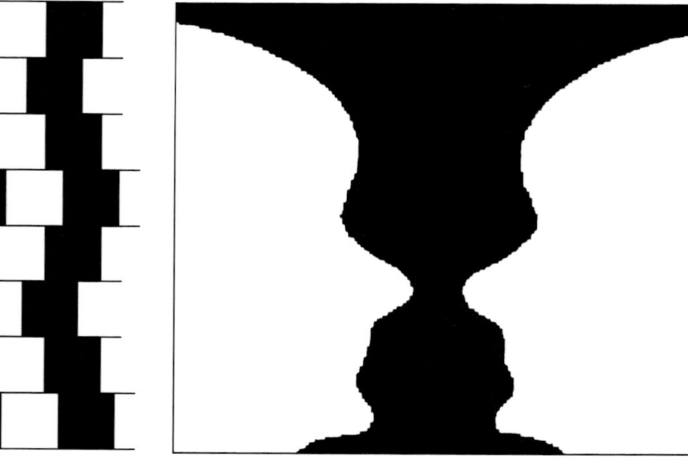

Was siehst du auf dem Bild?

Zwei Gesichter, deren Nasenspitzen sich fast berühren oder ...?

M 16

Spiele zum Spaß haben

M 17

Koordinationsspiel: „Gordischer Knoten"

Kooperations- und Koordinationsspiele werden eingesetzt, um das Wir-Gefühl, den Zusammenhalt der Klasse/Gruppe zu fördern. Eine gewisse Vertrauensbasis ist gegeben und im Gruppenprozess geht es nun darum, miteinander um den Einfluss in der Gruppe zu ringen. Die Auflösung des Knotens gelingt nur, wenn die Gruppe zusammenarbeitet. Das alles sind beste Voraussetzungen zum Strategien entwickeln, Planen und als Team gemeinschaftlich Aufgaben erfolgreich zu bewältigen.

Spielanleitung:

(Möglichst) eine gerade Anzahl von Schulkindern (max. 12) stellen sich in einem Kreis auf und schließen die Augen. Sie strecken ihre rechten Hände in die Kreismitte und greifen eine andere Hand. Nun öffnen alle die Augen und greifen mit ihrer linken Hand nach einer anderen linken Hand. Beachten: Nicht die zwei Hände von ein und derselben Person greifen!

Der Knoten kann nun entwirrt werden. Dabei dürfen die Hände nicht losgelassen werden, „umgreifen" ist jedoch erlaubt.

Warm-up-Spiel „Hei-Energie"

Warm-up-Spiele werden auch Icebreaker-(Eisbrecher)spiele genannt. Sie werden eingesetzt, um die soziale Wahrnehmung, Kommunikation und Beziehungen innerhalb der Gruppe zu fördern. Hei-Energie verhilft zu einem Energieschub. Müde Schulkinder können wieder motiviert werden.

Spielanleitung:

Alle stehen im Kreis und reichen sich die Hände. Dabei etwas Platz lassen, damit die Arme schwingen können. Nun wird – mindestens – 3-mal „Ja-Hei" gerufen, dabei werden die Hände nach oben über den Kopf geschwungen.

Danach werden die Arme nach unten in gebeugter Stellung geschwungen, laut und pointiert „Ja-Hak" gerufen

Diese beiden Übungen wiederholen, dabei das Tempo beschleunigen, bis die Gruppe außer Atem ist.

Die Übung kann noch variiert werden. Z. B.: Wer die Arme falsch bewegt, scheidet aus. Es sollten dann aber mehrere Runden gespielt werden.

Vier Tipps für besseres Wahrnehmen

M 18

Tipp 1

Zweimal hinsehen

Sieh genau hin. Nicht nur einmal, sondern zweimal. Vergewissere dich: Was war wirklich.

Tipp 2

Nachfragen

Erkundige dich, ob es wirklich so war? Hab ich mich getäuscht?

Tipp 3

Miteinander Reden

Rede mit den anderen darüber, was sie gespürt und gesehen haben.

Tipp 4

Nach der Bedeutung fragen

Was bedeutet es, wenn es so war? Was meint es, wenn es anders war?

M 19

Was und wie sind Gefühle?

Gefühle sind Empfindungen im Körperinneren. Ich kann gute (positive) und schlechte (negative) Gefühle empfinden.

Welche Gefühle kannst du benennen?

Gefühle kann ich bei mir selbst *fühlen*, ich kann sie aber auch sehen, wenn ich mich im Spiegel betrachte.

Gefühle kann ich erkennen (bei mir selbst und anderen Menschen):

	im Gesicht *Mimik*	
an den Händen *Gestik*	an der Stimme	an der Körperhaltung
	an der Kleidung	

Mein Gefühlskompass

Mit dieser Scheibe kannst du dir selbst ein momentanes Gefühl bewusst machen und auch den anderen dein Gefühl zeigen.

Bastelanleitung:

Klebe die Scheibe auf einen festen Karton. Ordne eine Auswahl deiner Gefühle den einzelnen Kreisabschnitten zu.

zufrieden	verliebt	traurig
fröhlich	gelangweilt	ängstlich
glücklich	sauer	einsam
lustig	beleidigt	wütend
heiter	ungenießbar	zornig

Male die einzelnen Segmente in den für dich zu den Gefühlen passenden Farben an und beschrifte die Felder mit deinen Gefühlsworten. Befestige mit einer Stecknadel den Pfeil in der Mitte, sodass er drehbar ist und das Gefühl anzeigen kann.

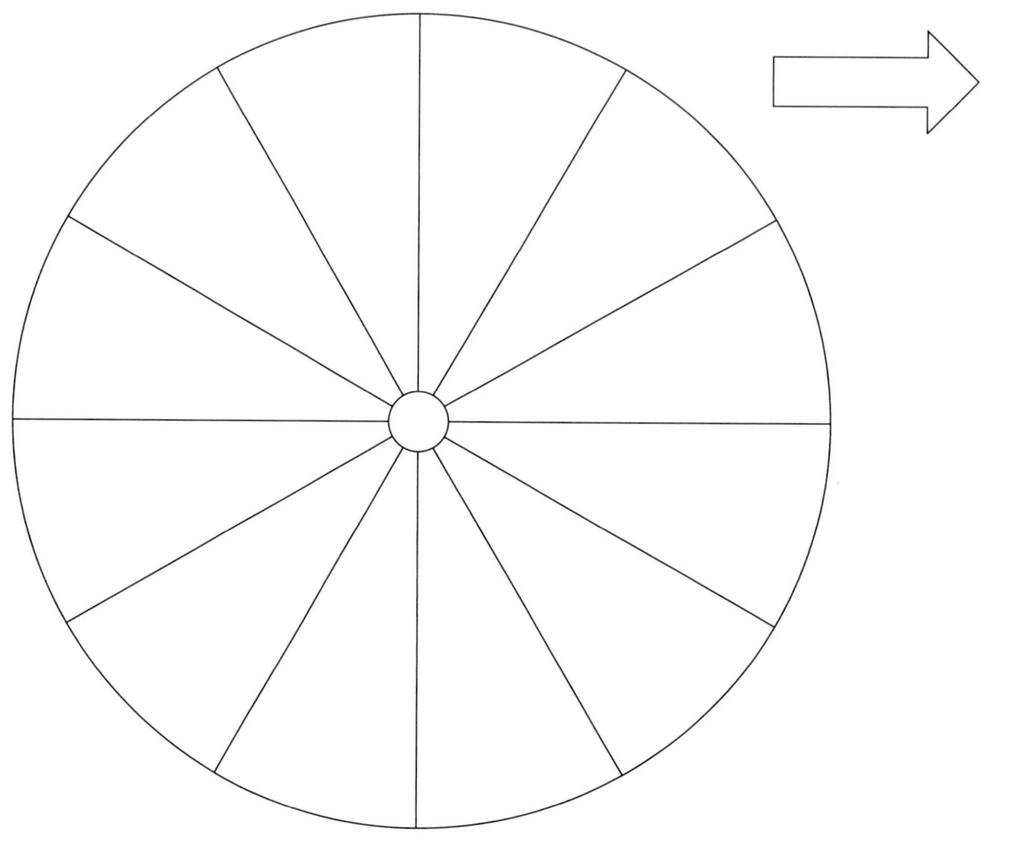

Gefühle haben Farben

Welche Gefühle verbindest du mit folgenden Farben?

Male die Kästchen mit der entsprechenden Farbe aus.

Wenn dich etwas traurig und unglücklich macht,
ist alles **rabenschwarz** wie die dunkle Nacht.

Wenn du sehr zornig bist und so voller Wut,
ist alles **feuerrot**, wie im Ofen die Glut.

Wenn du dich wohl fühlst und ganz geborgen,
ist alles **himmelblau** wie ein Sommermorgen.

Wenn du froh bist, und kannst sogar glücklich sein,
ist alles **goldgelb** wie heller Sonnenschein.

Wenn du dich gut fühlst – voll Unternehmungslust,
ist alles **grasgrün** wie eine Wiese im August.

Wenn du dich einsam fühlst und so ganz allein,
ist alles **grau** wie ein Tag ohne Sonnenschein.

Wenn du dich heiter fühlst und siehst lustig aus,
ist alles **bunt** wie ein Sommerblumenstrauß.

Wenn du verliebt bist und kriegst einen Kuss,
ist alles **rosarot** wie ein Herz mit Zuckerguss.

M 22

Wie fühle ich mich, wenn jemand sagt ...

Schreibe bitte hinter jeden Satz dein Gefühl:

➔ Geh weg, wir wollen alleine spielen!

➔ Magst du mit mir Pause machen?

➔ Du bist ein Dummkopf!

➔ Lass mich in Ruhe!

➔ Geh weg, ich möchte allein sein!

➔ Du Blödmann störst mich!

➔ Ich mag dich!

➔ Willst du mein Freund/Freundin sein?

➔ Setzt du dich neben mich?

➔ Ich möchte lernen, bitte lass mich alleine.

Mögliche Gefühle:

aggressiv	lustig	ängstlich
wütend	cool	unterwürfig
bedroht	zufrieden	unsicher
zornig	fröhlich	überrascht
beleidigt	geborgen	einsam
langweilig	glücklich	?

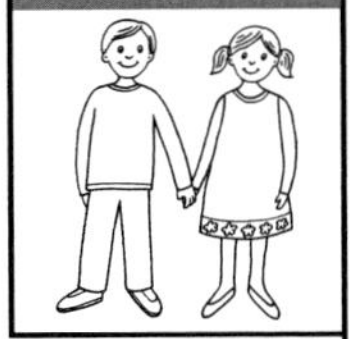

Wie geht Kommunikation?

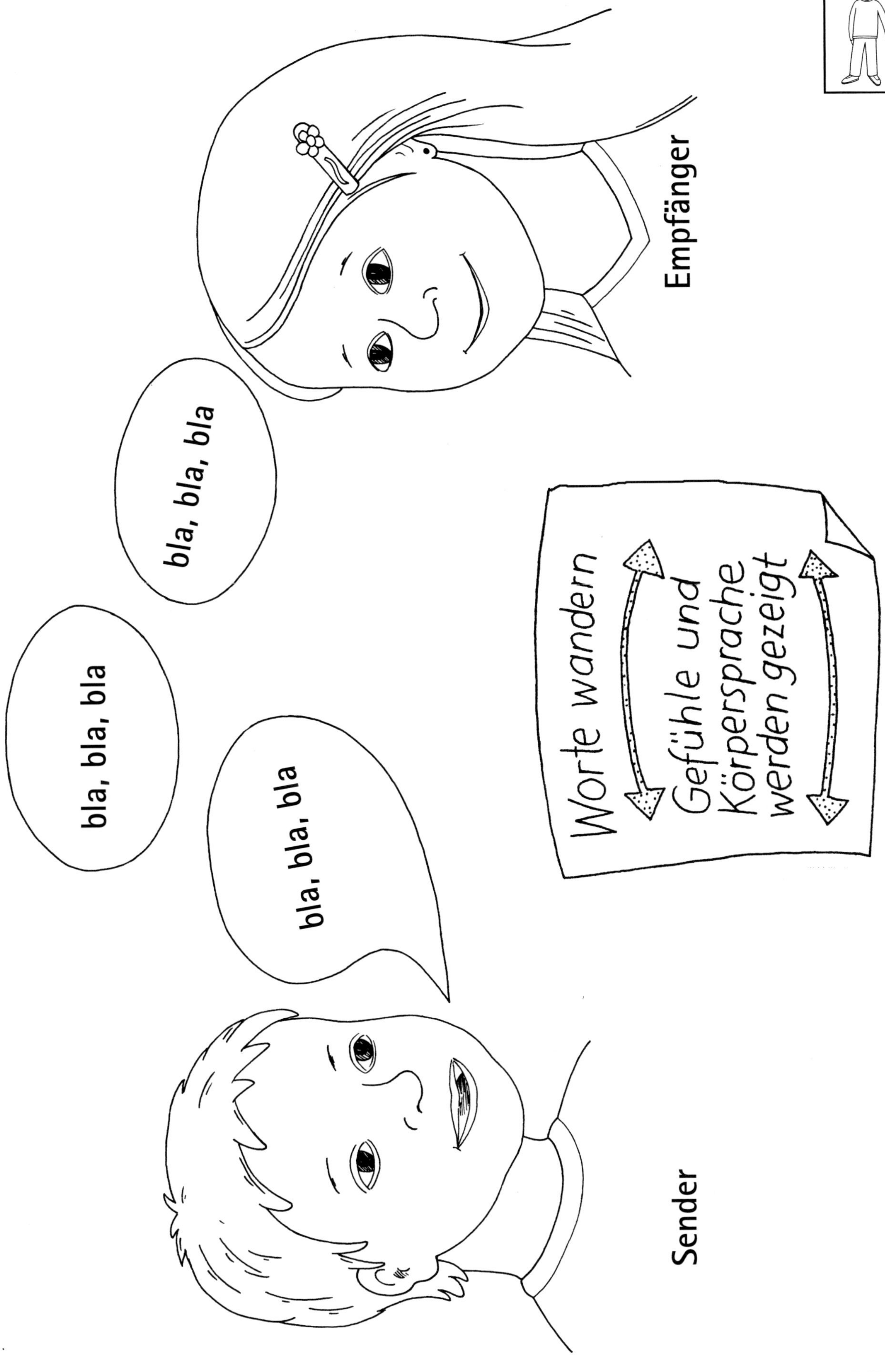

M 23

bla, bla, bla

bla, bla, bla

bla, bla, bla

Worte wandern

Gefühle und Körpersprache werden gezeigt

Sender

Empfänger

Aktives Zuhören heißt gutes Zuhören

M 24

Wenn ich **aktiv zuhöre**, dann verstehe ich besser, was die anderen sagen, denken und fühlen.

Dann kann ich mit meinen eigenen Worten das Gehörte selbst wiedergeben, weil ich verstanden habe, um was es geht. Damit kann ich dem anderen helfen, die richtigen Worte zu finden.

Aktives Zuhören heißt:

- Sich auf den Gesprächspartner konzentrieren
- Sich nicht ablenken lassen
- Die eigene Meinung und Bewertung nicht sagen
- Bei Unklarheiten nachfragen
- Auf die eigenen Gefühle achten
- Die Gefühle des Gesprächspartners erkennen und ansprechen

Wie zeige ich, dass ich aktiv zuhöre:

- Blickkontakt
- Entspannte Körperhaltung
- Rückmeldungen (Kopfnicken, hmm, hmm..)
- Gedanken wiedergeben (du meinst ...)
- Gefühle ansprechen (du fühlst dich ...)
- Nicht aufstehen oder wegdrehen
- Nicht auf die Uhr, aus dem Fenster etc. schauen

M 25

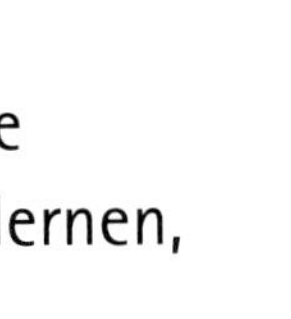

Körpersprache verstehen

Die Körpersprache (Mimik, Gestik und Körperhaltung) zeigt mir die Gefühle und Meinungen des anderen. Mit dieser Übung kann ich lernen, die Signale der Körpersprache zu verstehen:

Übung:

Was bedeutet es, wenn der oder die andere ...	
mir die Hand reicht	
mit dem Kopf nickt	
beim Gespräch oder Unterricht aus dem Fenster schaut	
freundlich lächelt	
wegschaut	
dauernd gähnt	
mit einem anderen redet	

Ordne zu: ist aufmerksam; ist der gleichen Meinung; ist gelangweilt; ist höflich; ist nicht interessiert; ist abwehrend; will damit nichts zu tun haben; beleidigt mich; lobt mich; begrüßt mich ...

Finde eigene Beispiele	

Achtsam miteinander sprechen und umgehen

M 26

Regeln zum achtsamen Sprechen und umgehen miteinander

1. Wir hören einander zu.
2. Wir benutzen Wörter und Sätze, die den anderen respektieren.
3. Wir achten auf die Gefühle anderer.
4. Wir sind für das, was wir sagen und tun, verantwortlich.
5. Hände sollen helfen, nicht verletzen.

Regeln für Gespräche:
Ausreden lassen!
Nicht ins Wort fallen!
Nicht beschimpfen!
Aktiv zuhören!
...

Schlaue Tipps für gute (Streit)-Gespräche

M 27

1. Zunächst mal tief durchatmen ...
2. bis 5 ... oder 10 zählen ...
3. abwarten und zuhören ...
4. beschwichtigen – „okay, ist ja gut ..."
3. bei Unrecht – sich entschuldigen
6. einen Schlichter oder Vermittler dazuholen
7. Botschaften übersetzen und nachfragen
8. Verständnis zeigen
9. sich selbst klar und deutlich äußern
10. lieber das Gespräch beenden als weiterstreiten

Beachte:

- Vermeide Anschuldigungen.
- Höre aufmerksam zu.
- Finde den richtigen Abstand.
- Suche nach Gemeinsamkeiten.
- Sei anpassungsfähig.
- Verwende freundliche Gesten.
- Bleibe gelassen.

Mein Selbstporträt

Hier kannst
du dein Bild
einkleben

Die drei leckersten Dinge zum Essen sind für mich

In den Ferien möchte ich am liebsten

Manchmal träume ich davon

Wenn ich einen Wunsch frei hätte, würde ich gerne

Ich mag am liebsten Musik von

Das Schönste in der Schule ist

Im Fach ______ brauche ich manchmal Hilfe, weil

An einem freien Tag möchte ich

Ich werde wütend, wenn

Ich freue mich, wenn

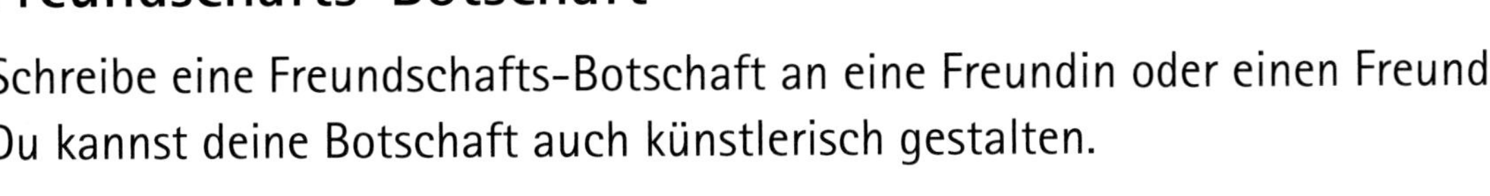

Freundschafts-Botschaft

Schreibe eine Freundschafts-Botschaft an eine Freundin oder einen Freund.
Du kannst deine Botschaft auch künstlerisch gestalten.

Freundschafts-Botschaft

Freundin:

Datum:

Botschaft:

Unterschrift:

✂

Freundschafts-Botschaft

Freund:

Datum:

Botschaft:

Unterschrift:

Das Schulversammlungshaus

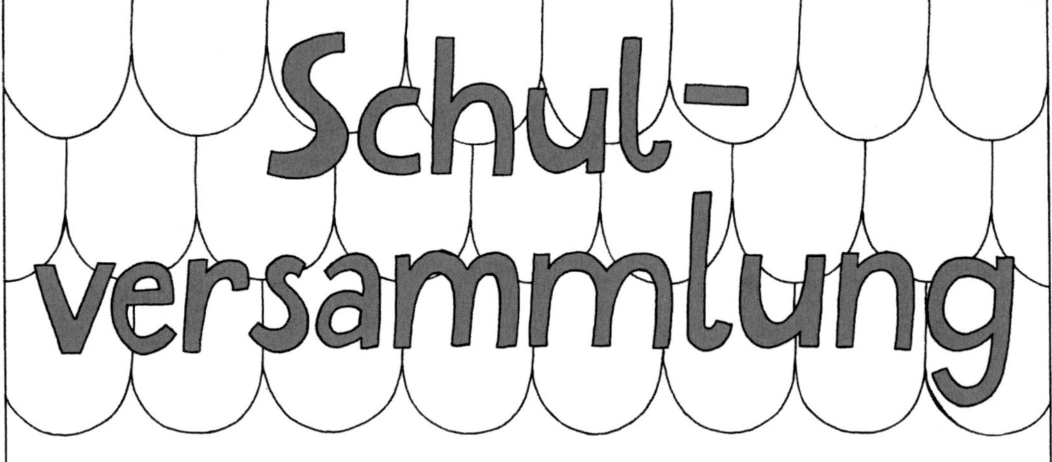

Achtsamkeit

Miteinander reden

Miteinander

Gestaltungsvorschlag:

Zur Förderung der Nachhaltigkeit werden in die offenen Fenster nacheinander die Verhaltensindikatoren eingefügt.

Ablaufplan Schulversammlung

x. Schulversammlung am ... an der Grundschule ...

Begrüßung	
Moderation	Ziele der Schulversammlung erklären ➔ Wir wollen eine demokratische Schule werden
TOP 1	
Versammlungsregeln	Versammlungsregeln vorlesen
TOP 2	
Evaluation des 1. Sozialziels GRÜßEN	Wie haben die Kinder das **Grüßen** erlebt? ➔ Was ist gut gelaufen? ➔ Was sollte noch verbessert werden?
TOP 3	
Vorstellung des 2. Sozialziels	Was stellen sich die Kinder unter dem nächsten Sozialziel vor?
TOP 4	
Abstimmung über das nächste Sozialziel	Welches ist das nächste Sozialziel?
TOP 5	
Nachhaltigkeit ➔ Fragebogenaktion ➔ Feedback-Tafel zur Evaluation	Fragebogen austeilen **Schulversammlungslied:** „Was wir alleine nicht schaffen", Xavier Naidoo, Telegramm für X, Nr. 14 Alle Kinder und das Kollegium singen das Schulversammlungslied (Liedtext mit OHP)
Ende	
Verabschiedung	
Protokoll Fotos/Film	

Schulversammlungslied

„Was wir alleine nicht schaffen"

Während sich andre plagen und nichts passiert,
sind wir zur rechten Zeit am rechten Ort
und alles ist arrangiert.
Ich bin dankbar dafür, ich bin dankbar dafür,
weil ich jeden Tag mit meinen Brüdern und Schwestern
das echte Leben spür.

Refrain:
Was wir alleine nicht schaffen,
das schaffen wir dann zusammen.
Dazu brauchen wir keinerlei Waffen,
unsre Waffe nennt sich unser Verstand.
Und, was wir alleine nicht schaffen,
das schaffen wir dann zusammen.
Nur, wir müssen geduldig sein,
dann dauert es nicht mehr lang.
Wir müssen geduldig sein,
dann dauert es nicht mehr lang.

Die andren können lachen. Keiner lacht mehr als wir.
Was soll'n sie auch machen,
wir sind Ritter mit rosarotem Visier.
Ein Leben ohne euch macht wenig Sinn.
Kein Leben, kein Geräusch,
dann wäre ich wie blind.

Refrain

Es liegt noch was vor uns ... ah ah ah
Das Leben liegt vor uns ... ah ah ah
Spürst du die Vorhut aufkommenden Frohmuts?

Refrain

(Aus: Xavier Naidoo, Telegramm für X, Nr. 14 –naidoo records GmbH)

Muster: Protokoll der 1. Schulversammlung am ...

Anwesende: alle Klassen ... bis ..., alle Klassenlehrer/-innen ..., Fachlehrer/-innen ..., Schulleitung ...

TOP 1: Begrüßung

Frau/Herr ... begrüßte die Versammlung ... Den Schulkindern wurde der Sinn der Schulversammlung erklärt. Dabei wurde der Begriff DEMOKRATIE in den Mittelpunkt gestellt. Die Schulkinder übersetzten den Begriff mit dem Wort MITBESTIMMUNG. Die Zielsetzung der Schulversammlung wurde besprochen:
Entwicklung einer demokratischen Schule, das bedeutet Partizipation (Mitbestimmung) an Entscheidungsprozessen und Ausbildung basisdemokratischer und sozialer Kompetenzen für jedes Schulkind und die gesamte Schulgemeinschaft.

TOP 2: Sozialziel ...

TOP 3: Probleme im Sozialverhalten, dargestellt von den Klassenräten der einzelnen Jahrgangsstufen

TOP 4: Partizipation und Mitbestimmung
Zusammenfassung der eingebrachten Vorschläge für soziale Bedarfe durch die Kinder ...
In einem partizipativen Prozess wurde über die Vorschläge abgestimmt. Jedes Schulkind hatte eine Stimme und konnte so in der Schulversammlung demokratisch mitbestimmen. Abstimmen konnten ... anwesende Schulkinder. Zur Wahl standen die von den einzelnen Klassen eingebrachten .... Vorschläge.

Wahlergebnisse : ... Stimmen: Sozialbedarf ...

... Stimmen: Sozialbedarf ...

Weil die Sozialziele positives Verhalten ausdrücken sollen, wurden die abgestimmten sozialen Bedarfe entsprechend formuliert. (Beispiel: Bedarf wir grenzen niemanden aus = Sozialziel MITEINANDER.) Alle Anwesenden nehmen sich vor, dass sie ein MITEINANDER im Schulalltag leben und niemanden ausgrenzen werden. Bis zur nächsten Schulversammlung am ... werden sich alle im Schulhaus schwerpunktmäßig damit auseinandersetzen und dann ihre Erfahrungen der Klasse bzw. der Schulversammlung mitteilen.

Das Schulversammlungshaus

wird von Frau/Herrn ... in der Aula mit Fenstern für die Sozialziele gestaltet. In diesen können jederzeit sowohl Ergebnisse als auch Ideen zur Umsetzung nachgelesen bzw. eingebracht werden.

Jede Klassen- und Fachlehrerin erhält ein Protokoll der Schulversammlung, damit auf Klassenebene im Klassenrat damit weitergearbeitet werden kann.

Weitere Verteiler: am Schulversammlungshaus und Elternbeirat.

Datum ... Schriftführer/in ...

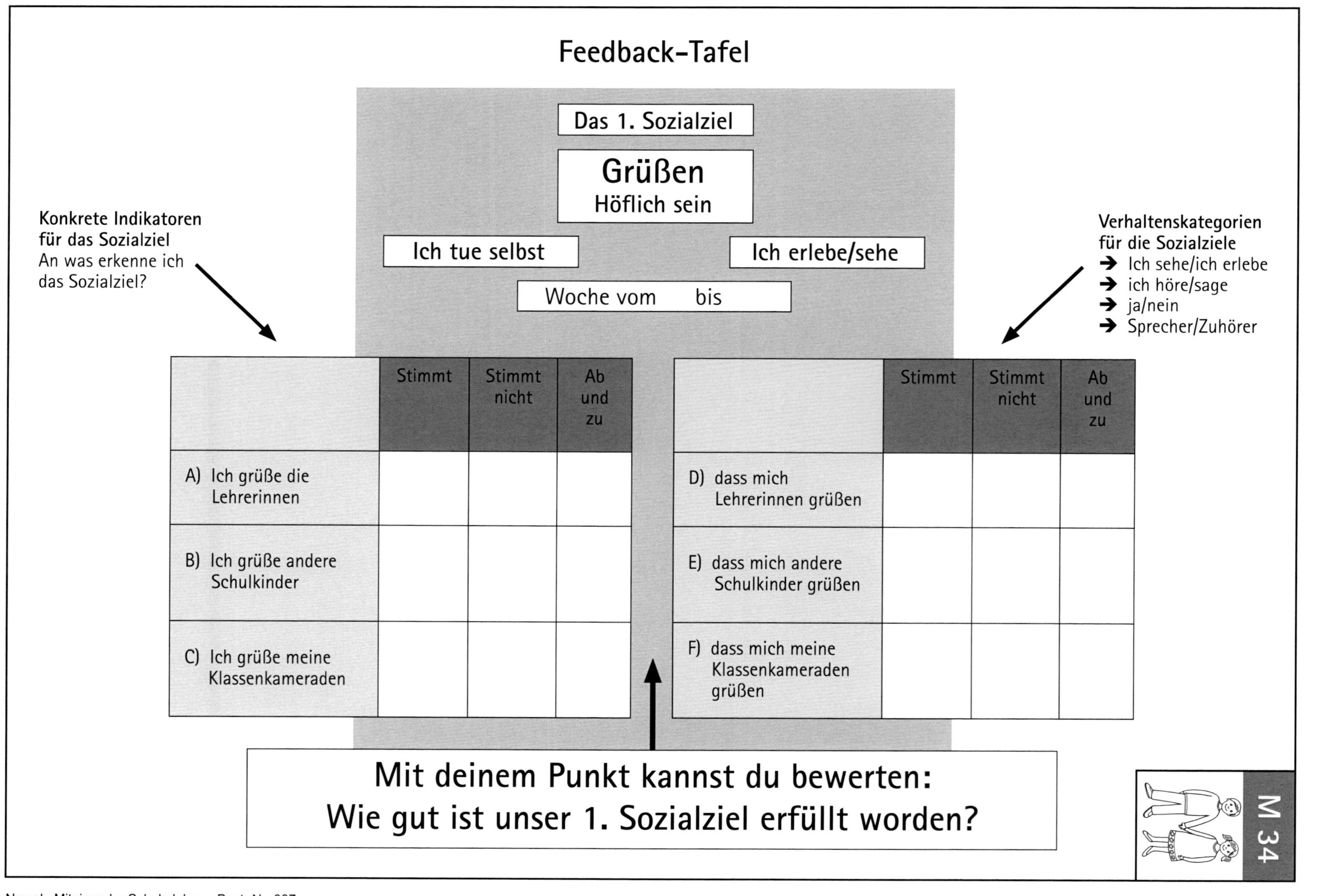

M 34

Feedback-Tafel

Das 1. Sozialziel

Grüßen
Höflich sein

Konkrete Indikatoren für das Sozialziel
An was erkenne ich das Sozialziel?

Verhaltenskategorien für die Sozialziele
→ Ich sehe/ich erlebe
→ ich höre/sage
→ ja/nein
→ Sprecher/Zuhörer

Woche vom bis

Ich tue selbst

	Stimmt	Stimmt nicht	Ab und zu
A) Ich grüße die Lehrerinnen			
B) Ich grüße andere Schulkinder			
C) Ich grüße meine Klassenkameraden			

Ich erlebe/sehe

	Stimmt	Stimmt nicht	Ab und zu
D) dass mich Lehrerinnen grüßen			
E) dass mich andere Schulkinder grüßen			
F) dass mich meine Klassenkameraden grüßen			

Mit deinem Punkt kannst du bewerten:
Wie gut ist unser 1. Sozialziel erfüllt worden?

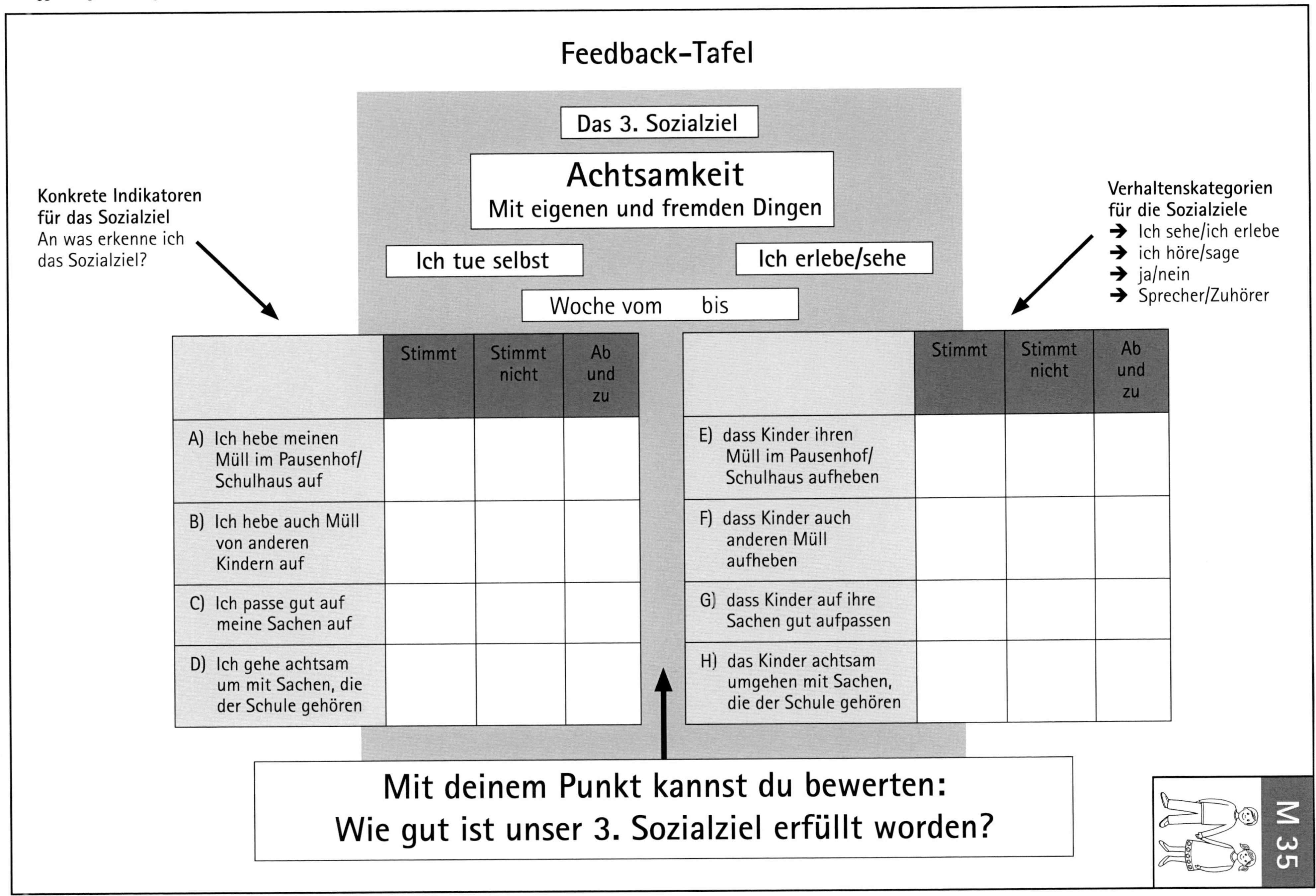

M 35

Feedback-Tafel

Das 3. Sozialziel

Achtsamkeit

Mit eigenen und fremden Dingen

Konkrete Indikatoren für das Sozialziel
An was erkenne ich das Sozialziel?

Verhaltenskategorien für die Sozialziele
- ➔ Ich sehe/ich erlebe
- ➔ ich höre/sage
- ➔ ja/nein
- ➔ Sprecher/Zuhörer

Ich tue selbst

Ich erlebe/sehe

Woche vom bis

	Stimmt	Stimmt nicht	Ab und zu
A) Ich hebe meinen Müll im Pausenhof/ Schulhaus auf			
B) Ich hebe auch Müll von anderen Kindern auf			
C) Ich passe gut auf meine Sachen auf			
D) Ich gehe achtsam um mit Sachen, die der Schule gehören			

	Stimmt	Stimmt nicht	Ab und zu
E) dass Kinder ihren Müll im Pausenhof/ Schulhaus aufheben			
F) dass Kinder auch anderen Müll aufheben			
G) dass Kinder auf ihre Sachen gut aufpassen			
H) das Kinder achtsam umgehen mit Sachen, die der Schule gehören			

Mit deinem Punkt kannst du bewerten:
Wie gut ist unser 3. Sozialziel erfüllt worden?

Muster für einen Eltern-Infobrief

M 36

Liebe Eltern,

mit diesem Elternbrief möchte ich Ihnen Informationen geben über unser Langzeitprojekt **Demokratische Schule**. Unsere Kinder wachsen in eine Gesellschaft hinein, die geprägt ist von der Pluralität der Lebensformen; in eine postmoderne Gesellschaft, in welcher das Individuum sein Leben freiheitlich innerhalb einer demokratischen Grundordnung gestalten kann und soll. Für eine gelingende Integration in diese Gesellschaft bedarf es einer Grundausstattung sowohl an sozialen als auch basisdemokratischen Kompetenzen. Damit ausgestattet, können unsere Kinder zu mündigen, verantwortungs- und selbstbewussten Bürgerinnen und Bürgern heranwachsen.

Zielsetzung: Weil Schule – neben ihrem originären Bildungsauftrag – auch immer mehr die sozialen Lebenswelten ihrer Schulkinder einzubeziehen hat, ist es wichtig, soziales Lernen im Schulalltag anzubahnen und zu fördern. Weiterhin sollen bereits Grundschulkinder in ihrer Schulwelt Demokratie erleben und Werte erlernen.

Um dies zu ermöglichen, haben wir im September ... an unserer Grundschule ein Langzeitprojekt begonnen, welches die Ausbildung sozialer und basisdemokratischer Fähigkeiten in den Blick nimmt. Anhand von demokratisch festgelegten Sozialzielen soll ein friedliches wertebezogenes Miteinander lernen und Zusammenwachsen ermöglicht werden. Mit der Einrichtung einer **Schulversammlung** sollen unsere Grundschulkinder Partizipation und Mitbestimmung einer Schul-Demokratie erleben und erlernen. Sie sollen dadurch erfahren, dass jeder Einzelne Verantwortung für die Gestaltung des Schulklimas und Schullebens übernimmt.

In einer einführenden Schulversammlung wurden die Schulkinder über unser Projekt informiert. Das Kollegium brachte das erste Sozialziel **GRÜßEN** ein, welches von allen praktiziert werden soll. Bei der nächsten Schulversammlung wurde gemeinschaftlich besprochen, wie das Sozialziel **GRÜßEN** umgesetzt wurde und was noch zu verbessern ist. Dann wurden von den Kindern Vorschläge für weitere Sozialziele eingebracht. Die einzelnen Klassen präsentierten ihre Vorschläge. In einer demokratischen Abstimmung wurde über die Vorschläge abgestimmt. Jedes Schulkind hatte eine Stimme. Die Reihenfolge der umzusetzenden Sozialziele richtet sich nach dem Ergebnis der abgegebenen Stimmen. Parallel dazu gestaltete ich ein **Schulversammlungshaus** in der Aula, welches den Lernprozess anhand von Sozialzielen visualisiert. Um eine stärkere Nachhaltigkeit zu erreichen, entwickelte ich eine **Feedback-Tafel** zur Bewertung der praktischen Umsetzung. Für jedes aktuelle Sozialziel werden spezielle Indikatoren und Verhaltenskategorien im Kollegium definiert. Anhand dieser können die Schulkinder weitere basisdemokratische Fähigkeiten ausbilden. Jedes Schulkind bewertet mit seinem Votum sein Erleben bzw. die eigene Umsetzung des Sozialziels. Ein farbiges Punktesystem macht den Abstimmungsprozess sichtbar. Das Ergebnis wird wissenschaftlich ausgewertet und in eine Statistik gefasst. Die statistischen Resultate werden von unseren zukünftigen Schlichter-Kindern in der nächsten Schulversammlung präsentiert. Gemeinsam werden die Ergebnisse beleuchtet und diskutiert, bevor dann das in der Wahl bestimmte, nächste Sozialziel durch die einbringende Klasse präsentiert wird und von der Schulversammlung angenommen wird. Nach einem gewissen Zeitraum folgt dann wieder eine Bewertung der Umsetzung und Abstimmung usw.

Liebe Eltern, ihre Kinder und unsere Schulkinder erhalten vielseitige Lern- und Anwendungsmöglichkeiten, die über den Bereich der Schule bis in das Elternhaus hineingehen. Nehmen Sie Anteil am demokratischen Geschehen ihrer Kinder in der Schule und lassen Sie sich das Erleben und Erlernen erzählen. Fördern Sie ein selbstbestimmtes Handeln – innerhalb eines von Ihnen abgesteckten Rahmens.

Gerne stehe ich für Ihre Fragen (nach Anmeldung) zur Verfügung und verbleibe mit freundlichen Grüßen auch im Namen des Kollegiums und der Schulleitung

Projektleitung ...

„Alles Lernen ist nicht einen Heller wert, wenn Freude und Mut dabei verloren gehn."
(H. Pestalozzi)

4. Wie kann das Demokratie-Projekt evaluiert werden?

Demokratische Schulentwicklung geht vom Konzept einer lernenden Organisation aus mit der Bereitschaft zur kontinuierlichen Veränderung und Weiterentwicklung. Durch einen gelingenden Verlauf der Innovation und des Transfers kann sich eine demokratieförderliche Schule gestalten. Zielsetzung des Evaluationsprozesses ist eine nachhaltige Qualitätsoptimierung, an dem möglichst viele Schulbeteiligte (Lehrende und Lernende, Schulleitung, Elternschaft, Kooperationspartner) partizipativ und zufriedenstellend Anteil nehmen können. Durch das Demokratie-Projekt wird zum einen Schulentwicklung initiiert und zum anderen ist es gleichermaßen in das Entwicklungsprogramm und Qualitätsmanagement der Schule eingebunden.

4.1 Evaluation als empirische Sozialforschung in Feldern der sozialen Arbeit

Begrifflich ist Evaluation nicht exakt definierbar, weil es aufgrund der Breite der Evaluationsfelder eine Vielzahl unterschiedlicher Formen und Begriffsbestimmungen gibt. Evaluation meint grundsätzlich aber eine ziel- und zweckgerichtete Handlung mit dem übergeordneten Ziel der Erfassung von Daten zur (Prozess-)Optimierung und Entscheidungsfindung in konkreten Handlungssituationen. Evaluation ist also ein „wertgebundener Akt, d.h. der Wert oder die Qualität einer Sache soll beurteilt werden und sie ist keine wissenschaftliche Technik oder neutrale Fragestellung, die unabhängig von bestimmten Norm- und Wertvorstellungen existiert. Für den sozialwissenschaftlichen Bereich ist Evaluation (...) eine in den Feldern der sozialen Arbeit und in der sozialen Wirklichkeit angewandte empirische Sozialforschung".[75] Evaluation impliziert eine konkrete Frage, welche für die Praxis Konsequenzen nach sich zieht. Im Evaluationsverfahren werden an das Evaluationsobjekt bestimmte Kriterien angelegt – gebildet aus den ursprünglichen Zielvorstellungen des Projektes –, sodass eine Bewertung ermöglicht wird. Weil „Evaluation hohen Qualitätsmaßstäben genügen sollte, hat die DeGEval Standards für die spezifischen Handlungsfelder definiert und in ihren Empfehlungen zur Aus- und Weiterbildung in der Evaluation nachdrücklich auf eine Professionalisierung von Evaluation hingewiesen".[76]

Nützlichkeit **N1–N8**	Die Nützlichkeitsstandards sollen sicherstellen, dass die Evaluatoren sich an den geklärten Evaluationszwecken sowie am Informationsbedarf der vorgesehenen Nutzer und Nutzerinnen ausrichtet.
Durchführbarkeit **D 1–D3**	Die Durchführbarkeitsstandards sollen sicherstellen, dass eine Evaluation realistisch, gut durchdacht, diplomatisch und kostenbewusst geplant und ausgeführt wird.
Fairness **F 1–F5**	Die Fairnessstandards sollen sicherstellen, dass in einer Evaluation respektvoll und fair mit den betroffenen Personen und Gruppen umgegangen wird.
Genauigkeit **G 1–G9**	Die Genauigkeitsstandards sollen sicherstellen, dass eine Evaluation gültige Informationen und Ergebnisse zu dem jeweiligen Evaluationsgegenstand und den Evaluationsfragestellungen hervorbringt und vermittelt.

Evaluation setzt eine **systematische Untersuchung** voraus: Diese fordert wissenschaftlich begründbares Vorgehen und den Einsatz wissenschaftlicher Methoden ein, um zu einem Urteil über den **Wert** (den inneren Wert) bzw. **Nutzen** (eine, vom Verwendungskontext abhängige Nützlichkeit) einer Sache (des Evaluationsgegenstandes) zu kommen. Der Evaluationsgegenstand kann je nach Praxisfeld oder Kontext ganz unterschiedlich sein. Für den Bildungsbereich geht es meist um innovative Bildungsmaßnahmen/-programme, Personal/Lehrkörper, Leistungen pädagogischer Institutionen, Produkte/Lehrmittel oder Lehrumgebung. Evaluation meint sowohl den Prozess als auch das Produkt dieses Prozesses, die erzielten Evaluationsergebnisse, aus welchen als Folge durch

75 König, 2000, S. 34
76 DeGEval, 2004, S. 5

den Evaluationsnutzen das Produkt entsteht. Dieses kann zum einen als Zwischen- als auch als Endergebnis entstehen. Evaluation (nach König) hat, um etwas über eine konkrete Praxis auszusagen, fünf Funktionen:

- „**Erfolgskontrolle**[77]: Unter zunehmendem Druck vonseiten der Kostenträger steht aus Kostengründen die Frage nach Effektivität im Vordergrund.
- **Aufklärung:** Gewinnung und ständige Vertiefung von Wissen über Vorgänge im alltäglichen Handeln.
- **Qualifizierung:** im Bemühen um die Fortentwicklung methodischen Handelns kann durch Evaluation die eigene Fachlichkeit optimiert werden.
- **Innovation:** auch in der sozialen Arbeit sind sogenannte kontinuierliche Verbesserungsprozesse inzwischen zu praktikablen und effektiven Instrumenten sowohl für die Qualitätssicherung als auch Qualitätsentwicklung geworden.
- **Legitimierung:** im bestmöglichen Fall kann durch Evaluation die Wirksamkeit von Interventionen und ihre Erfordernis bestätigt werden."[78]

4.2 Anforderungen an das Evaluationsverfahren im Bildungsbereich

„Ist Evaluation von politischer Bildung möglich? In demokratischen Gesellschaften ist mit der Evaluation von politischer Bildung eine besondere Problematik verbunden: Politische Bildung, die zu gesellschaftlicher Teilhabe ermutigen und Wissen über politische Partizipationschancen vermitteln sowie zu verständigungsorientierter Auseinandersetzung erziehen will, gerät ins Zwielicht, wenn ihre Prinzipien, Konzepte und Leistungen auf nichtdemokratischem Weg beurteilt werden. ‚Klassische' Verfahren externer summativer Evaluation erscheinen hier, wo einerseits das Recht auf Teilhabe an Entscheidungsprozessen zum Prinzip erhoben wird und andererseits eine kausale Wirkung von Bildungserfolgen kaum in ‚harten' Zahlen auszudrücken ist, als unangemessen."[79] Die Evaluationsfrage – *Welchen Wert und welche Wirkung hat eine demokratische Erziehung, die innerhalb von Projekten durchgeführt wird?* – lässt die Evaluationsproblematik von schwer fassbaren, vielschichtigen Lernzusammenhängen und sozialen Prozessen erkennen. Beim Praxiskonzept der partizipativen Evaluation[80] von Ulrich und Wenzel, entwickelt auf der Grundlage der constructivist evaluation nach Guba und Lincoln, sollen *stakeholder* „mit der offenkundig dilemmatischen Verbindung von Evaluation und Demokratieerziehung"[81] einen Lösungsansatz schaffen. Diese Evaluationsart setzt voraus, dass stakeholder mit ihren unterschiedlichen Interessen von den Evaluatoren in einen demokratischen Aushandlungsprozess eingebunden werden. „Gerade die Inhalte von Demokratieerziehung, wie Multiperspektivität, demokratischer Konsens und gleichwertige Teilhabe, legen die Einbeziehung möglichst vieler stakeholder in maßnahmenbezogene Entscheidungsprozesse nahe."[82] Zielsetzung des Prozesses ist eine Einigung über die Interpretationen der erhobenen Daten mit einem sehr hohen Grad an bedeutsamer Akzeptanz der Ergebnisse. Alle Beteiligten werden in die Beurteilung über Glaubwürdigkeit und Relevanz der Daten einbezogen.

4.3 Selbstevaluation im Demokratie-Projekt mit partizipativen Beteiligungsformen

In Bereichen der Bildungsarbeit und Schule wird das Evaluationsverfahren laut DeGEval „häufig in der Art von Selbstevaluation durchgeführt oder durch Selbstevaluation begleitet (...). Unter **Selbstevaluation** werden systematische, datenbasierte Verfahren der Beschreibung und Bewertung verstanden, bei denen die praxisgestaltenden Akteure identisch sind mit den evaluierenden Akteuren. Selbstevaluatorinnen und Selbstevaluatoren sind stets Mitglieder der Organisation, des Netzwerkes oder der sozialen Gemeinschaft, welche die zu evaluierenden Programme, Maßnahmen usw. tragen. Der Gegenstand der Evaluation ist dabei die eigene Praxis". [83] „Die *Verknüpfung von Praxisentwicklung und Praxisforschung*, verbunden mit einer partizipativen und responsiven Ausrichtung der Untersuchung ist auch ein Merkmal formativer Evaluationen (...). Sie begleiten Projekte, die

77 Die Erfolgskontrolle widerspricht eigentlich der Definition von Selbstevaluation, vgl. Punkt 4.3

78 König, 2000, S. 47 ff.

79 Dimbath/Schneider, 2006, S. 109–134

80 Kritisch sehen Dimbath/Schneider die radikal konstruktivistische Fundierung des Konzeptes, da die adressierte constructivist evaluation in ihren zentralen Annahmen weitgehend denen des empirischen Konstruktivismus korrespondiert. Weiterhin ist die Rolle des partizipativen Evalutors mit Synchronisationsproblemen überfordert. Siehe ebd.

81 Definition Dimbath: „Bei der stakeholder-Idee sollen alle stakeholder in der Bewertung dieses Gegenstands Gehör finden. Sie sollen nicht irgendwie einbezogen werden, sondern sie bestimmen auch über Art und Weise der Urteilsbildung mit. Konstruktivistisch wird die partizipative Evaluation dadurch, dass die sozialen Gegenstände von allen miteinander interagierenden oder kommunizierenden Akteuren konstituiert werden. Demokratische Konsequenz wäre daraus, dass alle, die an der Erzeugung beteiligt sind, auch bei der Beurteilung mitsprechen dürfen." Siehe ebd.

82 Aspekte finden sich in mehreren unterschiedlichen Ansätzen. „Zu nennen sind als prominente Vertreter: das CIPP-Modell, der Countenance-Ansatz, der stakeholder approach und die Empowerment Evaluation" vgl. Fußnote 71

83 Ebda., zur Entwicklung von Evaluation siehe Publikationen der DeGEval., Altrichter, Shadish, Cook & Leviton, Bewyl, Cousins & Witmore, Guba & Lincoln, Fetterman, Patton et al.

sie erforschen und versuchen, ihre Entwicklung durch konzeptionelle Anregungen und kontinuierliches Datenfeedback zu unterstützen."[84] Im Gegensatz zum summativen Vorgehen, das eine zusammenfassende Bewertung der Ergebnisse von Maßnahmen meint, will formatives Vorgehen Verläufe und Prozesse näher untersuchen und geht davon aus, dass bereits einzelne Zwischenergebnisse einer Evaluation auf die Praxis angewendet werden können und damit eine ständige „,formende' Weiterentwicklung der Praxis stattfinden kann".[85]

4.4 Praxis der Selbstevaluation – Umsetzungsschritte

Nach König ermöglicht die „Struktur der 10 Arbeitsschritte"[86] eine schrittweise Anleitung für die Praxis der Selbstevaluation. Sie beinhalten einen Überblick über alle wichtigen Überlegungen und Vorgehensweisen der Selbstevaluation in ihrer systematischen Reihenfolge:

1	2	3	4	5	6	7	8	9	10
Ziele festlegen	Bedingungen klären	Gegenstand bestimmen	Operationalisieren	Kriterien entwickeln	Informationsquelle auswählen	Methoden entwickeln	Daten erheben, auswerten	Qualität beurteilen	Ergebnisse verwerten
Warum?	Wann?	Was?	Was?	Worauf hin?	Wen?	Wie?	Wie?	Wie gut?	Wozu?

Anhand dieser Struktur werden die Umsetzungsschritte der Selbstevaluation anhand des Projektes Demokratie erleben und Werte erlernen zur Veranschaulichung dargestellt.[87]

1	**Welche Ziele kann eine Evaluation in der sozialen Arbeit verfolgen? Wie können Entscheidungen über die möglichen Ziele getroffen werden? Wie kann mit Zielkonflikten umgegangen werden? Wem oder wozu nützen die Ergebnisse von Evaluationen in erster Linie?**
Ziele festlegen	• Ziel 1 der schulischen Selbstevaluation ist die implementierte Schulversammlung zur Demokratie- und Werteerziehung mit handlungsbezogenem Selber-Lernen im Schulalltag. • Ziel 2: Evaluierung des Lernens der Schulkinder von partizipativ bestimmten Sozialzielen, Ausbildung sozialer und demokratischer Kompetenzen. • Wie kann durch das Instrument Feedbacktafel die Nachhaltigkeit der Sozialziel-Umsetzung im Schulalltag gefördert werden? • Kann durch eine Weiterentwicklung der schulischen Arbeit auf allen Ebenen des Schullebens bzw. durch die Verknüpfung mit Schulentwicklung und Schulprogrammarbeit auch eine Qualitätsverbesserung der Schule als Organisation erreicht werden? • Wie kann durch partizipative Einbindung des gesamten Kollegiums als handelnde und evaluierende Akteure in allen Bereichen mit Zielkonflikten umgegangen werden? Könnte ein zusätzlicher positiver Effekt durch eine schriftliche Fixierung der Ziele in einer Offenlegung der Absichten nach außen bestehen? Können durch Erhöhung der Transparenz des Verfahrens Missverständnisse vermieden werden, also von Anfang an ein Beitrag zur Herstellung von Akzeptanz und Glaubwürdigkeit hergestellt werden?

84 Heiner, 1998, S. 26 ff. Verwiesen sei hier auch auf die experimentierende Evaluation nach Heiner.
85 König, 2000, S. 38 ff.
86 Vgl. König, 2000, S. 56 ff.
87 Fragestellungen vgl. König, 2000, S. 58 ff.

2	**Welche institutionellen Voraussetzungen müssen gegeben sein? Welche individuellen Bedingungen müssen bei den Beteiligten und Betroffenen erfüllt sein?**
Bedingungen klären	• Kann die Schulleitung zusammen mit der Innovationsakteurin die Kolleginnen als handelnde und evaluierende Akteure gewinnen? • Kann durch Schaffung von Freiräumen für Projekt-Arbeit, durch Entlastungen (LAA übernehmen Aufgaben) der Identifikationsgrad und die Motivation mit dem Projekt erhöht werden? • Kann ein regelmäßiger Turnus von Schulversammlungen – immer eine Woche vor den Ferien – durch Freistellen von Unterrichtsstunden über das gesamte Schuljahr durchgeführt werden? • Können die erforderlichen pädagogischen Konferenzen im Prozessverlauf ermöglicht werden? • Wie können finanzielle Ressourcen für das Langzeitprojekt als Aufwandsentschädigung für die ehrenamtlich tätige Innovationsakteurin freigemacht werden?

3	**Was soll durch die Evaluation beschrieben und bewertet werden? In welcher Hinsicht soll dieser Gegenstand näher untersucht werden? Gibt es schon Vermutungen, mögliche Antworten auf die gestellten Fragen?**
Evaluationsgegenstand bestimmen	• In welchem Ausmaß wurden die Sozialziele durch die Schulkinder praktisch umgesetzt? • Welche sozialen Fähigkeiten haben die Schulkinder dadurch erwerben können? • Welche demokratische Handlungskompetenz konnten die Schulkinder durch die institutionalisierte Schulversammlung ausbilden? • Zeigt sich im Schulalltag bei den Schulkindern ein bewusstes wertebezogenes Miteinander Schule leben? • Welche Auswirkungen hat das Projekt auf die Entwicklung im Kollegium?

4	**Wie kann ein Gegenstand messbar gemacht werden? Wie lässt sich der Gegenstand in der Praxis abbilden? Wie findet man Indikatoren, die etwas über den Gegenstand aussagen können?**
Operationalisieren	• Partizipative Einbindung des gesamten Kollegiums als handelnde und evaluierende Akteure in allen Operationalisierungsbereichen • Entwicklung des Instruments Feedback-Tafel zur Evaluation der Sozialziele-Umsetzungen • 2-dimensionale Ebenen für die Umsetzung der Sozialziele definieren ➔ ich tue selbst und ➔ ich erlebe bei anderen • Entwicklung von empirisch erfassbaren Verhaltensindikatoren zu den einzelnen Sozialzielen • Evaluierung der Schulversammlungen durch Interviews und Fragebögen • Alltagsbeobachtungen

5	**Welche Maßstäbe zur Beurteilung werden bei der Evaluation angelegt? Wie können Bewertungskriterien entwickelt werden? Welche Wertentscheidungen stehen dabei im Hintergrund?**
Kriterien entwickeln	Anhand der DeGEval-Standards die Maßstäbe Nützlichkeit, Durchführbarkeit, Fairness, Genauigkeit (vgl. Pkt. 4.1) sowie die in Schritt 1 selbst formulierten und festgelegten Ziele (vgl. Schritt 1)

6	**Welche Quellen für die Sammlung von Informationen über die ausgewählten Indikatoren sind geeignet? Wie steht es um die Zugänglichkeit zu diesen Informationsquellen? Was ist zu tun, wenn zu viele Personen für eine Untersuchung infrage kommen?**
Informationsquelle auswählen	In Kooperation mit den *Akteuren* (Innovationsakteurin und gleichzeitig **interne** Evaluatorin, Kollegium, Schulleitung) wurde ein vierteiliges Evaluationsverfahren als sinnvoll erachtet. Es wurde ein partizipatives und responsives Evaluationsverfahren beschlossen, welches die Mitsprache möglichst aller Beteiligten fokussiert. Die Meinungen der Teilnehmenden sollten auf verschiedenen Ebenen eingeholt werden und möglichst zeitnah als Ergebnisse in den Prozess der begleitenden Auswertung wieder einfließen können. Die Schulkinder sind für die Befragungen zu befähigen und zu motivieren.

7	**Mit welchen Methoden und Instrumenten können die notwendigen Informationen zur Beschreibung und Bewertung des Untersuchungsgegenstandes gesammelt werden? Was ist bei der Entwicklung von Erhebungsmethoden zu beachten?**
Methoden entwickeln	**Offene Dokumentationsmethoden:** fortlaufendes schriftliches Prozessverlaufsprotokoll, Protokolle von den Beteiligten, genehmigte Foto- und Filmaufzeichnung bei einzelnen Schulversammlungen, Diktiergeräterfassung bei Einzelinterviews **Datenerhebung:** • als quantitativ geschlossenes Verfahren Fragebogen mit geschlossenen Fragen. Die Schulkinder-Fragebögen sind pro Jahrgangsstufe entwicklungspsychologisch und altersgerecht zu differenzieren. Die Fragen sind einfach und eindeutig zu formulieren, Suggestivfragen sind zu vermeiden; • als qualitativ offenes Verfahren: Einzelinterviews und Alltagsbeobachtung. Die partizipative Beteiligung des Kollegiums ist bei der Konstruktion der Fragen sehr hilfreich. • Stimmabgabe bei den Verhaltensindikatoren

8	**Was ist im Verlauf der Erhebung von Daten zu beachten? Mit welchen Methoden können die erhobenen Daten aufbereitet und ausgewertet werden? Was ist bei der Interpretation der Ergebnisse zu beachten?**
Daten erheben, auswerten	Befragungen des Ist-Standes bei Projektbeginn. Schriftliche Befragungen von Schulkindern, Lehrkräften, Schulleitung und Elternschaft. Die Schulkinder sind bei der Stimmabgabe an der Feedback-Tafel anzuleiten und zu begleiten. Fragebögen sind in den Klassen erst zu besprechen und werden innerhalb des Unterrichts ausgefüllt. Plausibilitätskontrolle bei abgegebenen Stimmen.

9	**Wie gut ist unsere Selbstevaluation? Wie legitim ist die Verwertung der Ergebnisse in der Praxis? Welche Kriterien sind sinnvoll zur Beurteilung des Vorgehens und der Ergebnisse?**
Qualität beurteilen	Unter Bezugnahme auf die Evaluationskriterien Nützlichkeit, Durchführbarkeit, Fairness, Genauigkeit – vgl. Schritt 5 – kann auch für die Bewertung der Qualität der Evaluation eine „Evaluation der Evaluation" durchgeführt werden.

Praxis: Evaluationsdesign

Das Projekt wird als Langzeitprojekt angelegt, sodass Komplexität und Praktikabilität aufgrund des langen Zeitfaktors und einer schuljahrspezifischen Kontinuität sichtbar werden können. Gemeinsam wird über das Evaluationsdesign abgestimmt. Als konkretes, überschaubares Projekt sind sich realisierende Veränderungen leichter umsetzbar. Die Innovationsakteurin kann aufgrund ihrer Kompetenzen als Dipl. Sozialpädagogin und Religionslehrerin sowie ihrer intrinsischen Motivation Vorstellungen einer demokratiebezogenen Corporate Identity[88] an die Schulleitung vermitteln. Das Kollegium kann durch den Innovationsimpuls motiviert werden. Das erforderliche spezifische (sozialpädagogische) Wissen wird dem Kollegium vermittelt. Dadurch wird die kollegiale Projekt-Bereitschaft gefördert. Der Umgang mit Widerständen gestaltet sich durch ein hohes Maß an sich entwickelndem Teamwork als sehr konstruktiv. Das Kollegium weiß aufgrund der positiven Vorerfahrungen mit dem Peer-Mediations-Projekt und der sich dadurch ergebenden Streitkultur an der Schule, dass trotz hoher Anfangsleistung ein Weitermachen durch die zu erwartende Erleichterung belohnt werden wird. Aufgrund der Anschlussfähigkeit kann mit der evolutionären Neuerung eine Identitätsfindung nach Innen stattfinden. Das Projekt gestaltet sich durch wertschätzende Anerkennung zufriedenstellend und selbstwirksam. Durch Überzeugungsarbeit vonseiten der Innovationsakteurin und Schulleitung kann der Projektbeginn trotz anfänglicher kollegialer Ablehnung gelingen.

88 Form des äußeren Erscheinungsbildes der Schule

Praxis: Datenerhebung

Fragebogen

a) Viele prozessuale Daten wurden mittels **Leitfaden**-Fragebögen erfasst. Die Fragen wurden in den Klassen erst besprochen, um die Kinder zum Beantworten zu befähigen.

b) Die Kolleginnen-Fragebögen wurden an alle (internen/externen) Lehrkräfte gegeben. Die Rücklaufquote war bei allen Fragebögen sehr hoch aufgrund einer hohen Motivation bei allen Beteiligten sowie dem Engagement der Akteurinnen.

Einzelinterviews

Durch das Projekt nahm der Kommunikationsfluss zu. Es kam zu vielen Gesprächen unter allen Beteiligten (Schulkindern, Lehrkräften, Schulleitung und Elternschaft).

Alltagsbeobachtung

a) In jeder Schulversammlung wurde eine Mitschrift verfasst. Die Kolleginnen fungierten dankenswerterweise sowohl als Schriftführerinnen als auch als Beobachterinnen.

b) Als wissenschaftliche Begleitung wurde der Prozessverlauf durch die Innovationsakteurin/Evaluatorin im Sinne einer formativen Evaluation kontinuierlich dokumentiert und zur prozessorientierten Optimierung als *Verknüpfung von Praxisentwicklung und Praxisforschung* eingebracht.

Stimmabgabe

Um die Nachhaltigkeit der umzusetzenden Sozialziele messen zu können, wurde als demokratisches Evaluationsverfahren eine Punktebewertung eingerichtet. Jedes partizipativ bestimmte Sozialziel wurde von jedem einzelnen Schulkind mit seinem Votum an der Feedback-Tafel zu den spezifischen Verhaltensindikatoren nach seiner Sichtweise der Umsetzung bewertet. Die platzierten Punkte wurden mittels Plausibilitätskontrolle erfasst und statistisch ausgewertet. Die Ergebnisse der Statistiken wurden prozessorientiert in die Schulversammlungen wieder eingebracht und diskutiert.

Praxis: Transparenz und Perspektivenwechsel

Die Akteurinnen und Innovationsakteurin schufen ein hohes Maß an Transparenz durch eine Projekt begleitende Visualisierung mit dem Schulversammlungshaus sowie die das Lernen in Sozialzielen zeigende Feedback-Tafel. Die Resonanz im Kollegium auf ein systemisch wirkendes Demokratie-Erlernen nach dem Miterleben der ersten Schulversammlung als Mehrebenen-Instrument wurde zunehmend positiv. So konnte kontinuierlich eine systemische Perspektive im Kollegium angebahnt und gefördert werden. Es gelang bei allen Kolleginnen ein Perspektivenwechsel dahingehend, dass durch die Schulversammlung keine wertvolle fachbezogene Unterrichtszeit „verloren" geht, sondern im Gegenteil ein verstärkter Transfer hin zu einem selbst organisierten Lernen durch die Schulkinder gefördert wird. So hat beispielsweise die 2. Klasse festgestellt, dass das von ihnen eingebrachte Sozialziel zu wenig von den Schulkindern umgesetzt wurde. Daraufhin hat die 2. Klasse aus eigener Initiative einen Brief an alle anderen Klassen geschrieben mit der Bitte, doch mehr auf ihr Sozialziel ACHTSAMKEIT zu schauen. Dieses Feedback bedeutete einen sehr erfolgreichen Projektprozess.[89]

Praxis: Partizipation im Kollegium und Selbstwirksamkeit

Prinzipielle Offenheit, Vernetzung, kontinuierlicher Informations- und Kommunikationsfluss förderten im Verlauf des Schuljahres bei allen beteiligten Akteuren (Lernende und Lehrende) sowohl das Interesse am Projekt als auch Veränderungsbereitschaft auf der systemischen Schulebene und auch auf der Ebene der innerschulischen Kooperation. Durch Selbstwirksamkeit entwickelten sich vielfältige Teamstrukturen und in der gesamten Schulgemeinschaft gestaltete sich durch breite Verantwortungsübernahme ein hoher Identifikationsgrad. Die Umsetzung der Sozialziele gelang im Verlauf des Schuljahres immer nachhaltiger. Das Miterleben der sich zunehmend gestaltenden demokratiefördernden Schulentwicklung lohnte den beträchtlichen Arbeitsaufwand. Durch ein Mittragen vonseiten aller Akteurinnen sowie wertschätzender Anerkennung für die projektbedingte Arbeit von vielen Seiten konnte die Arbeitsbelastung innerhalb des ganzen Schuljahres erfolgreich bewältigt werden.

89 Zur Anwendung kommen hier aus dem fachspezifischen Unterricht: Schreiben, selber formulieren, lesen, kopieren, verteilen an die anderen Klassen und alles zeitlich planen vor der nächsten Schulversammlung, in welcher die Resonanz mit den anderen Klassen diskutiert wurde. Besser kann ein selbst initiierter, praxisbezogener Transfer des Gelernten durch Schulkinder in der 2. Klasse nicht vollzogen werden.

Praxis: Bereitschaft zur Kooperation

Da die Innovationsakteurin als Lehrende und Sozialpädagogin seit einigen Jahren im Kollegium eingebunden war, lag aufgrund guter kollegialer und auch schulgemeinschaftlicher Beziehungen bereits ein Vertrauen vor. Die Bereitschaft zur Kooperation war von Sympathie, Ehrlichkeit und Offenheit geprägt. Diese Bedingungen schufen eine fruchtbare Basis für den Projektprozess. Aufgrund der kontinuierlichen Kommunikationsgestaltung gelang es der Innovationsakteurin zusammen mit den Kolleginnen und der Schulleitung, zunehmend Räume für eine partizipative Schulgemeinschaft zu öffnen und zu gestalten. Alle Beteiligten waren an der Beeinflussbarkeit der Prozesse[90] in hohem Maß beteiligt. Insofern wurden die Akteure real erreicht und mitgenommen.

In der Dimension Prozessqualität kommen weiterhin Voraussetzungen einer Prozessgestaltung sowohl zu Projektbeginn als auch während des Projektverlaufes zur Wirksamkeit. So ist phasenspezifisch eine systematische Planung, Konzeption, Reflektion, Evaluation und Dokumentation erforderlich, um auf dieser Basis kontinuierlich Verbesserungen realisieren zu können. Eine sorgfältige Ist-Bestands-Aufnahme[91] wurde durch die Bedarfserkennung ausgelöst. Dies führte wiederum zu einem individuellen Maßnahmenplan (Konzeption des Demokratie-Projektes an der Schule), der von der Innovationsakteurin erarbeitet wurde. Dieser wurde der Schulleitung und im Kollegium vorgestellt, diskutiert und modifiziert. Nachdem sich alle Beteiligten für das Projekt entschieden hatten, war die Institutionalisierung der Schulversammlung möglich und die Implementierung des Demokratieprojektes konnte realisiert werden. Die Konzeption beschrieb die pädagogischen und Projekt-Zielsetzungen[92], alle zu erfüllenden Aufgaben, definierte die zuständigen Personen und Organisationen und enthielt eine entsprechende Arbeits- und Zeitplanung. Vorerfahrungen und förderliche demokratie-pädagogische Aktivitäten waren durch das Peer-Mediations-Projekt gegeben.

Praxis: Evaluations-Standards

Durch die im Projekt erhobenen Evaluations-Standards konnten die Auswirkungen und eine über Datengenauigkeit und Objektivität hinausgehende Ergebnisqualität bewertet werden. Qualitätskriterien konnten Ergebnisse hervorbringen, welche in Phänomenen durch individuelles, wertbezogenes und sozialkompetentes, demokratisches Handeln (z. B. freie Meinungsäußerung) aufscheinen.

a) Sie lassen ein Schulkind-Empowerment im Sinne einer Kompetenzerweiterung erkennen, welches durch das Demokratie-Projekt in einer partizipativen Schulgemeinschaft ermöglicht wurde;
b) sie präsentieren Ergebnisse, die sich in einer förderlichen Entwicklung des Kollegiums hin zum Team zeigen, welches geprägt ist von einer wertschätzenden Kommunikations- und Reflektionskompetenz innerhalb kooperativer und demokratieförderlichen Strukturen.[93]

Einzelne zitierte Aussagen der Beteiligten können im Sinne weicher Variablen als qualitative Ergebnisse gesehen werden:

Praxis: Qualitative Evaluation

Innovationsakteurin: „Allein schon das Erleben der Schulversammlungen, wenn zu Beginn alle das Schulversammlungslied („Was wir alleine nicht schaffen ...") sangen, mit diesem Zusammengehörigkeitsgefühl, das in eine neue Schulgemeinschaft hineinwirkte, das Beobachten einer sich zunehmend gestaltenden wertebezogenen Kommunikations- und Reflektionskompetenz bei allen Schulkindern und Beteiligten, machten das Projekt sehr wertvoll. Ein besonderes Highlight war die Schulversammlung zum Schuljahresende, bei welcher Schulkinder von der 1. bis zur 4. Klasse selbstständig friedlich darüber **debattierten**, was im vergangenen Schuljahr gut gelaufen ist, wo es Probleme gab, wie diese zu verbessern wären. Das war wie ein Geschenk und belohnte die viele geleistete ehrenamtliche Arbeit."
Schulkinder: „Schule macht ohne Schulversammlung überhaupt keinen Spaß", „unser Schulversammlungslied ist super", „mir hat besonders gut gefallen, dass die Klassensprecher die Versammlung gemacht haben", „wenn ich (aus der 1. Klasse) in der 4. Klasse bin, möchte ich auch Schlichter werden."
(Einige Beispiele).

90 Vgl. das Forum der Schulversammlung sowie votieren bei den Sozialzielen
91 Anamnese
92 Siehe auch unter 4.2
93 Die im Rahmen des Demokratie-Projektes an einer Schule erhaltenen Ergebnisse, Aus- und Bewertungen sind im Sinne einer empirisch-qualitativen Sozialforschung als Einzelschulansatz zu verstehen.

Schlichter-Kinder: „Durch das miteinander Reden anstatt im Streit zu schlägern, haben wir viel weniger zu tun als vor dem Demokratie-Projekt", „die Coachingstunden waren prima", „es war toll, dass wir in der Versammlung alles sagen konnten", „hoffentlich gibt es in meiner nächsten Schule auch eine Schulversammlung". (Einige Beispiele).

Schulleitung: „Das, was während der letzten Jahre alles geschaffen wurde – Streitschlichter-Kinder und besonders das innerhalb des Schuljahres begonnene Demokratie-Projekt sollte unbedingt im nächsten Schuljahr fortgeführt werden. Alle Beteiligten haben sehr viel gelernt: Unsere Schule hat sich zu einer demokratischen Schule hin entwickelt. Unsere Schulkinder lernen mit den Sozialzielen eine aktive Teilhabe und Verantwortungsübernahme für ihr ganzes zukünftiges Leben. Viele Fähigkeiten konnten ausgebildet werden. Schade, dass unsere Innovations-Kollegin unsere Schule verlassen muss."

Kollegium: „Wir konnten erfahren, manches mit anderen Augen zu sehen. Unser kollegialer Austausch hat sich sehr verstärkt. Wir haben über sehr vieles gesprochen und viel gemeinsam entwickelt. Das alles hat uns weiter zu einem sehr guten Team werden lassen. Die Zusammenarbeit besonders im Bereich der Sozial-Projekte war sehr kooperativ und interessant. Dieses Innovationsprojekt Demokratie erleben und Werte erlernen hat alle unsere Schulkinder sehr mündig werden lassen. Das war in den Pausen und auch im Unterricht, im Reden, in der Gruppenarbeit, in Rollenspielen, Präsentationen im Plenum, Theaterprojekten u.v.a.m. erkennbar."

10	**Wie können Ergebnisse und Schlussfolgerungen aus einer Evaluation veröffentlicht werden? Was ist bei der Präsentation der Ergebnisse und bei der Erstellung eines Abschlussberichtes zu beachten? Worauf kommt es bei der Initiierung von Konsequenzen und Veränderungen in der Praxis an?**
Ergebnisse verwerten	Ergebnisse verwerten, bedeutet zum einen, sie unter allen Beteiligten und Betroffenen bekannt zu machen und zum anderen, Konsequenzen aus den Ergebnissen für die Praxis, in der sie entstanden sind, anzuregen, in die Wege zu leiten oder selbst zu ziehen. Zielgruppe definieren: Wer soll über die Ergebnisse informiert werden? Welches sind mögliche Ansprechpartner für Veränderungen und Konsequenzen? Auf welcher Organisationsebene und Stelle fallen die relevanten Entscheidungen? Kriterien für Ergebnispräsentation: Klarheit, Ausgewogenheit, Rechtzeitigkeit. Präsentationsverfahren: mündlich ➔ Vorteil: Unverständlichkeiten, Missverständnisse in den Ergebnissen können bereinigt werden; schriftlich ➔ Dokumentation, Zusammenfassung.

4.5 Leitlinien für ein erfolgreiches Demokratie-Projekt

Im Sinne eines Resümees sind nachfolgende Leitlinien zu verstehen, welche zusammenfassend die Ergebnisse komprimieren. Sie stellen Empfehlungen auf der Grundlage der durchgeführten Selbstevaluation dar, die innerhalb des Demokratie-Projektes an der Einzelschule herausgearbeitet wurden.

1. Schule soll als Bildungsinstitution unserer modernen Gesellschaft demokratische Lebensform im Schulalltag erlebbar und erlernbar machen und dadurch die Ausformung einer moralischen Mündigkeit ermöglichen.	2. Demokratieerziehung soll als normatives, soziales und kommunikatives Grundprinzip von Bildungsprozessen postuliert werden.
3. Ein demokratiebezogenes Sozialprojekt soll im Primarbereich/Grundschule eingerichtet werden und Partizipation für alle Schulbeteiligten erlebbar werden.	4. Miteinander Schule leben soll sich als aktiv teilhabendes Handeln innerhalb einer Schulgemeinschaft gestalten auf der Basis von demokratischen Prinzipien, die in die Schulwelt transformiert wurden.
5. Jedes (Grund-)Schulkind ist gleichberechtigt zu einem bewussten demokratischen Handeln zu befähigen und kann ein demokratisches Selbstverständnis ausbilden.	6. Jedes (Grund-)Schulkind soll soziale und kommunikative Fähigkeiten entwickeln können und durch ganzheitliche Bildung eine nachhaltige Moral- und Werteerziehung erfahren können.

7. Im Forum Schulversammlung soll bei (Grund-) Schulkindern politisches Interesse geweckt werden. Ihr Verständnis politischer Entscheidungen, deren Voraussetzungen und Zusammenhänge sollen durch politisches Learning by Doing angebahnt und gefördert werden.	8. Die Lernenden sollen mit dem Instrument Feedback-Tafel förderliche Verhaltensweisen in der praktischen Umsetzung von (partizipativ festgelegten) Sozialzielen nachhaltig erlernen.
9. (Grund-)Schulkinder sollen in ihrem Schulalltag erfahren, dass ein versöhnlichen Umgang jedes Einzelnen und miteinander den Schulalltag gelingen lässt.	10. Eine präventiv wirkende Schüler-Streitschlichtung für gewaltfreie gemeinschaftliches Miteinander ist an der Schule zu implementieren. Durch das Peer-Mediations-Projekt soll sich eine Streitkultur für WIN-WIN-Lösungen entwickeln.
11. Die Schlichter-Ausbildung ist von einer in Mediation qualifizierten pädagogischen Fachkraft durchzuführen und die Schulkinder zur Führung von Schlichtungsgesprächen zu befähigen.[94]	12. Eine Demokratie im Kleinen wird ermöglicht mittels einer partizipativen Unterrichts- und selbstwirksamen Lernkultur, interaktionistischer Didaktik eines konstruktivistischen Methodenpools.
13. Ein neues pädagogisches Rollenbild soll einen *neuen Umgang mit Fehlern* ermöglichen und beim Schulkind die Entfaltung des eigenen Selbstwertes zulassen.[95]	14. Im Umgang auf Augenhöhe sowie gegenseitiger Wertschätzung in einer partnerschaftlichen Beziehung zwischen Lehrenden und Lernenden soll das Schulkind selbstverantwortlich, mit Freuden seinen (sozialen) Lernprozess gestalten und sich mit seinen Fragen und Interessen konstruktiv einbringen können.
15. Eine Selbstevaluation mit praktizierenden und evaluierenden Akteuren soll den Projektprozess begleiten und responsive sowie partizipative Beteiligung ermöglichen. Unter Einbezug aller Schulakteure soll das Evaluationsergebnis mittels Auswertung der Fragebögen, Protokolle der Schulversammlung, Statistiken der Sozialziel-Umsetzung dokumentiert und im Schulhaus visualisiert werden.	16. Eine Steuerungsgruppe soll den weiteren Entwicklungsprozess einer lernenden, offenen, demokratischen Schule ermöglichen, unterstützen und nachhaltig begleiten.

4.6 Materialien zu Kapitel 4

M 37 Fragebogen: Einführung Schulversammlung Kollegium
M 38 Fragebogen: Einführung Schulversammlung Klasse 1 und 2
M 39 Fragebogen: Einführung Schulversammlung Klasse 3 und 4
M 40 Evaluation Umsetzung des einzelnen Sozialziels Kollegium
M 41 Evaluation Umsetzung des einzelnen Sozialziels Klasse 1 + 2
M 42 Evaluation Umsetzung des einzelnen Sozialziels Klasse 3 + 4

94 Weitere Leitlinien für eine erfolgreiche Peer-Mediation siehe: Miteinander Lernen – Zusammen Wachsen, 2006
95 Siehe Kap. 3. Punkt 3.2

Fragebogen: Einführung Schulversammlung Kollegium

M 37

Liebe Kollegin/lieber Kollege, dein Feedback ist sehr wichtig! Bitte beantworte die nachstehenden Fragen. Danke

1. Wie findest du die Einführung einer Schulversammlung als Schulentwicklungs-Projekt, um damit soziales Lernen einzurichten?

☐ sehr gut ☐ gut ☐ nicht gut

warum nicht gut: ____

2. Wie haben die Kinder in deiner Klasse bei der Vorbereitung des neuen Sozialziels mitgemacht?

☐ sehr gut ☐ gut ☐ nicht gut

warum nicht gut: ____

3. Wie hat dir der Ablauf und die Moderation der 2. Schulversammlung gefallen?

☐ sehr gut ☐ gut ☐ nicht gut

warum nicht gut: ____

4. Wie findest du das Schulversammlungshaus?

☐ sehr gut ☐ gut ☐ nicht gut

warum nicht gut: ____

5. Wie findest du die Feedback-Tafel mit dem aktuellen Sozialziel?

☐ sehr gut ☐ gut ☐ nicht gut

warum nicht gut: ____

6. Wie setzen die Kinder in deiner Klasse unser Sozialziel um?

☐ sehr gut ☐ gut ☐ nicht gut

warum nicht gut: ____

7. Gibt es von deiner Seite Anregungen oder Verbesserungsvorschläge?

Fragebogen: Einführung Schulversammlung Klasse 1 + 2

M 38

Deine Meinung interessiert uns sehr! Bitte beantworte die nachstehenden Fragen.

Danke ☺!

1. Wie hat dir unsere ... Schulversammlung gefallen?

☐ gut ☐ nicht gut ☐ weiß nicht

2. Wie hast du dich als Schulkind gefühlt?

☐ gut ☐ nicht gut ☐ weiß nicht

3. Findest du es gut, dass an unserer Schule eine Schulversammlung gemacht wird?

☐ gut ☐ nicht gut ☐ weiß nicht

4. Welche Klasse hat ihre Vorschläge für dich am besten vorgestellt?

☐ 1. Klasse ☐ 2. Klasse ☐ 3. Klasse ☐ 4. Klasse

5. Wie hast du dich bei der demokratischen Abstimmung gefühlt?

☐ gut ☐ nicht gut ☐ weiß nicht

6. Hat es dir gefallen, dass du mit abstimmen konntest?

☐ gut ☐ nicht gut ☐ weiß nicht

7. Wie findest du es, dass du unser Schulleben mitgestalten kannst?

☐ gut ☐ nicht gut ☐ weiß nicht

Fragebogen: Einführung Schulversammlung Klasse 3 + 4

M 39

Deine Meinung interessiert uns sehr! Bitte beantworte die nachstehenden Fragen. Danke ☺!

1. Wie hat dir unsere ... Schulversammlung gefallen?
   Begründe deine Entscheidung.

   ☐ gut ☐ nicht gut

   ____

   ____

2. Wie hast du dich als Schulkind gefühlt?
   Begründe deine Entscheidung.

   ☐ gut ☐ nicht gut

   ____

   ____

3. Findest du es gut, dass an unserer Schule eine Schulversammlung gemacht wird?
   Begründe deine Entscheidung.

   ☐ gut ☐ nicht gut

   ____

   ____

4. Welche Klasse hat ihre Vorschläge für dich am besten vorgestellt?
   Begründe deine Entscheidung.

   ☐ 1. Klasse ☐ 2. Klasse ☐ 3. Klasse ☐ 4. Klasse

   ____

   ____

5. Wie hast du dich bei der demokratischen Abstimmung gefühlt?
   Begründe deine Entscheidung.

   ☐ gut ☐ nicht gut

   ____

   ____

6. Wie findest du es, dass du unser Schulleben mitgestalten kannst?
   Begründe deine Entscheidung.

   ☐ gut ☐ nicht gut

   ____

   ____

7. Wie setzt du unser ... Sozialziel im Schulalltag um?

   ____

   ____

8. Möchtest du noch etwas mitteilen oder anregen?

   ____

   ____

Evaluation Umsetzung des einzelnen Sozialziels Kollegium

M 40

Liebe Kollegin/lieber Kollege, dein Feedback ist sehr wichtig. Bitte beantworte die nachstehenden Fragen zur Gesamtevaluation aller Sozialziele. Danke!

1. Welches Sozialziel wurde für dich in diesem Schuljahr **am besten** umgesetzt?

   Sozialziel:
   - Grüßen ☐
   - Miteinander ☐
   - Achtsamkeit ☐
   - Miteinander reden ☐

2. Welches Sozialziel wurde für dich in diesem Schuljahr **am schlechtesten** umgesetzt?

   Sozialziel:
   - Grüßen ☐
   - Miteinander ☐
   - Achtsamkeit ☐
   - Miteinander reden ☐

3. Bewerte nun die Sozialziele mit den Ziffern 1 bis 4 nach der Rangfolge deiner Wichtigkeit.

   Sozialziel:
   - Grüßen ☐
   - Miteinander ☐
   - Achtsamkeit ☐
   - Miteinander reden ☐

4. Welche Verbesserungsvorschläge hast du für die Sozialziele, die du bei Frage 3 mit Ziffer 3 und 4 bewertet hast?

   ____

   ____

5. Was hat dir bei den Schulversammlungen gefallen?
   - freie Meinungsäußerung ☐
   - Moderation durch Schlichter-Kinder ☐
   - Vorstellung der Ergebnisse ☐
   - Abstimmen ☐
   - Versammlungsregeln ☐
   - Schulversammlungslied ☐
   - Moderation durch Klassensprecher ☐
   - Rollenspiele ☐
   - Mitreden ☐

   Oder sonst noch etwas ____________________________

6. Was würdest du anders machen? Schreibe bitte deine Vorschläge auf.

   ____

   ____

   ____

7. Was habt ihr in deiner Klasse aufgrund der Schulversammlungen alles gemacht? (zum Beispiel: Klassenrat, Schüler-Sprechstunde, Rollenspiele, Umfrage ...)

   ____

   ____

   ____

Evaluation Umsetzung des einzelnen Sozialziels Klasse 1 + 2

M 41

Deine Klassenlehrerin bespricht mit dir den Fragebogen. Deine Meinung interessiert uns sehr! Bitte beantworte die nachstehenden Fragen. Danke ☺!

1. Welches Sozialziel wurde für dich in diesem Schuljahr **am besten** angewendet?

   Sozialziel:
   - Grüßen ☐
   - Miteinander ☐
   - Achtsamkeit ☐
   - Miteinander reden ☐

2. Welches Sozialziel wurde für dich in diesem Schuljahr **am schlechtesten** angewendet?

   Sozialziel:
   - Grüßen ☐
   - Miteinander ☐
   - Achtsamkeit ☐
   - Miteinander reden ☐

3. Welches Sozialziel bekommt von dir eine 1, 2, 3 oder 4?

   Sozialziel:
   - Grüßen ☐
   - Miteinander ☐
   - Achtsamkeit ☐
   - Miteinander reden ☐

4. Was könnten wir bei den Sozialzielen tun, die du bei Frage 3 mit einer 3 und 4 bewertet hast?

   ____

   ____

5. Was hat dir bei den Schulversammlungen gefallen?

   - freie Meinungsäußerung ☐
   - Moderation durch Schlichter-Kinder ☐
   - Vorstellung der Ergebnisse ☐
   - Abstimmen ☐
   - Versammlungsregeln ☐
   - Schulversammlungslied ☐
   - Moderation durch Klassensprecher ☐
   - Rollenspiele ☐
   - Mitreden ☐

   Oder sonst noch etwas ______________________________

6. Was würdest du anders machen? Schreibe bitte deine Vorschläge auf.

   ____

   ____

   ____

7. Was habt ihr in deiner Klasse aufgrund der Schulversammlungen alles gemacht? (zum Beispiel: Klassenrat, Schüler-Sprechstunde, Rollenspiele, Umfrage ...)

   ____

   ____

   ____

Evaluation Umsetzung des einzelnen Sozialziels Klasse 3 + 4

M 42

Deine Meinung interessiert uns sehr! Bitte beantworte die nachstehenden Fragen. Danke ☺!

1. Welches Sozialziel wurde für dich in diesem Schuljahr **am besten** umgesetzt?

   Sozialziel:
   - Grüßen ☐
   - Miteinander ☐
   - Achtsamkeit ☐
   - Miteinander reden ☐

2. Welches Sozialziel wurde für dich in diesem Schuljahr **am schlechtesten** umgesetzt?

   Sozialziel:
   - Grüßen ☐
   - Miteinander ☐
   - Achtsamkeit ☐
   - Miteinander reden ☐

3. Bewerte nun die Sozialziele mit den Ziffern 1 bis 4 nach der Rangfolge deiner Wichtigkeit.

   Sozialziel:
   - Grüßen ☐
   - Miteinander ☐
   - Achtsamkeit ☐
   - Miteinander reden ☐

4. Welche Verbesserungsvorschläge hast du für die Sozialziele, die du bei Frage 3 mit Ziffer 3 und 4 bewertet hast?

   ____

   ____

5. Was hat dir bei den Abläufen der Schulversammlungen gefallen?

   - freie Meinungsäußerung ☐
   - Moderation durch Schlichter-Kinder ☐
   - Vorstellung der Ergebnisse ☐
   - Abstimmen ☐
   - Versammlungsregeln ☐
   - Schulversammlungslied ☐
   - Moderation durch Klassensprecher ☐
   - Rollenspiele ☐
   - Mitreden ☐

   Oder sonst noch etwas ____________________________

6. Was würdest du anders machen? Schreibe bitte deine Vorschläge auf.

   ____

   ____

   ____

7. Was habt ihr in deiner Klasse aufgrund der Schulversammlungen alles gemacht? (zum Beispiel: Klassenrat, Schüler-Sprechstunde, Rollenspiele, Umfrage ...)

   ____

   ____

   ____

„Wenn wir immer tun, was wir immer getan haben,
werden wir immer dort sein, wo wir immer gewesen sind."
(Rick Warren)

„Wenn wir aber beginnen zu tun,
was für uns neu ist, wir bisher noch nicht getan haben,
werden wir dort hinkommen, wohin wir es uns erträumen."
(Elisabeth Nowak)

5. Was bewirkt eine *demokratische Wirklichkeit* in der Schule?

Was ist ***Wirklichkeit***? Der Schein – als Phänomen der Wirklichkeit – wird als unsicher und somit, seit Platons Höhlengleichnis, als Option einer Selbsttäuschung gesehen. Die Menschen, in ihrer sinnlichen Wahrnehmung des Scheins, wollen dem Sein hinter der Erscheinung nachspüren. Seit der Aufklärung suchen Ontologie, Metaphysik und moderne Wissenschaft nach einer objektiven Wirklichkeit, weil alle Aspekte von Realität zusammenhängend und widerspruchsfrei erklärbar werden sollen.

Als methaphysische Theorie sieht der ***Realismus*** eine Wirklichkeit, die unabhängig vom Menschen existiert. Beim *naiven Realismus* ist die Welt so, wie der Mensch sie wahrnimmt. Die Innenwelt des Menschen spiegelt direkt die Außenwelt. Die menschliche Intelligenz dient primär der Selektion und das Problem der Informationsverarbeitung wird ausgeblendet.

Der *kritische Realismus* versteht die Innenwelt als subjektive Verarbeitung der Außenwelt. Äußerlich wahrnehmbares menschliches Verhalten wird durch innere Prozesse ausgelöst und strukturiert. Innere Prozesse und äußere Wahrnehmungen stehen in einem gegenseitigen Zusammenhang.

Wahrnehmung ist definiert (Legewie) als „komplexer innerer Prozess der bewussten Reizverarbeitung"[96] und ist damit die bewusste Aufnahme von Informationen über die Sinne und Sinnesorgane eines Lebewesens sowie auch die aufgenommenen und ausgewerteten Informationen selbst. Der Schritt des Bewusstwerdens führt über die *Kognition*, die Gesamtheit aller psychischen Fähigkeiten, Funktionen und neuronaler Prozesse, die der Aufnahme, Verarbeitung und Speicherung von Informationen dienen. Am Ende dieser Informationsverarbeitung und Erkenntnisprozesse erkennt der Mensch sein subjektiv modifiziertes Abbild der physikalischen Wirklichkeit.

Die Komplexität der Strukturbildung, welche die Erlebniswirklichkeit auszeichnet, begrenzt allerdings den Versuch, kognitive Systeme als Informationsverarbeitende Systeme zu verstehen. Das subjektive Wahrnehmungsempfinden eines Menschen wird bestimmt durch den inneren Dialog, bildliche Gedanken und Körpergefühle. Die durch dieses Empfinden erstellte kognitive Landkarte ist Basis sozialer Orientierung, gezielten Handelns und bestimmt das Weltbild eines Menschen.

Konstruktivismus lässt Wirklichkeit nicht finden, sondern erfinden als Ergebnis von Kommunikation. Wirklichkeit ist nicht absolut, sondern mannigfaltig, weil subjektiv und relativ. Es gibt somit nicht nur eine Wirklichkeit sondern zahllose Wirklichkeitsauffassungen:
a) die rein physische und damit weitgehend objektiv feststellbaren Eigenschaften von Dingen,
b) die auf der Zuschreibung von Sinn und Wert an diesen Dingen und daher auf Kommunikation beruhende.

Die in nachfolgender Grafik[97] gezeigten Konstruktivismen sind für Bildungsprozesse und deren Evaluation relevant:

96 Fachlexikon der sozialen Arbeit, 1997, S. 1026
97 Grafik: Dimbath, Oliver & Schneider, Werner, 2006, S. 109–134

		radikaler, systemtheoretischer Konstruktivismus	empirischer Konstruktivismus
Evaluationsgegenstand Politische Bildung	Lerntheorie	Kognitive Geschlossenheit: Wirklichkeit entsteht systemimmanent; Lehrinformationen werden „aufgenommen" und intern verarbeitet.	Interaktion: Wirklichkeit konstituiert sich ausschließlich in der Sprache/Semantik des konstruierenden Bereiches; Lehrinformationen werden im Interaktionszusammenhang erschlossen und verarbeitet
	Organisationsansatz	Organisation als autopoietisches System.	Organisationsstrukturen sind sozial und nicht technisch konstituiert – ein Festhalten an objektivistischen Erklärungsweisen dient lediglich der wissenschaftlichen Legitimation von Expert(inn)entum und Leitungsstrukturen
Evaluationszugriff		Ermittlung der Nützlichkeit bzw. Orientierungsleistung der Information für jeweils infrage stehende Akteure – nur in normativer Hinsicht einzulösen.	Versuch einer „Erweiterung von Welt" – Bereiche erschließen, die den bisherigen Analysen verborgen geblieben sind und deren Nutzen unter Berücksichtigung aller Perspektiven bewerten.

Beim *radikalen Konstruktivismus* liefert die Erkenntnis kein Bild der realen Welt, sondern nur eine subjektive Konstruktion, die zur Welt viabel ist. Dies ist passend zu Platons Höhlengleichnis bzw. zur Sichtweise von Kant; „die Dinge, die unsere Sinne und unseren Verstand darstellen, sind nur Erscheinungen, d. h. Gegenstände unserer Sinne und unseres Verstandes, die das Zusammentreffen der Gelegenheitsursachen und der Wirkung des Verstandes sind".[98]

Der *radikale Konstruktivismus* „geht davon aus, dass das menschliche Gehirn als in sich operationell geschlossenes System zu begreifen ist, das in keinem materiellen Austausch mit seiner Umwelt steht und sie nur qua Beobachtung über Impulse von Sinnesorganen wahrzunehmen vermag. Damit ist ein unmittelbarer Einfluss der Objektwelt ausgeschlossen und die vom Gehirn wahrgenommene Wirklichkeit gilt als Resultat einer inneren Konstruktionsleistung. (...)

Im *empirischen Konstruktivismus* geht es – unter ausdrücklichem Verzicht auf theoretisch begründete ,Vor-Urteile' und im Sinne einer konsequenten empirischen Offenheit – darum, soziale Phänomene auf dem Weg einer Untersuchung der Konstruktions- und Rekonstruktionsprozesse der Beteiligten zu analysieren. (...) Der Gegenstand politischer Bildung konstituiert sich hier kontextabhängig in und durch die symbolisch vermittelte, soziale Praxis in dem betreffenden Bereich. Erst eine empirische Erfassung, der es um die Rekonstruktion der in diesem Konstitutionsprozess von den Beteiligten vorgenommenen Perspektivisierungen, Kategorisierungen, Unterscheidungen oder Segmentierungen von Welt geht, ermöglicht den Blick über den Tellerrand von je partikularen Erfahrungsräumen. (...) Mit Blick auf mögliche neue Entdeckungsräume, die durch die empirische Analyse zugänglich gemacht werden, [ergibt sich] eine solide Grundlage für wertbezogene Auseinandersetzungen aller teilnehmenden Gruppen mit dem Evaluationsgegenstand".[99]

Der *soziokulturelle Konstruktivismus* (Kersten Reich) gehört zu den radikalen *Konstruktivismen* und hat pädagogische sowie didaktische Anwendungsbereiche erschlossen, die seine Praxisrelevanz zeigen. Er beachtet die Bedeutung der kulturellen und lebensweltlichen Interaktionen bei der Re/De/Konstruktion von Wirklichkeiten. „Der Ansatz steht in enger Beziehung zum Pragmatismus von John Dewey. Er sieht in Dewey einen Vorläufer konstruktivistischen Denkens und interpretiert insbesondere seine Handlungstheorie als wegweisend für die Begründung einer Erkenntniskritik."[100]

98 Kant, Immanuel: Werte, Band VII, S. 71 in: Glasersfeld, E., 1996, S. 59
99 http://de.wikipedia.org, download vom 28.03.2008
100 Ebd.

Praxis: Schule als System[101]

Schule wird gesehen als interagierendes, soziales und kulturbezogenes Ordnungsmuster innerhalb der Gesellschaft, welche wiederum als Netzwerk sozial konstituierter Organisationsstrukturen verstanden wird. Habermas definiert Gesellschaft als „systemisch stabilisierte Handlungszusammenhänge sozial integrierter Gruppen".[102] Das System Schule wird gebildet von allen Schulbeteiligten als Beobachter, Teilnehmer und Akteur (allen Schulkindern, Kollegium, Elternschaft). Die Organisationsstrukturen sind sozial konstituiert. Interaktionen werden von Beobachtern, die bewusst auftreten und sich zur Geltung bringen können, auf unterschiedlichen Ebenen konstruiert, re- oder auch dekonstruiert. In der *demokratischen Wirklichkeit* des Systems Schule interagieren die beteiligten Menschen nach den Prinzipien der *Demokratie als Lebensform* und einem darin verankerten christlich-ethischen Wertegefüge (siehe Kap. 1). Beobachtervielfalt und deren Geltendmachung lassen Wechselwirkungen, Abhängigkeiten, Verknüpfungen, Vernetzungen als Ressource sichtbar und für Lösungen nutzbar werden (siehe Kap. 3).

Gemäß einer konstruktivistischen Anthropologie bezieht sich das „eigene Handeln (...) in der Interaktion mit anderen sowohl auf das Bild, das man sich von seinem Gegenüber aufgebaut hat, als auch auf das Bild von der eigenen Person. Solche Menschenbilder gehen auf Auffassungen über die Fähigkeiten und das Funktionieren von Menschen zurück und liegen jedem Handeln implizit zugrunde (...). Grundlage eines konstruktivistisch motivierten Menschenbildes ist sowohl die biologische als auch die kognitive **Autonomie** des Menschen".[103] Aufgrund dieser Aspekte wird vorstellbar, dass *jeder* Mensch die Welt seines Erfahrens und Erlebens auf der Basis seiner individuellen Beschaffenheit (Struktur) gestaltet, sich seine Wirklichkeit demzufolge selbst konstruiert.

Praxis: Schulkinder als Baumeister

Insofern lässt diese Perspektive Schulkinder als Baumeister ihrer *Schulwirklichkeit* erkennen, weil sie mit ihren Erfahrungen den Schulalltag (mit-)gestalten. Schulwirklichkeit im kulturbezogenen Ordnungsmuster Schule, ist dann die konstruierte Welt, wie das Schulkind seinen Schulalltag subjektiv wahrnimmt und in ihm handelt. Das Schulkind bezieht sein eigenes *selbstbestimmtes* Handeln in der Interaktion mit den Lehrkräften und den anderen Schulkindern, die miteinander als Elemente in ihren Beobachtungsebenen agieren und konstruieren, sowohl auf das Bild, das es sich von seinem Gegenüber[104] (Erwachsenen und Peers) aufgebaut hat, als auch auf das Bild von seiner eigenen Person.

5.1 Frust oder Lust: Lernfreude in einer partizipativen Unterrichts- und selbstwirksamen Lernkultur

Wunschdenken einer Demokratiepädagogik einerseits und Realität im Schulalltag andererseits sind in manchen Fällen durch einen tiefen Graben gekennzeichnet. Lernen in der Schule hat, vor allem in weiterführenden Schulen, leider oft nichts mehr mit Freude, sondern eher mit Frust zu tun. Obwohl wir in einer Zeit der zunehmenden Vereinzelung in unserer Gesellschaft leben, ist das auf Ausbildung einer *Bemündigung* zielende *Selbstbestimmte Lernen* nicht wirklich im Schulalltag verankert: Heutzutage scheint in vielen deutschen Schulen der individuelle Entfaltungsraum eingeschränkt, einerseits aufgrund struktureller Probleme (Einwände teilweise aus dem Bildungssystem selber: ➔ Kinder wären zu unmündig, Unterricht würde dadurch verlangsamt ➔ Zeitmangel, ➔ zu große Gruppen, ➔ zu viel fachspezifischer Unterrichtsstoff, welcher dann wertvolle Unterrichtszeit stiehlt usw.) und andererseits Rahmenbedingungen, durch welche den Lehrkräften im didaktisch-methodischen Handeln Grenzen gesetzt werden.

„Solang der Lernende nicht so umfassend wie möglich den Lernprozess durch selbsttätiges Handeln selbst bestimmt, Wissen nicht eigenständig und selbstbestimmt erarbeitet wird und dabei keinen Bezug zur Lebenswelt des Lernenden ausdrückt und findet, solange wird angeeignetes Wissen, konstruktivistisch gesehen, in der Regel zu oberflächlich und aufgesetzt bleiben. Gelerntes wird schnell vergessen, weil es wenig Bezug zum alltäglichen Leben der Lernenden hat. Das Interesse, ‚Dingen auf den Grund zu gehen' und die Kompetenz, verschiedene Beobachterperspektiven einnehmen zu können, wird durch fremdbestimmtes Lernen behindert. So scheint Schule oftmals lediglich ein Ort der Reproduktion leeren und toten Wissens, da Lernende Inhalte rekonstruieren müssen, ohne diese mit den eigenen Erfahrungen und Interessen verknüpfen zu können."[105]

101 System wird hier verstanden als Gesamtheit, aus mehreren Einzelteilen bestehende funktionale Einheit, die zur Ausführung bestimmter Aufgaben oder Reihen von Aufgaben dient. Soziales System ist dann eine Gesamtheit mit in ihr interagierenden Menschen.

102 Habermas, Jürgen, 1981, S. 301

103 Lindemann, Holger, 2006, S. 136

104 Siehe Kap. 3.4: Vorbildfunktion, Lernen durch Nachahmen, Peer-Education

105 Badry u. a., 1999, S. 70

Vom Objekt des Lehrens zum Subjekt des Lernens

Wenn das Schulkind im Verständnis einer interaktionistisch-konstruktiven Didaktik vom Objekt des Lehrens zum Subjekt des Lernens werden darf und diese unmittelbare Erfahrung „in welche es lebendig einbezogen ist, die es aus erster Hand machen darf und nicht durch die Dinge und Vorgänge nur bezeichnende Medien"[106] also durch sein eigenes Handeln machen kann, dann wird genügend Entfaltungsraum für Selbsttätigkeit, Mitbestimmung und Mitgestaltung (Partizipation) gegeben.

Schulwirklichkeit als die Welt subjektiver Wahrnehmungen und Erfahrungen

Wenn *Schulwirklichkeit* als die Welt subjektiver Wahrnehmungen und Erfahrungen verstanden wird, führt dies zu einer sehr weitgehenden Pluralität der Erkenntnisse bzw. subjektiver Erfahrungen. „Es ist das Wesen einer Erfahrung, dass sie vielmehr enthält als zuerst bewusst gemerkt wird. Indem diese anfangs nicht erkannten Beziehungen oder Inhalte zum Bewusstsein gebracht werden, wird der Sinngehalt der Erfahrung bereichert. Jede Erfahrung, wie platt sie auch zunächst erscheinen mag, kann unendliche Bedeutung gewinnen, indem der Umfang ihrer wahrgenommenen Beziehungen vergrößert wird. Normaler Verkehr [i. S. einer konstruktivistischen Interaktion] mit anderen ist der geeignetste Weg, um diese Entwicklung zu verwirklichen; denn er sorgt für Verknüpfung der Gruppen- (...) Erfahrung [aus den systemimmanenten Beobachtungsebenen] mit der unmittelbaren Erfahrung des einzelnen. Unter ‚normalem Verkehr' wird hier derjenige verstanden, in dem gemeinsames Interesse herrscht, sodass der eine eifrig bereit ist zu nehmen, der andere zu geben. Er steht im Gegensatz zu dem bloßen Erzählen oder Darstellen lediglich zu dem Zwecke, dass der andere aufnimmt, und um nachher zu prüfen, wie viel davon er behalten hat und wörtlich wiedergeben kann."[107]

Konstruktivistischer Lernbegriff

Beim Ansatz eines konstruktivistischen Lernbegriffs konstruiert „jeder Lernende (...) im Rahmen seiner Fähigkeiten sein Wissen selbst. Lernen, das die Ausbildung von Handlungskompetenz als Ziel formuliert, braucht einen Lernbegriff, der einen individuellen, aktiven, kumulativen, konstruktiven und zielgerichteten Prozess bei den Lernenden anstoßen kann".[108] Dieser Ansatz verdeutlicht, dass Lernen viel mehr ist als das Speichern von Wissensinhalten „wo wir doch in Kenntnis sind darüber, dass sich dieses Wissen in nur wenigen Jahren völlig überholt und das menschliche Faktenwissen immer umfangreicher wird, oder ist lernen auch erkennen, begreifen, erleben, einfach auch tun, kurz ein ganzheitlicher, umfassender permanenter und lebenslanger Prozess, der alle Sinnesbereiche mit einschließt? Wir lernen mit Seele und Geist und wissen beispielsweise, dass wir nur ca. 10% von dem behalten, was wir lesen, jedoch 90% von dem was wir tun".[109] Menschen können die Welt durch ein Auswendiglernen nicht erkennen. In der Natur des Kindes ist die Lust am Lernen immanent und will selbstständig, automatisch und lustvoll Lernen. Besonders aus dem Lustvollen erwächst die *intrinsische Motivation*[110]. Ein Schulkind am Beginn seiner Schullaufbahn ist mit seinen sechs Jahren „gierig darauf, lernen zu dürfen und auch zu zeigen, was es kann. Wenn man es eben lässt, zu seiner Zeit und wenn wir als Erwachsene es nicht vorzeitig zu irgendwelchen Leistungen drängen. Menschen sind unterschiedlich, von ihrer Herkunft, Anlage und Entwicklungsgeschwindigkeit her (...). Warum müssen wir das Lernen lernen? Weil wir es nicht erwarten wollen, bis die Kinder ihrer Eigenheit gemäß soweit sind, weil wir unsere Leistungsvorstellungen unseren Kindern (vorzeitig) überstülpen, weil wir das Lernen immer noch als einen in Noten messbaren Vorgang betrachten, der uns Erwachsenen Prestige bedeutet".[111]

Definition lernen

Lernen (nach Giesecke) „im allgemeinsten Sinne ist die produktive und auf Förderung angewiesene Fähigkeit der Menschen, Vorstellungen und Gewohnheiten, Einstellungen, Verhaltensweisen und Fähigkeiten aufzubauen bzw. zu verändern."[112] Nur wo es beim Lernen um selbstständiges und handelndes Erkennen geht, hat es einen pädagogischen Sinn, nur so wird es zum Wissenserwerb. Ein Lernen, in welchem die Verantwortungsübernahme impliziert ist, soll dem jungen Menschen in seinem Prozess des Mündigwerdens dienen. Zielsetzung, um Schulkinder für einen lebenslangen Lernprozess zu befähigen, ist eine möglichst umfassende altersgemäße Selbstbestimmung. Hierfür haben die Lehrenden und Erziehenden die Verantwortung zu tragen.

„Es steht die Frage nach einem pädagogisch begründeten Begriff des Lernens an, der die Mündigkeit des jungen Menschen fördert, ihn selbstständig (Selbsthilfefähigkeit) und verantwortlich (Verantwortungsfähigkeit) werden lässt (...) in jeder Situation, in der ich zurechenbar tätig bin, [muss] ich etwas wissen und etwas können (...) mich dann entscheiden und für die Entscheidung einstehen, d.h. Verantwortung übernehmen (...). Wenn

106 Vgl. A.a.O., S. 306
107 Dewey, John, 2000/1916, S. 288
108 Bernhardt, D., 2008
109 Zollneritsch, Josef: Wie behalte ich mir die Freude am Lernen? In http://arbeitsblätter.stangl-taller.at
110 Siehe Unterrichtsprinzipien unter Punkt 5.4
111 Zollneritsch, Josef, 2007
112 Gieseke, H., 1990, S. 48

wir sagen, Lernen muss – unter pädagogischem Vorzeichen – die Mündigkeit des Heranwachsenden fördern, dann können wir auch sagen: es muss ihn handlungsfähiger, praxisfähiger, verantwortungsbewusster werden lassen."[113] Unter der Maßgabe *Mündigkeit* und der Grundstruktur *Praxis* ergeben sich folgende Strukturelemente des pädagogischen Lernbegriffs:

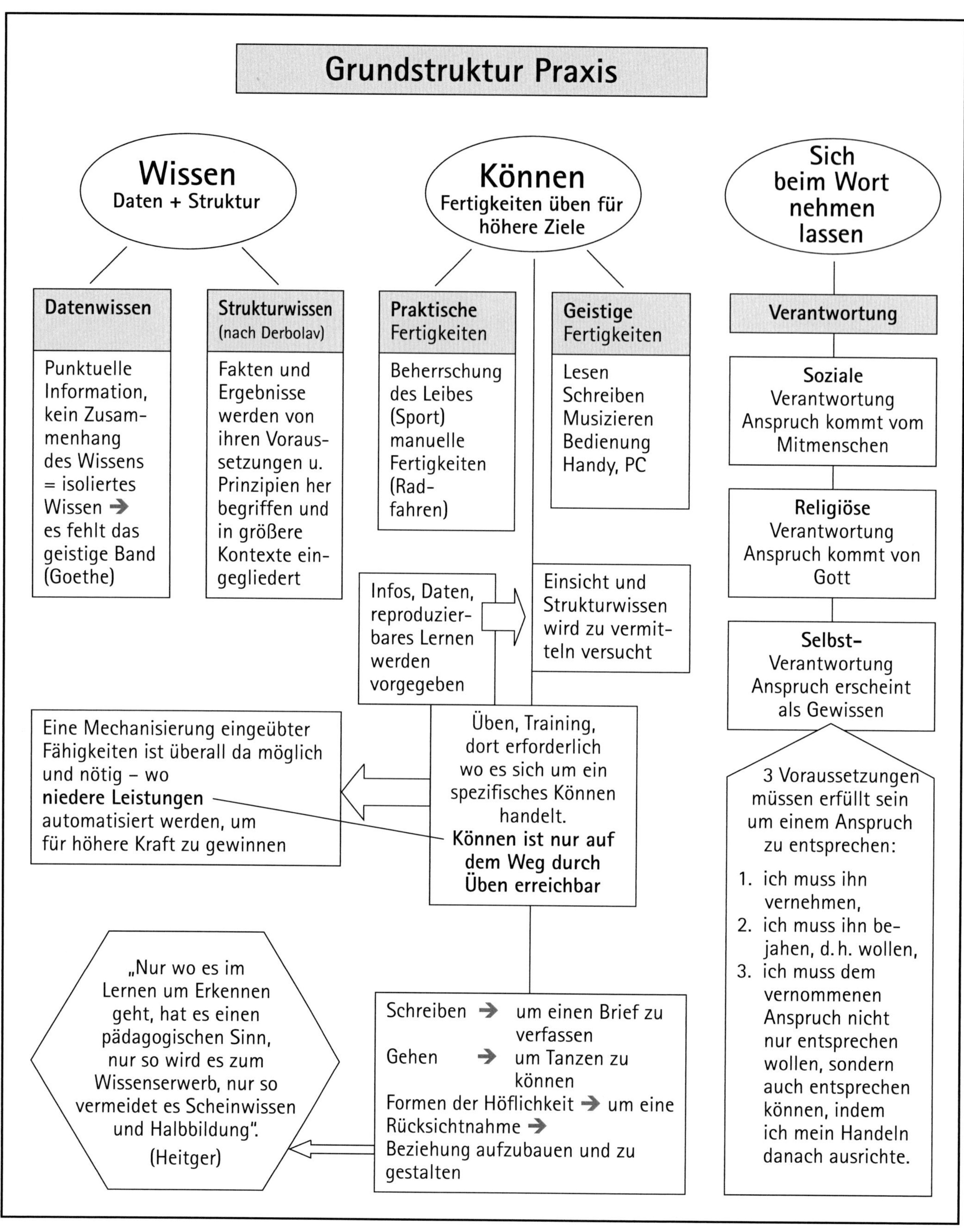

Elisabeth Nowak[114]

113 Badry u.a., 1999, S. 72

114 Vgl. Ebd. Textgestaltung

Moralische Mündigkeit in der Verantwortung

Weil der Mensch ein sollendes Wesen ist, kann er Verantwortung übernehmen: „Er lebt in mehr oder weniger deutlichem Bewusstsein zu sollen, d.h. in seinem Tun und Lassen auf eine Ordnung verwiesen zu sein, gegen die er zwar verstoßen, an der er aber nicht rütteln kann."[115] Moralische Mündigkeit ist dann der implizierte sozio-moralische Entwicklungsprozess eines solchen Lernens.

Die „*moralische Entwicklung* [nach der Theorie L. Kohlbergs in Anlehnung an J. Piagets Stufenlehre] wird als eine *Abfolge von Stufen* bestimmter typischer und unterscheidbarer Orientierungen gesehen, die zu einer Sequenz von drei Urteilsebenen (mit je zwei Stufen) führen, wenn Kinder und Jugendliche über mögliche moralische Konflikte urteilen sollen:

1. **vorkonventionelle** Ebene. Das moralische Urteil der Kinder hängt auf dieser Stufe von den konkreten Folgen des Handelns ab (z.B. Strafe und Belohnung).
2. **konventionelle** Ebene. Als Maßstab für **moralische Urteile dienen hier soziale Erwartungen.**
3 **nach-konventionelle** oder **Prinzipienebene.** Hier wird [unter anderem] erkannt, dass das gerade akzeptierte System moralischer Standards nicht unwandelbar ist; es wird nun verstanden als Gesellschaftsvertrag, der prinzipiell zwischen den Beteiligten vereinbar ist und daher auch geändert werden kann. Schließlich wird als angemessen erkannt, dass moralische Urteile nach allg[emeinen] *Prinzipien der Fairness* getroffen werden sollten. Damit ist die Voraussetzung für den kategorischen Imperativ Kants gegeben: ‚Handle stets so, dass die Maxime deines Willens jederzeit zugleich als Prinzip einer allgemeinen Gesetzgebung gelten könnte'".[116]

Definition: Soziales Lernen

Der Begriff „*soziales Lernen* entstand in den 70er-Jahren [aus der Unzufriedenheit mit dem verkopften Schullernen]. Mit ihm rückte die soziale Dimension pädagogischen Handelns, in sozialpädagogischen Handlungsfeldern wohlvertraut, auch in den Blickwinkel der Schule. Diese soziale Dimension wurde zunächst politisch und gesellschaftskritisch akzentuiert und unterschied sich so von der älteren, an Zielen sittlichen Sozialverhaltens orientierten Sozialerziehung. Wichtige Anstöße für die Entwicklung (...) kamen aus der Gesamtschulbewegung und der antiautoritären Erziehung (...). *Soziales Lernen* [als 3. Kategorie] als Erwerb sozialer Kenntnisse durch die Lernenden selbst. Dieses geschieht mittels der für den sozialen Bereich typischen Lernmechanismen wie Imitation, Identifikation und Internalisierung".[117] Durch *soziales Lernen* werden Fähigkeiten ausgebildet, mit welchen soziale Kontakte aufgebaut und gepflegt und dabei prosoziale Verhaltensweisen gezeigt werden können. Dadurch entsteht Sicherheit im Umgang mit anderen. Gute Beziehungen zu Familienmitgliedern, Freunden oder anderen Menschen sind äußerst wichtig. Sie stärken das Selbstwertgefühl und sind hilfreiche Unterstützer. *Soziales Lernen* bedeutet, dass Lernen einen ganzheitlichen Prozess meint, der Kopf, Herz und Hand umschließt.

Lernfreude und partizipative Unterrichts- sowie selbstwirksame Lernkultur können als positives Duo verstanden werden, weil sie sich gegenseitig bereichern. Dieses Duo bedeutet: Ein *ganzheitliches selbstbestimmtes Lernen* mit sinnlichen Erfahrungen, mit einem *Learning by Feeling and Doing* und einem Lernen, welches in den situativen Kontext (d.h. nicht vom Leben abgetrennter Gegenstände) eingebettet ist. Es meint ein Lernen, Methoden anzuwenden anstatt nur Fakten-Wissen zu speichern. Es fordert Lernen ein, bei welchem Fehler für den Lernprozess sogar erwünscht sind. Es soll die Schulkinder mündig, handlungs-, transfer- und praxisfähiger machen. Es beinhaltet eine soziale Dimension im individuellen Lernen. Zielsetzung des *sozialen Lernens* ist, die Fähigkeit zur **sozialen Antizipation** auszubilden, d.h. gedankliche Vorwegnahme eines Geschehens, weil soziales Lernen immer ein interaktives Lernen im sozialen Kontext (einer Lernumwelt) mit anderen ist.

Praxis: *Demokratie im Kleinen*

Demokratieerziehung wird dieser Lernfreude gerecht und lässt durch Wirksam-Werden eines Pragmatismus[118] ***(Learning by Feeling and Doing)*** in einer ***partizipativen*** Unterrichts- und ***selbstwirksamen*** Lernkultur einer *Demokratie im Kleinen*, (unterstützt mit Methoden einer *interaktionistisch-konstruktiven Didaktik*) Schulkinder in die Verantwortung für das eigene und das gemeinsame Lernen mit hineinnehmen, weil jegliche Form von Selbstbestimmung in ihrer Möglichkeit zur Mitbestimmung und zum selbsttätigen Handeln liegt.

115 Ritzel, 1973 in: Badry et al, S. 72
116 Schülerduden, 1989, S.275
117 Fachlexikon der sozialen Arbeit, 1997, S.1026
118 Dewey stellte diese Anforderung bereits 1916! auf. Dieser Ansatz wurde von Hartmut von Hentig aufgegriffen.

Die Gesichter der Demokratie sind vielseitig. Demokratie muss nicht immer auf spektakuläre Weise Einzug in neue Bereiche des Schulalltags finden. Dieses demokratische Grundanliegen drückt sich nicht in der „Forderung nach einem großen demokratischen ‚Metaplan' aus, dem Schule oder andere pädagogische Prozesse unterworfen werden müssen, sondern es beginnt immer im Kleinen".[119] Demokratie lernen in der Primarstufe vollzieht sich hauptsächlich im Kerngeschäft der Schule, über Beteiligungsmöglichkeiten, Verantwortungsübernahme und Zugehörigkeit in unterrichtlichen Aktivitäten. Neue Lehrpläne in deutschen Bundesländern[120] betonen eine „verstärkte Wahrnehmung des schulischen Erziehungsauftrages, Betonung der Wertorientierung und des sozialen Lernens (...). Die neue Lehrplan-Konzeption sieht vor, dass nicht nur Unterrichtsstoffe angegeben, sondern ausgehend von Eigenart und Erziehungsbedürfnissen der jeweiligen Altersstufen, übergreifende Anliegen und ethische Fragestellungen aufgenommen und Anlässe für situations- und handlungsbezogenes Lernen geschaffen werden (...). Die Umsetzung des ‚erziehenden Lehrplans' erfordert Unterrichtsformen, die sich der Lebenswelt der Schüler öffnen und fächerübergreifendes, handlungsorientiertes und situations-bezogenes Lehren und Lernen ermöglichen. Solche Unterrichtsformen verschaffen den Schülern außerdem Erlebnisräume und Selbstverwirklichungsmöglichkeiten.[121] Für eine aktiv teilhabende Unterrichts- und selbstwirksame Lernkultur einer *Demokratie im Kleinen* ergibt sich folgender Umgestaltungsbedarf:[122]

Lehrkräfte ←	***Bedeutung für*** →	***Schulkind/er*** →	***demokratische Schule***
übergeben	***Verantwortung***	übernehmen	fördern
ermöglichen	*Selbstständigkeit*	erlernen	anerkennen
befördern	*Ich-Stärkung*	erfahren	zulassen
vorleben	*Toleranz*	entwickeln	miteinander leben
zeigen, würdigen	*Zivilcourage*	aufbauen, zeigen	öffentlich belohnen
fordern, akzeptieren	*Sich einmischen*	lernen, praktizieren	
unterstützen befördern ermöglichen	*Mitgestalten* *Mitbestimmen* *Mitbeteiligen*	praktizieren	} Partizipation als demokratisches Prinzip leben
verlangen lassen	*Mitdenken* *Mitreden*	pflegen können	konstruktive Didaktik
eröffnen	*Reale Partizipations-Möglichkeiten*	ergreifen	Schulversammlung, Feedback-Tafel
			Unterricht, selbstwirksame Lernstruktur
einbringen	*soziale Kompetenzen*	erwerben, ausbilden	durch Learning by Feeling and Doing
vorleben, leben, erlebbar machen, anbahnen, fördern	*Demokratiekompetenz und Werteerziehung*	erfahren und erleben, anbahnen und ausbilden	***Miteinander Schule leben***

Beispiel: Die Lehrkräfte übergeben Verantwortung und die Schulkinder übernehmen Verantwortung. Dies fördert eine demokratische Schule.

Dieses Denken und Tun entspricht dem Schulethos einer demokratischen Schulwirklichkeit, welche aber ein verändertes pädagogisches Rollenbild einer Demokratieerziehung einfordert.

119 http.//www.uni-koeln.de, download vom 11.10.2006

120 Z. B. des bayerischen Ministeriums für Unterricht und Kultus – http://www.km.bayern.de download vom 23.05.2007

121 Ebd.

122 Vgl. Burk u.a. 2000, S.10 siehe Quelle http://wikipedia.org download vom 20.07.2007

5.2 Das veränderte pädagogische Rollenbild: Partnerschaft *auf Augenhöhe*

Nach Chenjerai Hove nennt man in Simbabwe einen Lehrer „*Dambansvana*" und dies bedeutet: Das ist der, der Kinder großzieht, indem er mit ihnen spielt.[123] Dieses Denken bedingt einen Paradigmenwechsel hin zu einem neuen Bewusstsein „dass Lerner und Lehrende nicht gewohnt zwei (oft auch gegeneinander) arbeitende Parteien bilden, deren Aufgabenbereich voneinander getrennt ist – die Lehrenden planen und strukturieren in alleiniger Verantwortung den Lernprozess und setzen die Lernziele fest, die Lernenden folgen dieser Strukturierung und sollen Lernziele erreichen, sofern sie versetzt oder belohnt werden wollen – sondern, dass beide"[124] für die gemeinsame Zielsetzung, der Gestaltung eines erfolgreichen Schuljahres mit Freude am miteinander lernen und lehren, verantwortlich sind. In der Einlösung der gemeinsamen Zielsetzung „können sie sich gegenseitig behindern oder vorwärts bringen. Eine gegenseitige Behinderung wurzelt etwa in einer Rollenverteilung, in der der Lehrende durchgängig eine dominant bestimmende Funktion übernimmt – dies widerspricht dem Anspruch der gemeinsamen Verantwortung und führt zu einem Verhalten der Lerner, das zwischen den Polen einer verweigernden Unterordnung, die allerdings den Preis der Verantwortungsübergabe hat, und eines rebellischen Verhaltens, offensichtlich Ausdruck des Gegeneinanders, oft verortet werden kann. Der mögliche Erfolg einer gemeinsamen Zielsetzung und Zusammenarbeit hängt wesentlich davon ab, wie offen und wertschätzend Lerner und Lehrende ihre Beziehung gestalten".[125] In dieser Hinsicht ist eine Differenzierung der Lehrerrolle erforderlich, die ein neues Rollenverständnis fokussiert. „Lernen hat immer mit Beziehung zu tun, vor allem auch mit der Beziehung zwischen Lehrern und Schülern. Wir wissen aus der Kommunikationspsychologie, dass der Beziehungsaspekt der Sachebene immer übergeordnet ist, das heißt, wenn es nicht gelingt, sich in positiver und annehmender Weise auf einander zu beziehen, dann wird es sehr schwer, sachlich etwas zu transportieren. Es ist vor allem die Verantwortung der Lehrer, den Lebensraum Schule beziehungsvoll zu gestalten und Lernprozesse so in Gang zu setzen, dass Schüler eigenverantwortlich in der Lage sind, das Verlangte zu bewältigen."[126] Der Anspruch einer Verantwortungsübernahme vonseiten der Lehrer, eine beziehungsvolle und förderliche *Lernumgebung* (Reinmann-Rothmeier/Mandl) zu gestalten, erfordert einen Perspektivenwechsel hin zu einem Rollenbild der Lehrenden, dass sie sich als Partner/Coach der Lernenden wahrnehmen, mit allen Rechten und Pflichten. Grundlage einer partnerschaftlichen Beziehungsgestaltung mit einem (hierarchieflachen) *Umgang auf Augenhöhe*[127] ist die gegenseitige Wertschätzung. Hierfür sind gemeinsam Achtungsregeln zu entwickeln. Achtung und Anerkennung jedes Einzelnen entsprechen dem Grundsatz der **respektvollen Mitmenschlichkeit** und **Gleichwertigkeit**[128] sowie dem Unterrichtsprinzip *Schulkindorientierung*.

5.3 Perspektivenwechsel: Ein neuer Umgang mit Fehlern und Feedback-Kultur

Nach Albert Einstein hat jemand, der niemals Fehler gemacht hat, nie etwas Neues ausprobiert. In diesem Verständnis sind Fehler sogar erwünscht, um aus ihren Erfahrungen zu lernen. „Fehler geben Aufschluss über Lernwege und Lernvoraussetzungen. Fehler sind normale Begleiterscheinungen des Lernens, Fehlleistungen zeigen das erreichte Können und geben Hinweise, welche weiteren Lernangebote gemacht werden müssen, um zum nächsten Lernschritt zu ermutigen."[129]

Neuer Umgang mit Fehlern

Unter dieser Perspektive kommt dem Umgang mit Fehlern eine besondere Bedeutung zu, „da besonders in diesem Bereich Ent-wert-ungen wahrgenommen werden können, die zu Störungen auf der Beziehungsebene – namentlich [Diskriminierung und] Ausgrenzungen führen".[130] Fehler, die Lernende machen, dürfen keinesfalls vom Lehrenden als negativ vor der Gruppe dargestellt werden. Es bedarf eines **(neuen)** Bewusstseins, dass Fehler zu jedem Lernprozess gehören. Demzufolge wird gegen das Gebot der gegenseitigen Wertschätzung und Achtung verstoßen, wenn „Lerner für ‚begangene' Fehler vom Lehrenden abqualifiziert [werden]. Diese meist öffentliche Entwertung scheint sich dann nicht nur auf den Fehler zu beziehen, sondern auf die ganze Persönlichkeit des Lernenden (...). Oberflächlich betrachtet scheint dies auch einige Vorteile zu bieten: oft bringen solche Abwertungen, gerade wenn sie sarkastisch vorgetragen werden, einen Lacherfolg seitens der anderen Schüler mit sich, teils als Folge der Erleichterung, dass sie selber nicht ‚drangekommen' sind, teils als Ausdruck des befriedigenden Gefühls, selbst niemals solchen dummen Fehler machen zu würden, also klüger, schlauer, besser zu sein. So wird ein Gefälle innerhalb der Klasse aufgebaut, vor dessen Hintergrund Entwertungen die Schüler wohl motivieren sollen, die eigenen Leistungen zu verbessern,

123 Chenjerai Hove ist ein Schriftsteller aus Simbabwe.
124 www.uni-koeln.de, download vom 11.10.2006
125 Ebd.
126 Zollneritsch, Josef, 2007
127 Aspekte dieses Ansatzes finden sich in der antiautoritären Erziehung z.B. nach Montessori, Neil, Saß, Werder
128 Siehe unter 2.2
129 Schorch, Günter, 2007
130 www.uni-koeln.de, download vom 11.10.2006

um nicht selbst abzufallen bzw. in der ‚Klassenhierarchie' aufzusteigen. Hier wird Leistung durch Konkurrenz nicht spielerisch erreicht, sondern durch den Motor der Angst unter dem Vorzeichen der Entsolidarisierung angetrieben".[131] Dieses Rollenverständnis widerspricht dem Ansatz der *sozial-emotionalen Basispädagogik* und *demokratischen Lebensform*. Das Grundgesetz gilt auch in der Schule: „Die Würde des Menschen ist unantastbar." *(GG Art. 1)*

Solidarität im Handeln sowie Wahrnehmung und Förderung der Fähigkeiten Einzelner können so nicht erfahren und gelernt werden. Weiterhin wird das eigenständige, selbstbestimmte und grundlegend positiv besetzte Lernen verhindert. „Durch die Entwertung entwickelt der Schüler leicht das Gefühl, minderwertig zu sein, und verliert so langsam das Vertrauen zu sich selbst, zu eigenen Erfahrungen (etwa im Lernprozess) und der Bedeutsamkeit seiner Beiträge für den Unterricht. Meist ist dies das Ende eines von Neugier getragenen Lernprozesses, da Lerner aus Angst vor Versagen oder Bloßstellung die Freude am Lernen verlieren und sich nur noch auf die Rekonstruktion vorgegebener Lerninhalte beschränken, weil hier die Gefahr, Fehler zu machen, am geringsten erscheint. So wird ihnen die Möglichkeit genommen, selbstverantwortlich ihren Lernprozess zu gestalten und sich mit ihren Fragen und Interessen konstruktiv einzubringen. Dies aber ist eine Voraussetzung für die Entwicklung von Selbstvertrauen, selbstverantwortlichem Lernen und Handeln sowie einem stabileren Selbstwertgefühl."[132] Für Schulkinder in der Primarstufe bedeuten solche Demütigungen schwerwiegende Folgen. Gerade Grundschulkinder bringen ihren Lehrerinnen und Lehrern ein sehr großes Vertrauen entgegen. Das Wort ihrer Lehrerin ist in ihren Augen die Wahrheit, das nicht angezweifelt Richtige. Bei Unstimmigkeiten, Konflikten oder Fehlern suchen sie die Schuld bei sich selbst. Oft fühlen sie sich bei verletzendem Lehrerverhalten selbst schuldig, meinen sie hätten zuwenig gelernt usw. Im Grundschulalter ist das Selbstbild noch nicht gefestigt und kann leicht erschüttert werden. Ausschlaggebend für diese Entwicklung sind neben der eigenen Erfahrung vor allem die Reaktion und das Feedback der Umgebung: Freude und Anerkennung der Eltern, das Lob der Lehrkraft, die Unterstützung der Mitschulkinder und Freunde.

Maria Spychiger hat die Fehlerkultur an Schulen erforscht. Für den Lernerfolg hält sie ein Lernklima ohne Häme, Spott und Angst für entscheidend. Sie behauptet „dass es im Schulunterricht oft zu ‚Doppelfehlern' kommt: Auf eine falsche Antwort der Schüler folgt ein Fehler der Lehrer. Anstatt auf Fehler einzugehen, gehen viele Lehrer darüber hinweg und rufen bei einer falschen Antwort kommentarlos den nächsten Schüler auf, der dann die richtige Antwort weiß. Dabei lernt niemand: Derjenige, der die falsche Antwort gegeben hat, versteht nicht was er verkehrt gemacht hat. Und die Zuhörer haben auch nichts davon. Das Lernpotenzial des Fehlers verschwindet wie im Bermudadreieck. Lehrer müssen sich Zeit nehmen für die Antworten ihrer Schüler, insbesondere die falschen (...). Fehler machen ist normal. So eignet man sich negatives Wissen an, also das Wissen darüber, was falsch ist. Negatives Wissen kann man aber nicht nur durch persönliche Erfahrung erwerben, sondern auch durch die Fehler anderer".[133]

Wechselseitige Achtung und Anerkennung

Der Achtung und Anerkennung zwischen Lehrkraft und Schulkind kommt eine große Bedeutung zu. Nach Axel Honneth „bedürfen [wir] der Anerkennung als existenzielles Wachstumsmilieu. Unser ganzes Hineinwachsen in die Gesellschaft hängt davon ab (...). Das Lehrer-Schüler-Verhältnis ist deshalb so komplex und schwierig, weil eine soziale Partnerschaft und Gleichstellung in einem gemeinsamen Lernprozess mit dem sozialen Gefälle zwischen der Autoritätsrolle des Lehrers und dem unterstellten Schüler balanciert werden muss. Die Herausforderung für Lehrer/-innen besteht darin, auf Augenhöhe mit dem heranwachsenden Schüler zu kooperieren und dabei auf Wechselseitigkeit zu achten, zugleich jedoch Autorität auszuüben, ohne den Schüler zu beschädigen (...). [Auf der anderen Seite sollen] Schüler auch erlernen, andere für bestimmte Fähigkeiten anzuerkennen. Auch im Lehrer-Schüler-Verhältnis geht es um wechselseitige Anerkennung. Lehrer sollen sich daher auch als autonome, als verletzbare und auf Wertschätzung angewiesene Personen offenbaren. Lehrer sollten ihren Schülern auch ihre prekäre Gratwanderung zwischen Autorität und Kollegialität durchsichtig und verständlich machen. [Dieses Verhalten] ermöglicht den Schülern das Verständnis, ihre Lehrer (...) als verletzbare Personen zu begreifen, die ebenfalls Anerkennung brauchen." Damit solches Ziel der gegenseitigen Wertschätzung erreicht wird, helfen klare Regeln im Umgang auf gleicher Augenhöhe, die den gegenseitigen Respekt unterstützen. Diese Regeln sollen von allen (Lehrenden und Lernenden) eingehalten werden".[134]

Feedback-Kultur

Feedback wird verstanden als Rückmeldung oder Rückkoppelung und ist in der konstruktiv-interaktionistischen Didaktik eine wichtige Methode. Feedback erfolgt wertfrei und offen auf der Sachebene an eine Person oder eine Gruppe und zeigt, wie ihr Verhalten von anderen wahrgenommen und gedeutet wird. Durch das Feedback kann der Bereich des Verbergens und der Bereich des *blinden Flecks* in der Selbstwahrnehmung verkleinert werden. Die anderen zwei Bereiche a) Bereich des freien Handelns und d) Bereich des Unbewussten verändern sich auch, denn: „Verändert man einen Teil des Johari-Fensters, verändert man auch andere."[135] Der Bereich des freien Handelns kann sich vergrößern sowie auch der Bereich des Unbewussten.

131 Ebd.

132 Ebd.

133 SPIEGEL ONLINE, 2007

134 Honneth, Axel – http://de.wikipedia.org

135 http://arbeitsblätter.stangl-taller.at, download vom 20.08.07

Teil A Bereich des „freien Handelns" Dieser Bereich beschreibt die „öffentliche Person". Er ist der eigenen Person und anderen bekannt. Es ist der Bereich der freien Aktivität, öffentlicher Sachverhalte und Tatsachen.	**Teil B Bereich des „blinden Flecks"** Dies ist der blinde Fleck der Selbstwahrnehmung. Dieser Bereich beherbergt den Anteil des Verhaltens, den man selbst wenig, andere aber sehr deutlich wahrnehmen.
Teil C Bereich des „Verbergens" Der Bereich der privaten Person. Nur der eigenen Person bekannt. Teile des Denkens und des Handelns sind hier verborgen, die man ganz bewusst vor anderen verbergen möchte.	**Teil D Bereich des „Unterbewussten"** Dieser Bereich ist weder einem selbst noch anderen Personen unmittelbar zugänglich. Verborgene Talente und Begabungen können hier schlummern.

Im Verständnis eines *Umgangs auf Augenhöhe* bewirkt eine Feedback-Kultur, d. h. ein regelmäßiges Feedback a) vom Lehrenden an die Lernenden, b) von den Lernenden an den Lehrenden und c) vom Lehrenden an die Kollegen, d) von der Schulleitung an die Kollegen und e) von den Kollegen an die Schulleitung, mehr Offenheit und Klarheit in Beziehungen und ist demzufolge ein wichtiges Gestaltungsmerkmal zu einer verbesserten Kommunikation im Lern- und Schulalltag. *Feedback erhalten* bedeutet Kritikwürdigkeit. *Feedback geben* im Prinzip der freien Meinungsäußerung besagt Kritikfähigkeit. Die Entfaltung des eigenen Selbstwertes ist Basis für die Entwicklung einer *Feedback-Kultur* auch in der Beziehung Lehrende und Lernende. Grell unterscheidet neben dem *positiven* (Lob) und *negativen* (Tadel) Feedback darüber hinaus zwischen *primärem* (eher zufällig und unspezifisch im Unterricht) und *sekundärem* (planmäßig gesammelte Informationen) Feedback.[136] Trotz der allgemein üblichen Aussage, es würde an Zeit und Möglichkeiten fehlen, wie Lehrkräfte eine bessere Wahrnehmungsfähigkeit für ihr eigenes Handeln entwickeln können, verhilft die Methode der Fragebögen dazu, eine Selbstbetrachtung des eigenen Verhaltens und ihre Wirkung auf die Lernenden zu erhalten. Dieses kann dann reflektiert werden, wenn es a) anhand eines „Selbsteinschätzungsbogen für Lehrerinnen und Lehrer"[137] aus der eigenen Sichtweise abgefragt wird und b) dies aus der Schulkindperspektive anonym erfolgt. In diesem Verständnis ist das Feedback der Lernenden zur Beurteilung der Lehrenden ein normaler Vorgang und zeigt die Kritikwürdigkeit der Lehrkraft in einem partnerschaftlichen Beziehungsgefüge. Durch die Fragebogenaktion können die Schulkinder sowohl Kritikfähigkeit ausbilden als auch ihren Lehrkräften eine Rückmeldung über deren Unterrichtsfähigkeiten, Verhaltensweisen und Beziehungskompetenzen geben. Beide Evaluationsbögen können statistisch ausgewertet werden und geben dem Lehrenden wertvolle und auch konstruktive Hinweise für seine pädagogische Rolle aus der Außenwahrnehmung der Lernenden, die er mit seiner Selbsteinschätzung relativieren kann. Lehrende und Lernende können so die erforderlichen Kompetenzen ausbilden, Niederlagen und Fehler einzugestehen und einen positiven Gewinn daraus zu ziehen. Weiterhin kann es in einer respektvollen und wertschätzenden Atmosphäre auch leichter akzeptiert werden, dass man nicht immer von jedem gemocht werden kann. Durch ein Nein-Sagen lernen beide Seiten Grenzen zu setzen. Dadurch können Beziehungen als dynamisch und stets veränderbar wahrgenommen werden.

Förderliche Beziehungsgestaltung

Für eine förderliche Beziehungsgestaltung ist ebenso wichtig, dass die Lehrenden über ein Wissen der außerschulischen Lebenswirklichkeit ihrer anvertrauten Schulkinder verfügen. Dieses Wissen erhält die Lehrkraft vom Schulkind in Tür- und Angelgesprächen, am Stundenbeginn oder zum Unterrichtsende, während der Pausenaufsicht oder auch im Unterricht bei Gruppenprozessen oder auch in Einzelgesprächen. „Je positiver sich die Beziehungsebene gestaltet, desto besser sind die Lernvoraussetzungen für die Schüler/-innen in diesem Kontext. Diese Prozesse und Wechselwirkungen nehmen eine zentrale Aufgabenstellung für jeden Lehrenden in seiner Arbeit an der Optimierung der eigenen Lehrerpersönlichkeit ein."[138] Als Partner/Coach von handlungsfähigen, selbstbestimmten und kooperierenden Schulkindern kann die Lehrkraft Entlastung im Unterricht erfahren. Durch den kontext- und Lehrerpersönlichkeit bezogenen Einsatz der beschriebenen konstruktiv-interaktionistischen Methoden können viele Lernbereiche in die Hände der Lernenden gelegt werden. Man muss es ihnen nur zutrauen. Vertrauen in die Verantwortungsbereitschaft auch von (Grund-)Schulkindern ist ein Qualitätsmerkmal für einen gelingenden Unterricht. Verantwortung im Kerngeschäft der Schule sollen beide Seiten im Sinne eines gleichberechtigten Lernprozesses übernehmen. Das lässt ein entlastendes pädagogisches Arbeiten und damit eine Erleichterung der Lehrkraft zu.[139] Neues Lehren und Lernen in diesem Verständnis führt schließlich zu einer neuen respektvollen und achtsamen partizipativen Lern- und Unterrichtskultur.

136 Vgl. Grell, J.; Grell, M., S. 95
137 Arbeits-Bewertungs-Check für Lehrkräfte (ABD-L) U. Schaarschmitdt & U. Kieschke, 2006. Als Kopiervorlage finden sich sowohl ein Selbsteinschätzungsbogen (M51) für Lehrer(innen) als auch ein Fragebogen Lehrer(in)-Beurteilung für Schulkinder (M52)
138 Polák Vlastimil: Wirksame Lehr- und Lernaktivitäten, Delphi-Befragung
139 Dies wird beispielsweise von empowerten Schlichter-Kindern bewiesen.

Im gesellschaftlichen Bewusstsein wieder mehr Anerkennung

Neues Lehren setzt ein selbstbewusstes pädagogisches Rollenbild voraus. Daran müssen sowohl die Lehrenden als auch die Gesellschaft arbeiten. Der Beruf der Lehrkraft muss im gesellschaftlichen Bewusstsein wieder mehr Anerkennung erfahren! Im demokratischen Verständnis ist diese Erziehungsleistung in der Schule als wichtiger Beitrag zur gesellschaftlichen Entwicklung unverzichtbar und äußerst wertvoll. Hier sind auch die Medien aufgerufen, das heutzutage oft häufig negativ besetzte Lehrerinnen- und Lehrerbild wieder in seinen wertzuschätzenden Rahmen zu reframen (umzudeuten). Vielleicht lassen sich dann auch „ungünstige Musterkonstellationen"[140] dahingehend beeinflussen, dass die „belastendsten schulischen Arbeitsbedingungen (...) das Verhalten schwieriger Schüler und die Klassenstärke, (...) [das] soziale Klima vor Ort"[141] sich wirkungsvoll positiv und nachhaltig verändern können. Die Studie kommt zu folgenden „*Interventionsbezogenen Schlussfolgerungen*: Zu unterscheiden ist zwischen bedingungs- und personenbezogenen Maßnahmen. Beiden dürfte gleichermaßen große Bedeutung zukommen, und beide sollten sich prinzipiell ergänzen (...). Prinzipiell kommt es (...) auf Schlussfolgerungen unter vier Aspekten an:

1. Einflussnahme auf die Rahmenbedingungen des Lehrerberufs, wie z. B.:
   - Erziehung als gesamtgesellschaftliche Aufgabe begreifen,
   - weniger Kampagnen, mehr Ruhe und Kontinuität
2. Gestaltung der Arbeitsbedingungen „vor Ort", wie z. B.
   - Klima der Offenheit und gegenseitigen Unterstützung [sowie Wertschätzung],
   - Psychohygiene im Schulalltag
3. Personenbezogene Maßnahmen wie z.B.:
   - Kompetenzentwicklung [auf beiden Seiten],
   - Entspannen, Kompensieren, emotionale Stabilisierung [durch Freude am Unterrichten]
4. Qualifizierung der Nachwuchsentwicklung, wie z. B.:
   - Realismus in der Berufsorientierung und Beachtung der Eignungsvoraussetzungen,
   - Förderung von [sozialen und demokratiebezogenen] Handlungskompetenzen in der Ausbildung".[142]

5.4 Methodenpool für eine konstruktivistische Didaktik

„Selbststeuerung ist als generelles Funktionsprinzip lebender Systeme eine epistemologische[143] Notwendigkeit und nicht nur eine bestimmte Methode des Lernens. Wird der Begriff der Selbststeuerung jedoch ausschließlich aus einer methodischen Perspektive betrachtet, müssen konstruktivistische Aussagen über die Unhintergehbarkeit von Selbststeuerung und Autonomie den Eindruck erwecken, als müsse man das pädagogische Gegenüber nur sich selbst überlassen, um erfolgreiches Lernen zu ermöglichen. Im Konstruktivismus findet sich jedoch weder ein Begründungshintergrund für eine solche Laisser-faire-Haltung noch für eine vollständige Ablehnung eher lehrerzentrierter Methoden der Gestaltung von Lernumgebungen. Wogegen sich der Konstruktivismus letztendlich abgrenzt, ist eine *Ausschließlichkeit pädagogischer Methoden und Modelle*, da diese der Vielfalt von Wirklichkeitskonstruktionen, Denkstilen, Lerngeschwindigkeiten und Zusammensetzungen einer Gruppe nicht entsprechen kann. Welche Methoden oder Handlungen ein Gegenüber in konkreten Praxissituationen in seinem Lernen und seiner Entwicklung unterstützen, ist nicht allgemeingültig zu entscheiden. Die epistemologische Grundannahme selbstgesteuerten Lernens berechtigt jedenfalls nicht dazu, angeleitete und eher vermittelnde Methoden als Mittel der Praxisgestaltung auszuschließen."[144] Bei der Vielzahl von Lernarten (bspw. institutionalisiert, organisiert, angeleitet, implizit, intentional, informell, latent, autodidaktisch) handelt es sich in der tatsächlichen Lernsituation immer um eine Mischform: „Selbststeuerung, Selbstbestimmung sind relative Begriffe. Es gibt selten ein dualistisches Entweder-oder, sondern Grade, Ausprägungen, Varianten autonomen Handelns."[145]

Definition: ***Konstruktivistische Didaktik***

„Die konstruktivistische Didaktik versteht das Lernen als einen Prozess der Selbstorganisation des Wissens, das sich auf der Basis der Wirklichkeits- und Sinnkonstruktion jedes einzelnen lernenden Individuums vollzieht und damit relativ, individuell und unvorhersehbar ist. Bei der *konstruktivistischen Didaktik* ist zu beachten, dass es unterschiedliche Begründungen gibt."[146]

140 Vgl. Schaarschmidt-Studie vom 9.4.2003

141 Ebd.

142 Vgl. Schaarschmidt-Studie vom 9.4.2003

143 „**Epistemologie, Erkenntnistheorie, Kognitionstheorie:** Erkenntnislehre. Sie behandelt die Frage danach, wie ein kognitives System Wissen erlangt. Epistemologie beschäftigt sich in einem konstruktivistischen Verständnis mit Wirklichkeit(en) und nicht mit Realität oder einem Zusammenhang zu ihr". Lindemann, H.: Konstruktivismus und Pädagogik, 2006, S. 256.

144 A. a. O., S. 205 ff.

145 Siebert, 2001, S. 26

146 http://de.wikipedia.org, download vom 28.03.2008

Der *soziokulturelle Konstruktivismus* (Kersten Reich) entwickelt folgendes didaktisches Bild: „Der Lehrer sollte möglichst reichhaltige, multimodale, interessante und kommunikationsorientierte Umgebungen schaffen, welche die subjektiven Erfahrungsbereiche ansprechen und gleichzeitig neue ‚Rätsel' beinhalten, die pragmatisch, interaktiv und kreativ zur Selbstorientierung einladen. Beispielsweise: Fachübergreifender Unterricht verstärkt die Zusammenarbeit der Schüler untereinander. Die Kunst des Lehrens besteht darin, zwischen der ursprünglichen Wirklichkeitskonstruktion des Lernenden (seiner aus Deutungsmustern bestehenden Lebenswelt) und derjenigen, die wissenschaftlich und gesellschaftlich gerade als konsensfähig gilt, eine Kette von optimalen Diskrepanzen vorzusehen, die von den Lernenden als Erwartungswiderspruch (Pertubation = Verstörung) erlebt und durch Versuch und Irrtum produktiv überwunden werden (re/de/konstruieren).

Thesen für eine konstruktivistische Didaktik

- Didaktik ist nicht mehr Theorie der Abbildung, Erinnerung und richtige Rekonstruktion des Wissens und der Wahrheit, sondern konstruktiver Ort möglichst eigener Weltfindung;
- Didaktik als offenes Verfahren inhaltlicher und beziehungsmäßiger Vermittlungsperspektiven;
- Unverfügbarkeit des Lernens."[147]

Diese entsprechen im konstruktivistischen Verständnis mehr einer prozessorientierten, partizipativen Vorstellung der Praxisgestaltung als der Idee einer eher technisch-mechanistischen Methodik. Diese Grundhaltung findet sich im konstruktiven Methodenpool[148]. Dieser präsentiert eine Vielfalt didaktischer Unterrichtsformen, gegliedert nach den Prinzipien der Methodenkompetenz, Methodenvielfalt und Methodeninterdependenz. Für die schuldidaktische Praxis ist dieser Methodenpool sehr reich ausgestattet und als *methodischer Instrumentenkoffer* wertvoll, zeigt er doch anhand einer Gliederung sowohl **konstruktive Methoden** (klassische Methoden, handlungsorientierte Methoden/ eher „große Methoden", eher Techniken/„kleine Methoden", Demokratie im Kleinen, Lernarrangements, Öffentlichkeitsarbeit, Werkstattarbeit) als auch **systemische Methoden** (Feedback, Reflecting-Teams, Reframing, Skulpturen, Szenisches Spiel, Teamteaching, Zirkuläres Fragen usw. sowie für Außenkontakte/Erlebnisse und systemische Benotung, Supervision/Intervision[149] und Evaluation[150]) auf. Als Beispiele sollen solche konstruktiven, handlungsorientierten und gestaltgebenden Methoden kurz beschrieben werden, die zusammen mit den in der Lehrpraxis eher geläufigen Didaktiken der Grundschulpraxis[151] angewendet und im eigenen didaktischen Erleben/Erfahren reflektiert wurden[152]:

Braistorming: wird mündlich (abfragend durch die Lehrkraft) als auch selbstständig (als Brainwriting in Partnerarbeit) oft und vielfältig eingesetzt, um Ideen, Vorwissen, Assoziationen zu sammeln, die für den Lernprozess wichtig sind oder sein können. Die Schulkinder erhalten hierzu eine Fragestellung, einen Impuls oder ein Problem usw. und denken sich dazu möglichst viele Antworten (Wörter) aus. Brainstorming dient auch als didaktische Strategie der Verlangsamung, um die Lerngruppe wieder auf einen Prozesspunkt hinzuführen. In der konstruktiven-interaktionistischen Didaktik ist Brainstorming eine unverzichtbare Methode. Sie sichert die Partizipation der Lerner bei unterschiedlichen Lerngegenständen. Mögliche Formen sind: Akrostichon, Worträtsel, ABC-Gedicht, Festhalten und Visualisieren von Moderationsprozessen, bei der Lösungssuche (siehe Schlichtungsgespräch) u. v. a. m.

Briefmethode: Das Schreiben eines Briefes an bestimmte Personen erfordert und fördert in besonderer Weise die empathische Fähigkeit, sich in eine andere Sichtweise hineinzuversetzen. Als Briefschreiber hat das Schulkind eine reale oder erdachte Person/ Gruppe vor Augen und muss die Wissensbestände (Welt-, Text- und Handlungswissen) dieses Lesers abschätzen und mit seinem Text daran anknüpfen, um dem Empfänger ein möglichst großes Verstehen zu ermöglichen. Zudem gibt der Briefschreiber auch einige persönliche Informationen über seine Lebenswelt usw. weiter. Bei Schulkindern (ab der 3. Klasse) können durch diese Methode durch Eigenaktivität Lernprozesse in Gang gesetzt oder unterstützt werden. Die Methode wirkt auch fachübergreifend.[153]

Erkundung/Exkursion: Der Unterrichtsgang[154] hat das Ziel, die Schulkinder aus ihrem gewohnten Lernfeld herauszuführen. Durch das Erkunden außerschulischer bzw. nicht künstlich gestalteter Lernorte wird versucht, die Wirklichkeit, so wie sie in der Praxis oder Lebenswelt erscheint, direkt und möglichst mit allen Sinnen zu erfahren. Ein zuvor nur theoretisch erlerntes Wissen kann vor Ort eigenständig von den Lernenden überprüft und mit Erkundungs-/Exkursions-Erfahrungen verglichen werden. Die Lernenden bestimmen selbstständig den Erkundungsinhalt und übernehmen alle anfallenden organisatorischen Aufgaben. Diese Methode ist für alle Jahrgangsstufen geeignet.

147 Reich, K., 2008
148 Ebd.
149 Siehe unter Punkt 5.5 Kollegiale Beratung als Intervision
150 Siehe unter Kap. 4 Evaluation
151 Sowohl im fachspezifischen Religionsunterricht als auch im Rahmen von Schulsozialarbeit in den Sozialprojekten
152 Beschreibungstexte vgl. Methodenpool ebd. Reich, K., 2008
153 Siehe unter Punkt 3.4 Anmerkung Fußnote 70
154 Besonders im Religionsunterricht zu den örtlichen Kirchen fest verankert. Durch die sogenannte Kirchenrallye handeln die Schulkinder selbstbestimmt und erleben aufgrund der Quizform eine hohe Motivation.

Erzählung: Sie besteht als narrative Weitergabe von Gedankengut, seitdem es Menschen gibt. Märchen und Geschichten sind seit Urzeiten Bestandteil der Erziehung und sind heute auch ein wichtiges Grundelement von Lehr- und Lernprozessen, weil sie a) sinnstiftende Kontexte schaffen, b) das Interesse der Lernenden wecken und c) besonders gut in ein Thema einführen (oder auch im Thema weiterführen). Vorbedingung ist, dass die Erzählung zum Thema passt und die Lebenswelt der Kinder mit einbezieht. Ihr Ziel erreicht die Erzählung, wenn sie anschaulich dargeboten und über einen imaginären Reiz verfügt. Der thematische Sinngehalt wird oftmals in einer Metapher versteckt und so als bildhafte Übertragung für den Lernenden erschließbar. Als gestaltpädagogische Methode wird parallel zum Erzählprozess mit unterschiedlichem Material (Legematerialien, Erzählfiguren usw.) gearbeitet/gestaltet. Das erhöht neben Anschauungsreiz auch die Transferleistung, weil sich bei den Lernenden zur äußeren auch eine innere Gestalt konstruiert. Hier ist dann die *Summe mehr als die Anzahl seiner Teile.*

Fantasiereisen: sind gelenkte, gesteuerte Tagträume, in welchen die Lernenden befähigt werden sollen, in ihrer Fantasie ihre Vorstellungen zu assoziieren und zu entwickeln. Auch hier kann ein thematischer Sinngehalt als eine Metapher versteckt und so als bildhafte Übertragung für den Lernenden erschließbar werden. Fantasiereisen eignen sich für den Unterrichtsbeginn zum Ankommen in der Stunde und helfen den Lernenden, Stress abzubauen, ruhig zu werden und ihr inneres Gleichgewicht zu finden. Fantasie und Kreativität werden nachhaltig durch den imaginären Gehalt gefördert.

Klassenrat: Er fördert bei den Schulkindern mehr Selbstverantwortung und Selbsttätigkeit, demokratische Mitbestimmung und Mitsprache und somit eine „Demokratie im Kleinen". Ein vorhandenes Machtgefüge in der Schule soll abgebaut werden. Das heißt konkret, dass die Lehrenden aus der Rolle der Richter und Sanktionierenden entlassen werden und ein ernst zu nehmendes Miteinander zwischen den Lernenden und den Lehrenden entstehen soll. Der Klassenrat ist ein politisches Instrument und hat eine politische Aufgabe. Diese Methode ermöglicht einen gemeinsamen, kreativen Prozess in der Klasse. Es geht hier nicht ausschließlich um die Lösung von Konflikten und die Entwicklung einer positiven Streitkultur, sondern vielmehr um die Machtverteilung zwischen Lehrenden und Lernenden. Klassenrat agiert methodisch als Ein-Ebenen-Konzept, da es die Grenzen der Klasse nicht überschreitet.

Mind-Mapping: wurde in den 1970er-Jahren auf der Grundlage von gehirnphysiologischen Hypothesen entwickelt. Mind-Mapping ermöglicht nach diesem Ansatz ein gehirngerechtes Arbeiten. In einem visualisierenden Prozess können Notizen, Aufzeichnungen, Gliederungen, flexibel und kreativ strukturiert werden. Durch die Mind-Map-Struktur wird ein bestimmtes Thema mit allen dazugehörigen bzw. gewollten Bereichen als übersichtliche Karte entwickelt. Die Baumstruktur stellt das Thema ins Zentrum und von da aus verzweigen sich alle Gedanken, die dazu assoziiert werden. Aufgrund der übersichtlichen Darstellung ist die Mind-Map sehr geeignet zum Lernen, Planen, Organisieren, Referate vorbereiten und Präsentationen strukturieren.

Moderation: ist Führung und begleitende Leitung von Gesprächen sowie impulsgebende Anregung bei Diskussionsprozessen in Gruppen. Für Lehr- und Lernprozesse sind Moderationsphasen immer wieder wichtig und erforderlich, um in der Gruppenarbeit Informationen zu sichten, Assoziationen zu bilden, Brainstorming durchzuführen, Planungs- und Entscheidungshilfen zu visualisieren und transparent zu machen. Letzteres geschieht an Pinwänden mit Packpapier, Flipcharts, Karten in bestimmten Formen und Farben. Diese teilnehmerorientierte Arbeitstechnik ist auch zur Projekt-Dokumentation, Ausstellungen, Prozess- und Ergebnissicherung sehr geeignet. In der demokratiebezogenen Schule ist Moderation ein unverzichtbares methodisches Reservoir einer konstruktivistischen Pädagogik und ist für die Lernenden wichtiges Lernfeld: a) Minderheiten-Meinungen in Gruppen können erscheinen und sind schriftlich fixiert, wenn alle Teilnehmer Karten mit Stichpunkten zu einem Problem aus ihrer Sicht schreiben, b) Streitschlichter-Kinder moderieren im Schlichtungsgespräch, begleiten die Kontrahenten bei der Bewertung ihrer visualisierten Lösungsvorschläge, c) Klassensprecher führen durch die Schulversammlungen usw.

Projektarbeit: ist, als eine auf Partizipation ausgerichtete Methode, das selbstständige Bearbeiten einer Aufgabe oder eines Problems durch eine Gruppe von der Planung, Zielformulierung, den Arbeitsschritten über die Durchführung bis zur Präsentation des Ergebnisses. „Lernen in Projekten entspricht vielen der Erwartungen, die an eine Methodik des verständnisintensiven Lernens geknüpft werden. Die individuelle Handlungskompetenz (und deren selbstwirksamkeitsförderliches Erleben) und der Aufbau sozialer und sozialkognitiver sowie politikpropädeutischer Kompetenzen werden durch selbstbestimmtes Lernen in Projekten gefördert."[155] Projektlernen entspricht dem natürlichen Lernen in seiner Ganzheitlichkeit. Als demokratisches und handlungsorientiertes Lernen lässt es für die Lernenden einen selbstständigen, selbstgesteuerten und fächerunabhängigen oder fächerübergreifenden Unterricht zu. Für die Dauer der Projektarbeit wird ein Lernen verwirklicht, a) das ein Verweilen und konzentriertes Befassen mit einem Thema, einer Sache ermöglicht, b) das die Lernenden in ihrer persönlichen Ganzheit mit Kopf, Herz und Hand anspricht, c) eine, in Schulfächern eher übliche Problemdistanzierung wird ersetzt mit einer problemhaltigen Wirklichkeit, die von den Lernenden selbst ausgeht, d) in der Projektarbeit ist die Verantwortungsübernahme durch die Lernenden impliziert, e) Motivation und Teamarbeit wird gefördert aufgrund der Identifikation mit dem Projekt gegenüber einer sonst eher üblichen Konkurrenzsituation zwischen den Lernenden.[156] Projektlernen entspricht dem demokratischen Verständnis von Unterricht und den Rollen der Lehrenden (als Berater/Coach) und Lernenden mit einem Umgang auf Augenhöhe (Hierarchieabflachung), welches im Zusammenhang mit einer grundsätzlich mitbestimmenden, partizipativen Handlungs- und Interessenorientierung zugleich dem Anspruch von ganzheitlichen Lernerfahrungen gerecht wird.

Quiz und Rätsel: entstammen auch einer Jahrhunderte alten Tradition. Das Rätsel diente oft zur Belustigung im Alltag, hatte aber auch einen magischen, kultischen oder soziologischen Bedeutungsinhalt. Erst in letzter Zeit haben Quiz und Rätsel in den Unterricht Eingang gefunden, ursprünglich meist als Abwechslung und Lockerung im Stundenablauf verstanden. Die wertvollen spielerischen Elemente im Quiz und im Rätsel können jedoch systematisch entfaltet werden. Beide Methoden stehen in einer didaktischen Paradoxie, we lche für den Unterricht konstruktiv-interaktionistisch angewendet werden können: Einerseits stellen sie eine spielerische Möglichkeit dar, Wissens zu erwerben und zu behandeln, andererseits dienen sie meist der Wissenskontrolle. Diese Optionen können eine Lernhaltung von einem *Ich-soll* hin zu einem *Ich-will* verändern. Durch das Erraten wird sowohl ein Spaß machendes als auch ein selbstbestimmtes Lernen gefördert. Worträtsel (nur der 1. Buchstabe wird an die Tafel geschrieben, die anderen durch Punkte ersetzt) eignen sich zum Interesse wecken, zum Spannungsaufbau, als Verlangsamung, als *Energizer* in der 6. Unterrichtsstunde. Quiz ist der organisierte Rätsel-Wettkampf und hat als Frage- und Antwortspiel eine hohe Medienpräsenz. Quiz ist eine schulkindorientierte Methode im fachbezogenen Unterricht und bei Unterrichtsgängen (Kirche, Museum usw.).

Reflecting-Teams: Diese Methode kommt aus der systemischen Therapie und findet zunehmend Eingang in den Bildungsbereich. Zielsetzung ist, einen Freiraum für die Entwicklung vielfältiger Perspektiven und angemessenen Ideen zu schaffen, in dem die Integrität der Beteiligten gewahrt bleibt und das Annehmen von Vorschlägen erleichtert wird. Dies geschieht durch einen gemeinsamen Prozess von abwechselnd *gerichteter* (Gespräch, Unterricht) und *ungerichteter* (Metalog, das ist als Metakommunikation das Gespräch über ein Gespräch oder Unterrichtsverhalten) Kommunikation. Mit Reflecting-Teams kann das Feedback und die Qualität des Lehrens und Lernens deutlich verbessert werden.

Reflecting-Teams* mit dem Ansatz der Peer-Education*: Die Autorin hat diese Methode im Verständnis einer Peer-Education (Kinder sind untereinander wertvolle Pädagogen) mit Schulkindern als Reflecting-Team in der 4. Klasse im zweiten Halbjahr nach den Übertrittszeugnissen eingesetzt, um die in dieser Schuljahresphase häufiger vorkommende Disziplinlosigkeit durch ein direktes Feedback von den Schulkindern als Reflecting-Team und Bewusstmachung von Mitverantwortung durch Mitgestalten im Unterricht zu verbessern. Nach einer einführenden Erklärung hat sich auf freiwilliger Basis die Hälfte der Klasse als 1. Reflecting-Team zusammengefunden und hat sich hinter die restliche Klasse gesetzt. Innerhalb der gewissen Zeit (eine Viertelstunde) haben sie im Unterricht aus dieser *rückwärtigen Perspektive* die förderlichen und störenden Verhaltensweisen ihrer Mitschulkinder beobachtet ohne sich selbst aktiv am Gespräch zu beteiligen. Im anschließenden Plenum der Klasse hat das Reflecting-Team als *ungerichtete* Kommunikation die beobachteten Verhaltensweisen ohne Namensnennung der Betroffenen besprochen. Den betroffenen Schulkindern wurde durch diese Außenperspektive unter Wahrung ihrer Integrität ihr störendes Verhalten bewusst gemacht. Danach wurden die Rollen und Positionen gewechselt: Die Teilnehmer des 2. Reflecting-Teams waren nun die Mitschulkinder, die zuvor dem Unterricht an ihrem Platz folgten. Das 2. Reflecting-Team beobachtete ohne aktive Gesprächsbeteiligung und auch dieses Team führte anschließend im Plenum der restlichen Klasse ihren *Metalog* über die jeweiligen Verhaltensweisen ohne Namensnennung. Auch in diesem zweiten Durchgang wurde die Integrität der Betroffenen gewahrt. So konnten alle Kinder dieser Klasse durch den vollzogenen Rollentausch und Perspektivenwechsel ihr eigenes Verhalten im Unterricht reflektieren und anhand der aufgeführten fördernden Beispiele verbessern. Durch diese Methode konnte die Disziplin für eine gewisse Zeit

155 Besonders im Religionsunterricht zu den örtlichen Kirchen fest verankert. Durch die sogenannte Kirchenrallye handeln die Schulkinder selbstbestimmt und erleben aufgrund der Quizform eine hohe Motivation.

156 Siehe Demokratie-Projekt in Kap. 3

verbessert werden. Als Gelingensbedingungen sind wichtig: Nicht jede 4. Klasse ist dafür geeignet, es kommt auf das Selbstbewusstsein der Kinder an. Nicht jedes Kind musste sich im Metalog äußern. Der Methodeneinsatz war am fachspezifischen Unterrichtsthema „Dem Leben vertrauen – Zusammenleben braucht Regeln" angepasst. Ein Elternbrief informierte die 4. Klass-Eltern über die Implementierung dieser Methode.

Reframing: kommt aus dem NLP (Neurolinguistisches Programmieren) und der Systemischen Psychotherapie und bedeutet Umdeutung. Menschliche Denkmuster, Zuschreibungen, Erwartungen weisen in der Regel einen Rahmen (frame) auf. Der Kontext macht den Sinn. Nach dieser Ordnung werden die Ereignisse wahrgenommen und interpretiert. Dies kann sowohl im Positiven als auch Negativen geschehen. (Bsp.: *Das Glas ist halb leer* kann umgedeutet werden in *Das Glas ist halb voll.*) Ein positives Denken lässt die Ereignisse des Lebens in einer positiven Perspektive betrachten. Ein Umdenken, Umdeuten geschieht auch im Witz: Ein gewöhnliches, alltägliches Ereignis wird in einen neuen, untypischen Rahmen gestellt, wodurch eine missverständliche und unterhaltsame Wirkung erzielt wird. Der Zuhörer war ja zunächst in der Deutung der Situation von einem anderen typischen Rahmen ausgegangen. Reframing kann in der Schule zur Förderung von kreativen Prozessen genutzt werden. Die Lehrkraft kann ein Thema provokant formulieren und dadurch bei den Schulkindern zu neuen Betrachtungsweisen hinführen. Die Veränderung der Bedeutung einer Situation kann dann auch als Lösung von alltäglichen Problemen verständlich werden. Eine erfolgreiche Anwendung hängt hier maßgeblich von einer objektiven Beobachterhaltung und konstruktiven Einstellung ab. Gemäß dem Anspruch einer konstruktivistischen Didaktik muss der Lehrende beim Reframing eine ironische und moderierende Haltung einnehmen können. Aus diesem Verständnis heraus muss er die Passung (Viabilität) der Deutung und damit auch jede Umdeutung dem Betroffenen überlassen. Zur motivierenden, interessanten Aufbereitung des Stoffes kann der Lehrende unter Einbindung der Lernenden mit dem Prinzip des Reframing in vielfältiger Form Fragen aufwerfen und zur Selbstreflektion anregen. Dieser methodische Perspektivenwechsel des eigenen Standpunktes hilft den Kontrahenten im Schlichtungsgespräch bei der Lösungssuche. Dadurch kann ein neuer Weg des Umgangs miteinander geöffnet werden.

Rollenspiel/szenisches Spiel: Im Rollen- oder szenischen Spiel können a) bedeutungstragende Themen (Bibelarbeit), b) gruppenrelevante (Konflikt-)Themen oder c) Verhaltensindikatoren für ein bestimmtes Sozialziel in der Schulversammlung, szenisch nachgespielt und damit sowohl visualisiert als auch selbst erfahrbar werden. Zielsetzung ist, Handlungsaspekte zu fördern und lebensnahe Beobachterpositionen einzunehmen. Entwickelt werden hierbei insbesondere die Wahrnehmung, Empathie, Flexibilität, Offenheit, Kooperations-, Kommunikations- und Problemlösefähigkeit. Dies schult vor allem die Selbst- und Fremdbeobachtungsfähigkeiten.

Sokratisches Gespräch: ist eine durch Platon bekannt gewordene Gesprächsform, derer sich Sokrates bediente und bewiesen haben soll, dass selbst scheinbar Unwissende, von einer Fragestellung ausgehend, schrittweise Lösungen für die schwierigsten Probleme finden können. Das Hinterfragen regt den Lernenden zu eigenständigem Problemlösen an und lockt verborgene Ressourcen mäeutisch aus ihm heraus. Als Beispiel soll *Platons Geschichte von den drei Sieben* erzählt werden, welche sich mit seinem Lehrmeister Sokrates im antiken Athen zugetragen haben soll: *„Aufgeregt kam einst einer zu Sokrates gelaufen: „Höre, Sokrates, das muss ich dir erzählen, wie dein Freund ...". „Halt ein!", unterbrach ihn der Weise. „Hast du das, was du mir sagen willst, auch durch die drei Siebe gesiebt?" „Drei Siebe?", fragte der andere verwundert. „Ja, die drei Siebe. Das erste Sieb ist die Wahrheit. Hast du alles, was du mir erzählen willst, geprüft, ob es wahr ist?" „Nein, ich hörte es erzählen und ..." „So, aber sicher hast du es mehr mit dem zweiten Sieb geprüft; es ist die Güte. Ist das, was du mir erzählen willst, wenn schon nicht als wahr erwiesen, so doch wenigstens gut?" „Nein, das nicht, im Gegenteil." Der Weise unterbrach ihn: „Lass uns auch noch das dritte Sieb anwenden und fragen, ob es notwendig ist, mir das zu erzählen, was dich so aufregt." „Notwendig, nun gerade nicht." „Also", lächelte der Weise, „wenn das, was du mir erzählen willst, weder wahr noch gut noch notwendig ist, so lass es begraben sein, belaste dich und mich nicht damit."*[157]

157 http://spiritualwiki.org download vom 14.09.2007

Problemorientiertes Lernen: Auf der Grundlage der antiken sokratischen Gesprächsform ist in den 1970er-Jahren aus einem in Kanada entwickelten problemorientierten Curriculum das POL (Problem-Orientiertes-Lernen) entstanden. POL verwirklicht die Zielsetzung – Ausbildung von Kompetenzen (skills) zum konkreten Handeln – durch individuell gestaltetes Lernen als Ergebnis eines motivierenden und lebendigen Arbeitsprozesses innerhalb einer Kleingruppe. Das Problem ist in der Regel eine unsichere Situation oder Fragestellung aus einem Lernfeld und initiiert das Lernen in diesem Bereich. Auf diese Weise wird ein Problem das Mittel für die Entwicklung von bestimmten Skills bei den Lernenden. Die Konstruktion des Problems legt also fest, was gelernt werden muss, um die Situation zu entschlüsseln und die grundlegenden Fakten und Zusammenhänge zu verstehen.[158] Charakteristisch ist auch hier eine bestimmte Grundeinstellung zum Lernen. Lernende und Lehrende begegnen sich als gleichwertige Partner mit Wissen, Verständnis, Gefühlen und Interessen in einem gemeinsamen pädagogischen Prozess, wobei die Ermutigung zum offenen, reflektierten, kritischen und aktiven Lernen ihrem Selbstverständnis entspricht. In Lernzirkeln treten die Lernkollegen in Diskussion, um das neue – bei sich und den anderen erfragte Wissen – mit dem Vorherigen zu synthetisieren. Durch den diskursiven Austausch mit den Gruppenmitgliedern verändert sich das eigene Wissen und Probleme anderer werden wahrgenommen.

Stationenlernen: bedeutet ein Lernen an bestimmten Lernstationen/Positionen im Raum, an denen Arbeitsaufträge unterschiedlicher Art ausgelegt sind, die nacheinander von den Lernenden bearbeitet werden. Die Arbeiten stehen in thematischem Zusammenhang, können aber meist unabhängig voneinander und in unterschiedlicher Reihenfolge bearbeitet werden. Die Lernenden erfahren hier ein selbstbestimmtes und selbstgesteuertes Auswählen des Lernweges gemäß ihren Interessen und Fähigkeiten. Der individualisierende Ansatz lässt Unterschiede im Lernniveau einzelner Schulkinder nachrangig werden. Durch Art, Auswahl sowie Gestaltung der Materialien und Arbeitsaufträge können alle Sinne angesprochen werden. Auch direktes Handeln kann durch gezielte Aufforderungen für Entscheidungen gefördert werden. Diese handlungsorientierte Methode weist den Lernenden eine aktive verantwortungsvolle Rolle innerhalb des Lernprozesses zu. Stationenlernen eignet sich zur Vertiefung von nicht ganz neuem Wissen (Lernziel -> Kennenlernen), zur Einübung (Lernziel -> Einüben) und im Rahmen von fächerübergreifendem Unterricht. Die vielen Vorzüge werden allerdings nur durch einen hohen Material-Vorbereitungsaufwand erreicht.

Team Teaching: ist eine kooperative Lehrmethode, bei der zwei oder auch mehr Personen gemeinsam eine Lerngruppe unterrichten. Sie ist besonders geeignet, um den Unterricht mit mehr Perspektivenvielfalt, großer Methodenvielfalt und unterschiedlichen Anregungen zu erweitern, da sie die Fixierung auf einen Lehrenden verhindert.

Team Teaching **mit dem Ansatz der Peer-Education:** Hier unterrichten Schulkinder als Team – nach vorheriger gemeinsamer Absprache, Planung und Vorbereitung – eine Unterrichtseinheit, die Lerngruppe oder ihre Klasse. Lehrende Schulkinder können viele Stärken entwickeln: Ausbildung von verschiedenen Blickwinkeln, moderierenden, gestaltenden, kommunikativen Kompetenzen, selbstbestimmtes und selbstgesteuertes Handeln, Teamwork, Umgang mit Störungen usw. Der Lehrende kann sich unnütz machen, sich in die hintere Bank zurückziehen. Seine Intervention erfolgt nur auf Anforderung durch das Teaching Team, er kann selbst einen neuen beobachtenden Standpunkt einnehmen. Der Lehrende wird in gewisser Weise entlastet und ein partizipatives Lernen miteinander und voneinander kann erfolgen.[159]

158 Siehe Learning by Doing von John Dewey

159 Viele der beschriebenen Methoden sind seit langem im Repertoire einer reich ausgestatteten Religionspädagogik präsent und finden im fachspezifischen Religionsunterricht Anwendung. Die Schulkinder erleben diesen Unterricht ganzheitlich und steuern ihren Lernprozess selbst.

„Eine Präferenz oder praktische Auswahl ergibt sich nicht aus der Methode ‚an sich', sondern aus der persönlichen Entscheidung hinsichtlich der Angemessenheit und Passung für einen konkreten Kontext, aus den Lernzielen sowie aus den kontextuellen Faktoren, wie der Verfügbarkeit von Material, der Vorbereitungszeit oder der möglichen Dauer einer Lernphase."[160] Methoden, ihre Auswahl und praktische Anwendung im Unterricht, gehören mit zur Professionalität des Lehrenden und stehen in Wechselbeziehung mit den Unterrichtsprinzipien.

Für den pädagogischen Anspruch einer Authentizität, müssen die eingesetzten Methoden zur Persönlichkeit der Lehrkraft passen und beruhen sowohl auf einem pädagogischen Handwerkszeug als auch auf seinem Erleben im Schulalltag. Wichtig für ein professionelles Handeln ist eine kontinuierliche Selbstreflektion. Unterrichtsprinzipien sind didaktische Prinzipien[161], zu sehen als Hilfestellung und Richtlinien für pädagogische Entscheidungen, die in ihren Ansprüchen wie folgt aktuell gegliedert werden können:

Prinzip der	**Anspruch**	***Partizipative konstruktiv-interaktionistische Didaktik***
Motivierung	Wecken und Berücksichtigung aller, das Schulkind-Verhalten beeinflussenden Faktoren von Lern- und Leistungsbedürfnis. Beweggründe (lat. motivum) können a) *intrinsisch* durch eine konstruktiv-interaktionistische Didaktik und b) extrinsisch erzeugt werden. Letztere ist eher vom Wunsch nach Anerkennung und Strafvermeidung beeinflusst.	*Intrinsische* Motivation erwächst aus dem Lerngegenstand selbst durch ein Learning by Feeling and Doing[162]
Veranschaulichung	Unterrichtsstoff so darbieten, dass das Schulkind mit allen Sinnen (visuell, akustisch, affektiv, taktil, z. T. olfaktorisch, gustatorisch) erfassen und mit seiner Auffassungsgabe umfassend und zutreffend erkennen kann. Ein in sich schlüssiges Erkanntes lässt sich den Vorerfahrungen widerspruchsfrei zuordnen. Eine hilfreiche Darstellung ist Visualisieren durch Anschauungsmodelle.	Entspricht dem Verständnis der konstruktivistischen Anthropologie[163]
Aktivierung	Anregung des Schulkindes zur Selbstständigkeit: Lernerfahrungen ermöglichen im tätigen Umgang mit den Dingen aus eigenem Anlass und mit frei gewählten Mitteln und sozialem Bezug.	Lernen durch Selber-Tun. Fehlversuche sind gewünscht, weil sie ein wichtiges Lernmoment im Verständnislernen sind.[164]
Differenzierung	*Äußere* Differenzierung: Einordnung der Schulkinder in Schulklassen oder Lerngruppen, um pädagogische Zielsetzungen besser erreichen zu können. Flexible Differenzierung: homogene (Leistungsgruppen) wechseln mit heterogenen Lerngruppen ab.	*Innere* Differenzierung: Bildung von heterogenen Lerngruppen mit individualisierenden Verfahren zur Selbstbildung, zur Förderung des verantwortungsübernehmenden und sozialen Lernens.

160 Lindemann, H., 2006, S. 210
161 Vgl. http://de.wikipedia.org vom 20.08.2007
162 Siehe Punkt 5.1
163 Siehe Kap. 5
164 Siehe Punkt 5.3 – neuer Umgang mit Fehlern.

Prinzip der	Anspruch	*Partizipative konstruktiv-interaktionistische Didaktik*
Erfolgsbestätigung	Das Schulkind erfährt eine Ich-Stärkung durch gelobt werden, um weitere Lernerfolge anzubahnen. Erfolgserlebnisse korrelieren auch mit selbstgesetzten Erwartungen. Die Leistungen werden als Misserfolg gewertet, wenn das eigene Anspruchsniveau zu hoch ist. Traditionelle Pädagogik: Lob und Tadel als Erziehungsmittel, Lerntheorien: Verstärkung von Lernverhalten.	Eigenbestimmtes, selbstorganisiertes Lernen lässt das eigene Anspruchsniveau einschätzbar werden. Erfolge bestärken das Ich und begünstigen die Leistungsmotivation. Wichtig ist hier das Feedback auf gleicher Augenhöhe der Lehrenden und durch die Peers.
Erfolgssicherung	Formen der Festigung (Wiederholungen, Transfer auf andere Bereiche) lassen Lernerfolge nachhaltiger wirken. Gehört zu jeder Unterrichtseinheit als wichtige Phase.	Learning by Feeling and Doing sichert Erlerntes durch seine praktische Anwendung.
Schulkind-orientierung	Hauptprinzip der Pädagogik: Berücksichtigung der Individualität und Anerkennung der Personalität in allen Unterrichtsbezügen und Beziehungsebenen sowie der kindlichen Lebenswelt.	Kennzeichen partizipative Unterrichtgestaltung: gegenseitige Anerkennung, personale Würde.
Ganzheit	Ganzheitlichkeit a) als Gegenteil zu einem zufälligen Nebeneinander: Der rote Faden im Unterricht, b) Beteiligung von „Kopf, Herz und Verstand" (Pestalozzi) durch ein Zusammenwirken des kognitiven, emotionalen und praktischen Bereichs, c) Einbezug der Schulkindbezogenen Interessen und Lebenswelt, d) fachübergreifender Unterricht um ein Thema in seinem ganzen Sinngehalt und übergeordneten Zusammenhängen vermitteln zu können.	Entspricht dem Verständnis der konstruktiv-interaktionistischen Didaktik.
Strukturierung	Gliederung von korrelierenden Teilbereichen in einen inneren Zusammenhang. Im pädagogischen Verständnis bezieht sich dieses Prinzip auf die Auswahl der Inhalte und auf die Methodengestaltung.	Entspricht dem systemtheoretischen Verständnis und der konstruktiv-interaktionistischen Didaktik.

Mit anderen Worten: Viele Wege führen nach Rom oder anders formuliert: Zusammen mit den ihnen anvertrauten Lernenden bereiten die Lehrenden die Wege – *den gewohnten und den neuen der konkreten, kontinuierlichen Ausübung demokratischer Beteiligung* – und miteinander machen sie sich alle dann auf den Weg, um in ihrer gemeinsamen Verantwortung und Zielsetzung den pädagogischen Prozess und das Schuljahr erfolgreich zu gestalten. Eine demokratische Schulwirklichkeit ermöglicht auf allen Stufen des Lernens die Partizipation der Lernenden. Im Schulalltag können Methoden, wie oben beschrieben, hilfreich sein, aber vorrangig ist vor allem die Bereitschaft sowohl insbesondere der Lehrenden, einen hinreichenden Handlungsraum für Demokratie zu gewähren und zu fordern als auch der Lernenden, aktiv an demokratischen Prozessen teilzuhaben. Dieses Denken und Tun entspricht dem Schulethos einer demokratischen Schulwirklichkeit.

5.5 Teamwork mit kollegialer Partizipation

Der Begriff ***Team*** ist seit langem im deutschen Sprachgebrauch. Er definiert eine Gruppe von Personen mit unterschiedlichen Aufgabenbereichen, die eine Arbeit gemeinsam erledigen oder ein Problem gemeinsam lösen. Kennzeichen des Teams sind partnerschaftliches Verhalten, gegenseitige Anerkennung sowie Achtung vor der fachlichen Qualifikation und persönlichen Integrität, gleichberechtigte Mitbestimmung aller Mitglieder in allen relevanten Bereichen (Methoden, Inhalten und Zielen der Arbeit). Im Unterschied zu hierarchisch und autoritär strukturierter Arbeitsorganisation entspricht *Teamarbeit* der demokratischen Vorstellung und ihrer Realisierung in der Arbeitswelt. ***Teamwork*** ist aufgrund seiner Struktur besonders flexibel beim Auftauchen unvorhergesehener Probleme und zeichnet sich durch ein hohes Innovationspotenzial aus. ***Kollegen*** sind Mitarbeiter in der gleichen Organisation. Dies sagt nichts über die Güte und Kennzeichen ihrer Zusammenarbeit aus. Ein *Kollegium* bildet sich in einer Amtsgemeinschaft (lat. Kollegium) aus allen an der Schule Lehrenden. In vielen Schulen gibt es heutzutage Kollegien, die im Sinne eines Teamworks zusammenarbeiten. In diesem Sinn sind die Grenzen zwischen beiden Begriffen im Bereich Schule eher fließend.

Im Schulalltag gibt es vielfältige Situationen, die als belastend empfunden werden, die das Gefühl – nicht weiterzukommen – entstehen lassen, keinen Ausweg zu sehen, keine Lösungen für Probleme zu finden. Optionen hierfür sind schwierige Klassensituationen, einzelne Schulkinder oder auch Probleme mit der Schulleitung und Kolleginnen bzw. Kollegen. Dies erweckt häufig den Wunsch nach einer qualifizierten Beratung, aber Schulpsychologen sind nicht immer verfügbar, externe Berater kosten viel Geld, welches nicht vorhanden ist. Eine realisierbare Möglichkeit, die einen wirksamen Team-Entwicklungsprozess auslösen kann, ist sich ***kollegial*** (hilfsbereit) zu unterstützen und vor Ort gemeinsam individuelle und wirksame Lösungen zu entwickeln. Besonders bedrückend werden vermeintlich ausweglose Störungen im Beziehungsgefüge erlebt, die auf Dauer krank machen und ein zufriedenes Arbeiten erheblich beeinträchtigen. Gemäß den aufgeführten *Interventionsbezogenen Schlussfolgerungen* **Gestaltung der Arbeitsbedingungen vor Ort** und **personenbezogene Maßnahmen**, sorgen ein Klima der Offenheit und gegenseitige wertschätzende Unterstützung für eine Psychohygiene (Entspannen, Kompensieren, emotionale Stabilisierung durch Freude am Unterrichten) im Schulalltag. Durch Qualifizierungsmaßnahmen kann eine Kompetenzerweiterung in der systemisch-konstruktivistischen Methode der ***kollegialen Beratung*** erfolgen.

> *Kollegiale Beratung*
> Die Methode entspricht einer Demokratisierung von Beratungsprozessen und ist mit diesem Ansatz ausgezeichnet für eine demokratische Schulwirklichkeit geeignet.

Mit dieser Methode wird das Kollegium in die Lage versetzt, als Team **partizipativ**

- Problemfälle, Schulkinder, Eltern, Unterricht, Kolleginnen und Kollegen oder ausgewählte Situationen, mit den Teamkollegen zu beraten;
- Dinge/Aktionen gemeinsam zu planen, auszuführen und zu besprechen;
- gemeinsame Fallbesprechungen im Team durchzuführen.
- Mit kollegialer Beratung kann die strukturierte Beratungssituation in einer guten Atmosphäre und in einem für die Beteiligten akzeptablen Zeitrahmen durchgeführt werden.
- Die Institutionalisierung einer regelmäßig durchgeführten kollegialen Beratung (als Reflexions-Insel) bringt Entlastung von oft längerer Zeit unterschwellig vorhandenen Problemen.

Durch den partizipativen Prozess des Sich-miteinander-Beratens wird durch die Beteiligten eine äußerst wirksame und nachhaltige Entwicklung des Kollegiums zu einem Team ausgelöst und gefördert. Ein Team kann als **demokratisierte** und partizipative Arbeitsgruppe bezeichnet werden. ***Teamgeist*** meint das WIR- oder auch Zusammengehörigkeitsgefühl, welches eine gute, gleichberechtigte Mitbestimmung aller Teammitglieder bei der Diskussion von Methoden, Inhalten und Zielen der Arbeit kennzeichnet. „Bei der Methode kollegiale Beratung [sind] die Rollenverteilung und Reflektionsschritte zeitlich und formal strikt gegliedert, was einen kontinuierlichen und konsequenten Verlauf des Reflexionsprozesses sicherstellt. Die Teilnehmer der kollegialen Beratung müssen nicht unbedingt aus demselben Team oder Kollegium stammen. ‚Kollegial' heißt, dass zwischen den Mitgliedern keine hierarchischen Unterschiede bestehen. Alle Beteiligten handeln nicht auf Anweisung eines Experten, sondern im Konsens aus eigener Verantwortung."[165]

> ***Kollegiale Beratung* im pädagogischen Handlungsfeld**
> Kollegiale Beratung ist für Schularbeit besonders geeignet, weil die Methode durch ihren klar strukturierten Verfahrensablauf der pädagogischen Lehrtätigkeit entgegenkommt.

Vorteile der kollegialen Beratung

- „Sie ist kostengünstig, zeitökonomisch, bedarfs- und adressatenorientiert.
- Sie eignet sich gut für selbstangeleitete Gruppen aus unterschiedlichen Handlungs- und Berufsfeldern und ermöglicht eine Zusammenarbeit von Mitarbeitern auch mit unterschiedlichen Kompetenzen und Hierarchiestufen.
- Als Verfahren, das unmittelbar vor Ort an der pädagogischen Basis ansetzt, kann es spezifische Gegebenheiten berücksichtigen;
- Veränderungen und Innovationen sind bei geringem Mitteleinsatz erzielbar."[166]

Kollegiale Beratung ermöglicht eine bedeutsame Kompetenzerweiterung:

- Stärkung der Eigenverantwortlichkeit und Selbsthilfepotenzial bei den Beteiligten. Dadurch werden eingefahrene Effekte eines angeordneten delegierten Handelns und Abhängigkeiten vermieden.
- Der zwischenmenschliche Bereich wird durch eine

165 Fallner/Gräßlin, S. 21; Schlee/Mutzeck, S. 14–15; Haug-Benien, S. 4).
166 Schlee/Mutzeck, 1996, S. 15–17

kommunikative Kompetenzerweiterung sehr bereichert: empathisches, aktives Zuhören, gefühlsbezogene Ich-Botschaften, achtsames Konfrontieren, Spiegeln, Wahrnehmung von nonverbalen Botschaften und eine verbesserte Reflexion über das eigene Kommunikationsverhalten.
- Kollegiale Beratung bringt vielfältige Außenperspektiven für den Falleinbringer und ermöglicht das Auffinden der eigenen Lösung, weil durch die Transparenz und Strukturierung des Verfahrens ein Überfahrenwerden mit voreiligen Bewertungen der anderen verhindert wird. Der Falleinbringer kann sich entlastend zurücknehmen und distanziert seine Probleme wahrnehmen. Die anderen erfahren bei den Fallbesprechungen als Zuhörer Anregungen und Handlungsmöglichkeiten für ähnlich gelagerte eigene Probleme.
- Kollegiale Beratung bildet bei den Lehrenden immer bedeutsamer werdende Beratungsfähigkeiten aus."[167]

Grenzen für die Kollegiale Beratung

➔ sind dort gegeben, wo Beeinträchtigungen der Persönlichkeit oder Bearbeitung von Schädigungen, Blockierungen vorliegen. Kollegiale Beratung ist kein Ersatz für eine Therapie. Es geht um die Aufarbeitung von Unsicherheiten, Misserfolgen, Frustrationspotenzial sowie Erschöpfung;

➔ wenn im Team durch fehlendes Vertrauen oder vielschichtige Animositäten Konflikte statt auf der Sachebene auf der Beziehungsebene ausgetragen werden;

➔ wenn institutionelle Schranken und Zwänge existieren;

➔ wenn die Schulleitung oder hierarchisierte Positionen diese demokratisierte Beratung nicht unterstützt.

Miteinander lehren, als Team zusammenwachsen und gemeinsam berufliche Aufgaben im Arbeitsfeld Schule professionell bewältigen, wird durch eine begleitende Praxisreflexion *(kollegiale Beratung)* sehr gefördert. Die Entdeckung verborgener Ressourcen und Aktivierung neuer methodischer Handlungsstrategien (Moderation, Mediation, Perspektivenwechsel usw.) ist eine partizipative Aufgabe für das Team in einer demokratischen Schulwirklichkeit. Individuelle als auch gruppen- und teambezogene Klärungshilfen, die das Ziel einer Kompetenz- und Handlungserweiterung zum Zwecke einer gezielteren Nutzung persönlicher und struktureller Möglichkeiten verfolgen, können in dieser Erfahrung eines kollektiven Lernens als Team bewusst werden. Ein visionäres Denken sieht statt einem Lehrerzimmer einen ***Teamraum***, in welchem jedes Teammitglied über seinen eigenen Arbeitsplatz, ausgestattet mit Schreibtisch, Stuhl, Regal oder Rollcontainer verfügt; weiterhin mindestens einen PC-Internet-Arbeitsplatz, einen langen Tisch zum Kooperieren, Koordinieren, Partizipieren, gemeinsamen Austausch, Frühstück, Spülmaschine und Kühlschrank. Diese Vision erkennt Lehrkräfte, die sich in ihrer Schule als Arbeits- und Lebensort beheimatet fühlen und mit Freuden ihrer pädagogischen Arbeit nachgehen.

5.6 Partizipative Schulleitung mit „K.L.I.M.A."

Eine Schulleitung erbringt ihre (Dienst-)Leistung nach innen und als Interessenvertretung nach außen. Der Schulbetrieb braucht für einen gelingenden Schulalltag eine gute Führung. Dies kann für die Qualität einer Schule und die Leistungssteigerung im Unterricht als Grundvoraussetzung gesehen werden. Im Unterschied zu hierarchischer, autoritär strukturierter Führung bzw. einem Verzicht auf Führung (***Laissez-faire***-Verhalten) wird durch eine ***partizipative*** und ***kooperative*** Führung die Schulqualität erheblich positiv beeinflusst. Anhand eines „Synergie-Konzeptes [kann] erklärt [werden], wieso die Leistungen einer Schule gerade im Bereich einer partizipativen Führung höher sind. Als Synergie (...) [wird] die Kraftstärke einer Organisation [bezeichnet]".[168] Der Effekt verstärkt sich dadurch, weil alle Beteiligten die ausgesprochenen und vereinbarten Ideale und Ziele wirklich in ihren Handlungen verfolgen. Es ist eine Identifikation, also mehr als die bloße Verpflichtung gegenüber diesen Werten, vorhanden. Ein partizipatives Mittragen der gemeinsamen Ziele erhöht den Synergieeffekt in der Schule. Alle in der Zielverfolgung eingesetzten Aktivitäten und Anstrengungen richten sich in eine Richtung aus, was ein System mit einem hohen Grad an Effektivität erzeugt. Dies ist selbst der Fall, wenn nicht alle Beteiligten eine vollständige Gleichartigkeit ihrer Handlungen erreichen.

167 Vgl. Fallner/Gräßlin, S. 4, 14; Rotering-Steinberg, 1990, S. 102
168 Bessoth, R., Pädagogische Führung, 1990

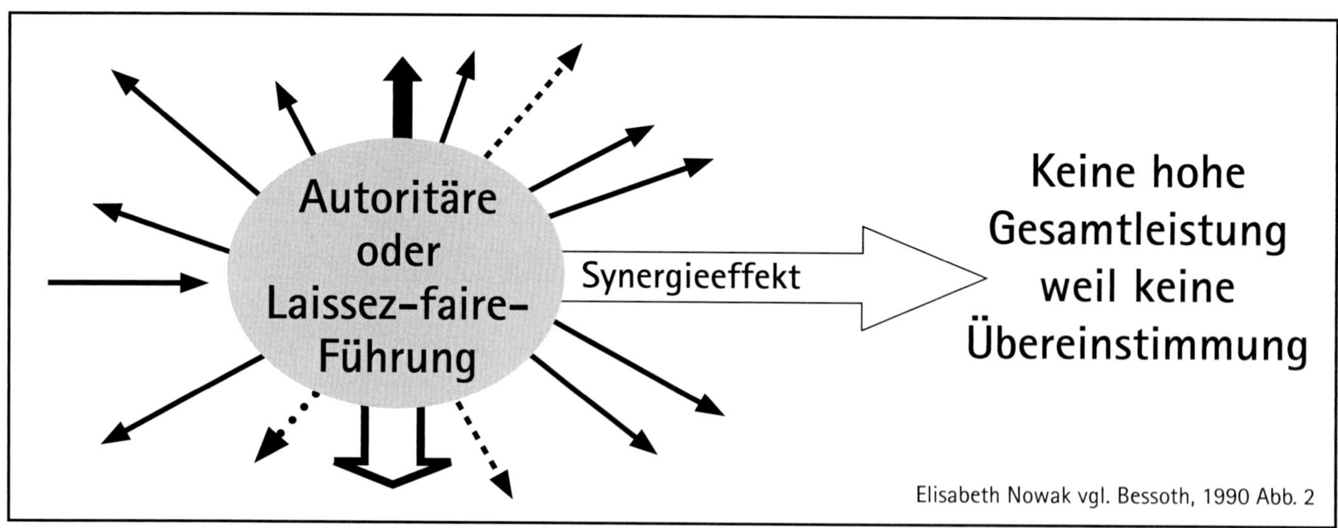

Beim *Laissez-faire-Verhalten* strömen die Energien der einzelnen Aktivitäten in alle Richtungen. Ergebnis ist eine nicht zufriedenstellende Leistung. Durch die ***autoritäre Führung*** wird Druck auf die Beteiligten ausgeübt. Einzelne Mitläufer oder Aktive lassen sich dies vielleicht erst gefallen, im weiteren Prozess werden aber Widerstände wachsen.[169]

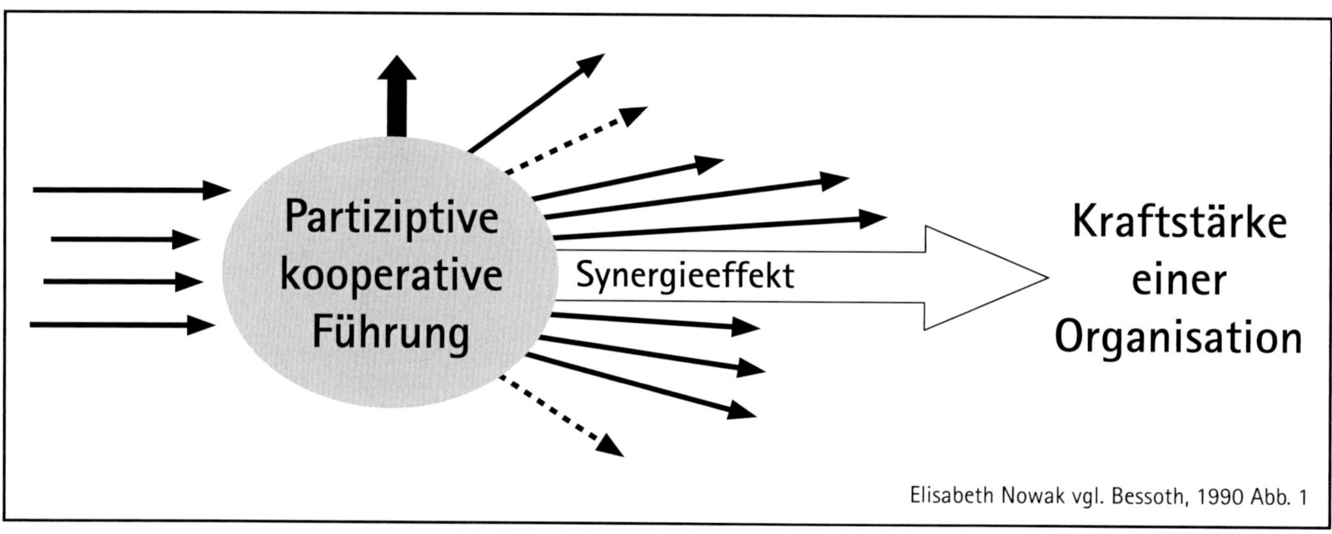

Leitung mit *partizipativem* und *kooperativem* Führungsstil

Schule als Organisationssystem kann durch eine kompetente Leitung (w. o. a.) eine erfolgreiche Leistung erbringen. Dabei werden strukturelle und in den Leitlinien gemeinsam erarbeitete Rahmenbedingungen in gemeinsamer Verantwortung getragen und eingehalten. Erfolgreiche Schulen haben ein großes Maß an Übereinstimmung von Werten, Normen und dem Verhalten aller Schulbeteiligten. Diese Aspekte entsprechen einer demokratischen Schulwirklichkeit mit ihrem Kernprinzip Partizipation auf der Basis christlich-ethischer Grundwerte.

Schulqualität wird wesentlich vom sozialen Klima an der Schule geprägt. Das soziale Klima vor Ort[170] betrifft die Gestaltung der Arbeitsbedingungen mit einem Klima der Offenheit, gegenseitiger Unterstützung und Wertschätzung. Es gibt einen nachgewiesenen Zusammenhang zwischen sozialem Klima und Führungsverhalten der Schulleitung.[171] Demzufolge hat die Schulleitung hier eine große Mitverantwortung, denn „einem Klima der Offenheit und des gegenseitigen Vertrauens sowie einem kooperativ-unterstützenden Leitungsstil kommt offensichtlich eine sehr wichtige protektive Funktion zu".[172] Die Qualität einer Beziehungskultur von Offenheit und Vertrauen ist nicht in harten Fakten messbar, sie zeigen sich als weiche Kriterien, „die eher einen ‚atmosphärischen' Charakter haben und wesentlich vom Klima in der Schule geprägt werden. Diese Assoziation zur Meteorologie kommt nicht von ungefähr. Helmut Fend (1998) macht diesen Zusammenhang explizit: „Aus

169 Abb. 1 und Abb. 2, vgl. Ebd.
170 Siehe Schaarschmidt-Studie vom 9.4.2003
171 Ebd.
172 Ebd.

einer typischen Aufeinanderfolge von ‚Wetterlagen' einer Region ergibt sich deren Klima. Analog könnte man die Alltagsgeschichte in einer Schule als die konkreten ‚Wetterlagen' betrachten, aus denen sich das soziale ‚Klima' an dieser Schule ‚aggregieren' ließe. Es handelt sich [im konstruktivistischen Verständnis] um subjektive Wirklichkeitskonstruktionen, um das, was die meisten für ‚richtig' halten, wovon sie glauben, dass es ‚alle in einer Schule denken', was alle ‚für wahr halten', was alle meinen, ‚dass man es tun müsse'. Die Kernthese der Klimaforschung besteht (...) darin, dass diese Wirklichkeitskonstruktionen in hohem Maße das Handeln der Akteure, ihr Wohlbefinden und auch ihre Arbeitsmotivation beeinflussen."[173] Im Verständnis der Synergieeffekte bedeutet dies: Durch ein soziales und harmonisches Schulklima mit einem verantwortungsbereiten, kollegialen Team der Lehrenden zusammen mit der Schulleitung, die sich in einem eher weit gefassten Begriff eines Primus inter Pares versteht, kann eine Energiefreisetzung erfolgen, die sich in hohen sozialen und demokratischen Lernerfolgen zeigt. Die Verhaltensweisen der Schulleiterinnen und Schulleiter prägen das soziale Schulklima mit seinen Beziehungen und Kommunikationsstrukturen auf folgenden Ebenen: Zwischen

- den Teamkolleginnen und Teamkollegen
- der Schulleitung und den Teammitgliedern
- den Lehrenden und den Lernenden
- den Schulkindern untereinander.

Soziales Schulklima

Dies kommt „nicht nur der *individuellen Berufszufriedenheit* und dem *Wohlbefinden von Lehrkräften* zugute, sondern wirkt sich auch auf die *Qualität des Unterrichts* aus. Für die Schülerinnen und Schüler und deren Lernleistungen spielt das Schulklima eine entscheidende Rolle".[174]

Im „*K.L.I.M.A*"-Konzept[175] hat Richard Bessoth neuere, modernere Führungskonzepte analysiert, die besonders eine Verbesserung von Schulsystemen bewirken sollen. Er stellt einen Zusammenhang her, zwischen der Führungsart einer Schule, dem Schulklima und dem Leistungsprofil der Lernenden. Im *K.L.I.M.A.*-Konzept sind Führungsstrategien als Leit- oder Grundsätze dargestellt. Diese verabschieden ein „bürokratisch geprägtes oder autoritäres Führungsparadigma [und verwandeln es in ein] Qualitätsparadigma (...). Schulen, die auf diese Weise geführt und gemanagt, also nicht bloß verwaltet werden, können so aus ihren Leistungstiefs herauskommen und schließlich und endlich zu attraktiven und guten Schulen werden, die nicht nur Eltern oder Wirtschaft ansprechen, sondern auch Schüler als ihr wichtigstes Klientel mit einbeziehen. Ein weiterer erwähnenswerter und vor allem wichtiger Punkt ist die Ansicht, dass Führung sich nicht nur auf das Oberhaupt einer Firma oder Schule bezieht, sondern alle beteiligten Personen betrifft und fordert, dass (...) in einer modernen Schule jede bzw. jeder [eine Leitungsposition] einnehmen kann oder soll".[176] Der Begriff *K.L.I.M.A.* setzt sich als Akrostichon aus den Anfangsbuchstaben der fünf Führungsstrategien zusammen. Die weiteren Unterteilungen beinhalten Werte und Haltungen, mit welchen die alten (Modell)-Wege verlassen werden können und zeigen anhand von Führungsstrategien, Aufgabenbereichen und Wirkungskennzeichen im Handeln und Verhalten, wie die neuen Wege des ***Qualitätsparadigmas*** begangen werden können.[177]

173 Vgl. Posch/Altrichter 1997 – http://www.qis.at download vom 5.09.2007
174 Fend, H., 1998, S. 174
175 Von Horst Bergmann, Kathleen Hurson und Darlene Russ-Eft 1999 in: Bessoth, Richard 2003 a, S. 122
176 A. a. O., S. 123
177 Bessoth, 2003a, S. 122

	Führungsstrategien	Aufgabenbereich	Wirkungskennzeichen im Verhalten, Eigenschaften
K	*Kreiere eine fesselnde Zukunft*	Blick weg vom Problem hin zur Lösung und Vision. Durch Visionen Aufmerksamkeit erzielen und versuchen, alle ins Boot zu holen. Methode Zukunftskonferenz. Identifikation jedes Einzelnen um einen Beitrag zum Ganzen zu liefern (vgl. Synergieeffekt)	Anderen helfen, für sich selbst Zukunft entwerfen; bei dem Prozess durch unvermeidliche Höhen und Tiefen navigieren; keine Furcht bei Umsetzung notwendiger Anpassungen; es gibt immer einen Weg, eigenen Optimismus beizubehalten. (Bergmann 1999)
L	*Lass die Lernenden (Kunden) die Schule antreiben*	Die Lernenden stehen im Zentrum. Lernen und Persönlichkeit im Unterricht als Kerngeschäft fördern. Wichtig ist, dass die Lehrenden keine Lernerfolge ohne Partizipation der Lernenden erzielen können. Schule 1. in gewünschter Qualität, 2. Erziehungsservice für immaterielle Werte, 3. große Reaktionsfähigkeit, 4. Internationalist, 5. einmalig sein.	Hinhören auf unterschiedliche Quellen (Schulkinder, Eltern); hohe Unterrichtsqualität als „Marketing"faktor; Schülerorientierung: Schulleitung setzt Fokus auf Zielsetzung: Heranbildung von lebenstüchtigen Menschen; Ergebnisorientierung: Schulleitung sorgt für produktives Organisations-(Schul-)klima, übernimmt Serviceaufgaben, setzt sich für das Lehrenden-Team und die Lernenden (Kunden) ein.
I	*Involviere jeden verfügbaren Kopf*	Das Potenzial jedes Akteurs muss beteiligt werden. Offene und fließende Kommunikation: Beobachten, gestalten. Unterstützen der individuellen Arbeit und des Teams. Infos weitergeben, verteilen. Problemlöse-Entscheidungen auch mit übergeordneten Stellen treffen	Aktives Zuhören; ungefilterte Weitergabe von Infos; Coachen von Verbündeten; Anerkennen von Leistungen und Feedback geben; Geduld und Beständigkeit; als Pflicht die Stärken Verbündeter herausfinden und fokussieren.
M	*Manage die Arbeit horizontal*	Bedeutet Niederbrechen von unsichtbaren Barrieren im bürokratischen Verwaltungssystem u. zwischen Abteilungen, Klassen, Fachbereichen. Prozessdenken vs. Zuständigkeitsdenken. Abteilungsübergreifend managen; Zeigen von technisch/operativen Fähigkeiten; managen von Projekten, Zeit u. Ressourcen. Wertschöpfungsprozesse laufen horizontal → fachübergreifende Projekte bieten mehr Lernfläche, Projektlernen erzeugt mehr Lernerfolg der Lernenden, weil erlebnisreicher, anspruchsvoller.	Schulleitung reflektiert auf Metaebene; vermeidet Zeitverschwendungen – Zeitfaktor wichtig für Gesamtkonferenzen, mit der Zeit des Teams sorgfältig umgehen; Wege zum Zeitsparen finden; Erleichtern von abteilungsübergreifenden Aufgaben; Bereitschaft offen zu bleiben und ein gegebenes Urteil ggf. zurücknehmen; Lehrende sollen an kleinen Projekten fächerübergreifend arbeiten und lernen.
A	*Aufbau von Glaubwürdigkeit und Vertrauen*	Vertrauen ist Basis von Führen und Leiten, für Entstehen eines produktiven Organisationsklimas. Teamtugenden, durch die Führungskräfte Vertrauen entwickeln und Glaubwürdigkeit: Zuverlässigkeit, Gerechtigkeit, Ehrlichkeit.	Schulleitungen schaffen eine Basis zum Vertrauensaufbau durch: initiativ sein über Zuständigkeiten hinaus; übernehmen von Verantwortung für eigene und Gruppen-Aktivitäten: umgehen können mit eigenen und fremden Emotionen; zeigen von professioneller Ethik, Engagement und Leidenschaft; glaubwürdiges Präsentieren; Vorbild sein durch ein Umsetzen dieser Strategien im eigenen Leben, sie zu demonstrieren und vorzuleben (Demokratie als Lebensform).

Gute Schulleiterinnen/Schulleiter arbeiten für ihre ***demokratische Schule*** um:

- den Blick zu schärfen für das, was schon da ist als Ausgangspunkt einer „Anerkennungskultur" und als Grundvoraussetzung für die Steuerung von Qualitätsentwicklung;
- als Schlüsselpersonen für Kommunikations- und Sozialisationsprozesse zu handeln,
- reale Möglichkeiten der Beteiligung für Lehrer, Schüler und Eltern zu schaffen,
- wesentliche Entscheidungen für die Arbeit in der Schule partizipativ zu fällen,
- zielorientierte Prozesse zu unterstützen,
- Gelegenheiten für die Reflexion der Arbeit im Schulalltag zu finden,
- Teamfähigkeit auf Leitungsebene zu entwickeln,
- neue Konferenzkultur und Verbindlichkeitsstruktur zu etablieren,
- Teams wirksam zu unterstützen, eine Feedback-Kultur zu entwickeln,
- Netzwerke mit erkennbaren Ergebnissen zu nutzen,
- Prozesse erfolgreich zu moderieren,
- Geduld, Beständigkeit, Mitmenschlichkeit eines verantwortungsbewussten Miteinander Schule leben.

Zielgruppe aller Entwicklung sind die Schulkinder.[178]

„Die Schule sollte es sich immer zum Ziel setzen, den jungen Menschen als harmonische Persönlichkeit und nicht als Spezialisten zu entlassen." (A. Einstein)

Gute Schulleiterinnen/Schulleiter können die ***benediktinischen Regeln*** im übertragenen Sinn als Richtschnur für eine Menschenführung in ihrer ***demokratischen Schule*** heranziehen.

5.7 *Eltern-Kultur:* neue Partizipationsformen einer Elternmitwirkung

Der Gesetzgeber gibt zwar dem Erziehungsrecht der Eltern/Erziehungsberechtigten Vorrang, aber er nimmt sie zugleich in die Pflicht. Den Eltern obliegt die Verantwortung zur Erziehung, sie ist die Basis. „Man kann nur Menschen unterrichten, die zuvor erzogen worden sind."[179] Wer eine bessere Bildung will, muss zuerst die Erziehung verbessern. Für ihre optimale Entwicklung brauchen Kinder verlässliche Begleitung und Unterstützung der Eltern, um ein (Ur-)Vertrauen ausbilden zu können. Kinder brauchen die Fürsorge beider Elternteile, auch im Falle einer Ehescheidung die Zuwendung des nicht mehr im Haus wohnenden Elternteils. „Kinder sollen durch Elternhaus, [ihren Mitmenschen] und Schule folgendes bekommen: Verantwortung, Achtung vor ihrer Persönlichkeit, Zeit und die Anerkennung für ihre Leistungen und Hobbys, aber auch Zeiten und Räume der Ruhe, Aufmerksamkeit von Eltern und Lehrenden, Wohlwollen, Lesemotivation (durch spannende Bücher), musische und mehrsprachige Ausbildung, ein Zusammensein mit behinderten, alten und kranken Menschen, Kontakte mit anderen Kulturen und ein Lernen mit Jüngeren und Älteren."[180] Eine logische, konsequente und positive Erziehung hat großen Einfluss auf die kindliche Entwicklung.

Eltern erziehen Schulkinder

„Vielen Eltern steht ihre Vergangenheit im Weg. ‚Wir sind oft in strafender Atmosphäre aufgewachsen und daher gewohnt, alles über negative Äußerungen zu regulieren: durch Verbote und Maßregelungen."[181] So ist oft der Fall, „dass Eltern (...) ungewollt genau das Verhalten fördern, das sie eigentlich zu verhindern suchen, (...) ineffektiv [sind] und auffällige Kinder [haben]. Statt erwünschtes Kinder-Verhalten zu fördern, versuchen sie unerwünschtes auszutreiben, durch Drohungen, Schimpfungen, Schreien und Schlagen".[182] Weil dies dem *Kinderrecht auf Menschenwürde* und *Achtung seiner Person* radikal widerspricht, müssen Eltern umdenken und dürfen die persönlich erlebten Erziehungsfehler ihrer Eltern nicht fortsetzen. Pädagogischer und nachhaltig erfolgreicher ist es, „Kindern gegenüber konsequent zu sein, sie regelmäßig zu loben und ihr unerwünschtes Betragen so wenig wie möglich zu verstärken: **Zwangsprozesse in Belohnungssysteme** verwandeln! (...) Eltern sollten u.a.: ➔ ihrem Kind einmal am Tag ungeteilte Aufmerksamkeit geben, ➔ ihr Kind erzählen lassen [über Schule, Freunde] ohne gleich Ratschläge zu geben oder Partei zu ergreifen, ➔ Sorgen des Kindes ernst nehmen, ➔ **mit Achtung von den Lehrern sprechen,** ➔ mit den Eltern der Nachbarkinder oder Freunden in Kontakt sein, ➔ bedenken, dass Kinder langsamer sind".[183]

Erziehungspartnerschaft

Schulische Bildung braucht die Erziehungspartnerschaft zwischen Schule und Elternhaus. „Zur Erziehung eines Kindes braucht man ein ganzes Dorf. Alle sind dafür in der Verantwortung."[184] Erziehung und Bildung dürfen nicht allein an die Schule delegiert werden. Erziehung ist vorrangig Aufgabe der Eltern. Es gibt eine Tendenz zur Erziehungsverweigerung in der Gesellschaft. Die Schule darf sich davon nicht anstecken lassen. Sie kann auch nicht alles leisten. Beide – Elternhaus und Schule – haben nicht nur ein Recht, sondern auch die Pflicht zu erziehen. Der Gesetzgeber hat diese Beziehung bereits seit längerem gesetzlich geregelt. Aus der gemeinsamen

---

178 Edelstein, Wolfgang und Fauser, Peter, 2001
179 http://www.vbe.de: Handreichung für Eltern des Verbandes Bildung und Erziehung, S. 6
180 Vgl. Ebd.
181 Gabriele Steentjes in: Handreichung für Eltern des Verbandes Bildung und Erziehung
182 Erziehungsforscher Gerald Patterson (Oregon) in: Ebd.
183 http://www.vbe.de: Handreichung für Eltern des Verbandes Bildung und Erziehung
184 Fitzgerald, Raimond N.: Afrikanische Seele – die Weisheit eines Kontinents

Verantwortung für die Entwicklung der Kinder ergeben sich Überschneidungen und die Notwendigkeit der Kooperation. Leider haben noch immer „viele Eltern Hemmungen, mit der Schule guten Kontakt zu pflegen. Das Bild, dass sich die Schule – Lehrpersonen, Schulleitung (...) – als geschlossene Gemeinschaft nicht für eine Mitwirkung der Eltern interessiert, ist immer noch in großen Teilen der Elternschaft verankert. Auf der anderen Seite verhält sich die Schule wegen Bedenken vor übersteigerten Erwartungen der Eltern, wegen Befürchtungen vor dem Einmischen in didaktische und methodische Belange und wegen Ängsten vor Angriffen gegen Lehrpersonen in der Zusammenarbeit mit den Eltern zurückhaltend. Diese gegenseitigen Berührungsängste verhindern vielerorts ein Miteinander von Eltern und Schule."[185]

Schule, die sich der Demokratie verpflichtet fühlt, hat den Auftrag, diese auf beiden Seiten liegenden Barrieren abzubrechen. Der Wunsch vieler Eltern nach mehr Partizipation in der Schule ist auch aus dem Bewusstsein verständlich, als das „engagierte Zusammenwirken von Eltern und Schule unbestritten einen wesentlichen Einfluss auf die Entwicklung der Heranwachsenden [hat]".[186] Eine *offene Schule* holt die Eltern in die Schulgemeinschaft mit hinein und wertschätzt das elterliche Engagement. Mit *partizipativer Eltern-Kultur* kann ein bedeutungstragendes Zusammenwirken im Verständnis *Miteinander Schule leben* gelingen. Wenn Schule und Eltern sich über die Kontaktstellen vereinbaren und ihre Kooperation auf bekannten Zuständigkeiten basiert, können sie in ihrem jeweiligen Kontext ihren Bildungs- und Erziehungsauftrag besser erfüllen. Wie kann das Modell einer *partizipative Eltern-Kultur* aussehen?

Will die demokratische Schulgemeinschaft das Engagement ihrer Eltern verstärken, sind von Schule und Elternschaft folgende Fragen zu klären:

- Welche Aufgaben sollen und können die Eltern übernehmen?
- Wo sind Grenzen für die Mitspracherechte der Eltern zu definieren?
- Wie kann eine Elternmitwirkung organisiert werden?
- Wie können Schule und Elternschaft zusammen *partizipative Eltern-Kultur* organisieren und gestalten?

Grundgedanke ist das beiderseitige Bewusstsein, dass einerseits die Wirksamkeit der Schule im wesentlichen von der Zusammenarbeit zwischen Eltern, Lernenden und Lehrenden abhängig ist, und dass andererseits Eltern und die Schulakteure dasselbe wollen: Das (Schul) kind „optimal fördern, damit es seine Fähigkeiten entfalten und in der Gesellschaft bestehen kann".[187] Eine verbesserte Transparenz, ein wohlwollendes gegenseitiges Verstehen, ein wertschätzendes Unterstützen und die beiderseitige Anerkennung der jeweiligen Erziehungsleistung können dem Wohl des (Schul)kindes nur förderlich sein. Im Modell *partizipative Eltern-Kultur* sollen Eltern wissen, wo sie aktiv teilhaben, partizipieren können und sie müssen die Grenzen für ihre Mitwirkung kennen. Wertschätzende Beziehungen und das gemeinsame Tragen der Verantwortung lassen die Wirksamkeit erhöhen und die Belastung für die Einzelnen verringern. Nachstehender Leitfaden[188] lässt die Qualitätskriterien für eine erfolgreiche Implementierung einer *partizipativen Eltern-Kultur* als Elternforum erkennen:

Partizipative Eltern-Kultur

Elternmitwirkung und Schulerfolg			
Strategie	*Partizipative Eltern-Kultur*	*Aufgabenbereich*	*Qualitätsmerkmal*
Gemeinsame Ziele der Zusammenarbeit	Schafft Vertrauen, baut Ängste ab; fördert gegenseitige Toleranz und Wertschätzung; unterstützt Leistungsbereitschaft und Lernfreude der Kinder; verhilft den Kindern zu einer besseren Bewältigung belastender Ereignisse; lässt die vielfältigen Einflüsse der weiteren Umwelt möglichst positiv verarbeiten und Gefährdung verringern; unterstützt die Schule in der Bewältigung ihres vielfältigen Bildungsauftrages; ist Modell für respektvollen und konstruktiven Umgang miteinander	**Schule:** Information der Eltern über alle relevanten Bereiche in der Schule, Transparenz; erarbeitet wird ein **Eltern und Schule:** beiderseitige Anerkennung der jeweiligen Erziehungsleistung; gemeinsam Verantwortung tragen	Partnerschaftliche Zusammenarbeit auf der Basis des Vertrauens, der Wertschätzung, gutes Schulklima; Eltern interessieren sich für Schule, nehmen an schulischen Anlässen teil; Eltern denken mit und verstehen Veränderungen: Eltern arbeiten mit der Schule zusammen; gegenseitiges Verstehen

185 Gemeinde Herisau, Ressort Schule, Eltern/Schule: Zusammenarbeit Eltern-Schule, März 2005, S. 2,
186 www.elternmitwirkung.ch; Dubs, Rolf: Mitsprache ist hilfreicher als Mitbestimmung, download vom 26.09.2006
187 Gemeinde Herisau, Ressort Schule, Eltern/Schule: Zusammenarbeit Eltern-Schule, März 2005, S. 2,
188 Ebd.

Elternmitwirkung und Schulerfolg			
Strategie	*Partizipative Eltern-Kultur*	*Aufgabenbereich*	*Qualitätsmerkmal*
Elternorganisation	Eltern verfügen über ein klar definiertes Partizipations-Organ; Herantragen der Elternanliegen in koordinierter und strukturierter Form an die Schule.	Für Kontakt und Gedankenaustausch unter den Eltern ist weniger Organisation notwendig Eltern sind dank ihres Engagements besser informiert.	Schule hat einen definierten Ansprechpartner; größere Transparenz.
Formen der Zusammenarbeit			
Ebene: Lehrperson-Eltern-Kind	*Elterngespräch* Lehrperson(en) und Eltern besprechen spezifische, das Kind betreffende Beobachtungen und Maßnahmen (mit Einbezug des Kindes); **Formen:** terminierte Gespräche, Sprechstunde, Telefonat, Tür- und Angelgespräche, zufällige Begegnungen.	*Schriftlicher Kontakt* Lehrperson und Eltern sorgen für regelmäßigen Informationsfluss **Formen:** E-Mail, Elternbriefe, Kontakt-, Aufgabenheft, Einsehen von Schulkindarbeiten, **Feedback-Kartei.**[189]	*Schulbesuch* Eltern haben die Möglichkeit zu hospitieren, um sich über das Verhalten ihres Kindes ein Bild zu machen – offenes Klassenzimmer.
Ebene: Klasse	*Elternabend* Soll mindestens einmal pro Halbjahr stattfinden: Lehrperson(en) vermitteln schulische und Unterrichtsbezogene Informationen, nehmen Anliegen auf und klären Fragen der Eltern.	*Einladung zu Klassenveranstaltungen* Die Schulkinder und Lehrperson(en) laden die Eltern zu einer Veranstaltung ein, an denen auch Meinungen und Informationen ausgetauscht werden können.	*Elternschulbesuch* Eltern haben die Möglichkeit, sich mit einem Schulbesuch über den Betrieb im Klassenzimmer ein Bild zu machen (offenes Klassenzimmer).
	Eltern als Mitarbeitende Eltern werden als Fachpersonen in einem Gebiet als Referenten in die Klasse eingeladen, begleiten die Klasse auf Exkursionen, Reisen, in Schulheimaufenthalten, helfen bei besonderen Aktivitäten, Festen mit.	*Elternklassensprecher* Eltern organisieren sich auf Klassenebene auf eigene Initiative und werden in einer Wahl gewählt, um die Fragen und Anliegen der Klasseneltern einzubringen.	*Elternunterstützung* Das Schulteam und Elternforum kann gemeinsam erarbeitete pädagogische Vorschläge für eine elterliche Unterstützung der Kinder im Schulalltag unterbreiten.
Ebene: Schule und Eltern sowie Vernetzung mit Gemeinde und Öffentlichkeitsarbeit	*Pressemitteilungen/ Homepage* Schule informiert die Eltern u. Gemeinde über die Ausrichtung der demokratischen Schule, ihre Leitlinien, die schulspezifischen Regeln u. Gepflogenheiten, auch darüber, wie Gemeinde u. Eltern Schule unterstützen können.	*Informationsveranstaltungen* Die Schule informiert die Bevölkerung über aktuelle Anliegen, ihre Ziele, (Sozial-)Projekte und bietet Eltern, kommunalen Behörden und weiteren Interessierten die Gelegenheit, miteinander ins Gespräch zu kommen.	*Kontaktpflege* Für die Kontaktpflege können vom Schulteam autonom offizielle Besuchstage (z. B. 1–3-mal pro Schuljahr) eingerichtet werden.

189 Die Feedback-Kartei bietet einen kontinuierlichen und situationsbezogenen Austausch zwischen Lehrperson und Schulkind. Mit Rückmeldekarten soll keine Leistungsbewertung stattfinden und dadurch ein Konkurrenzdenken verstärkt werden, es soll ein soziales Lernen gefördert werden.

Elternorganisationen[190]		
Ziele ➔ Die Kooperation ist auf beiden Seiten partnerschaftlich, fair und transparent. ➔ Konstruktive Zusammenarbeit: Förderung der Gesprächskultur zwischen allen Beteiligten; Schaffung gegenseitigen Vertrauens; Überwindung von Vorurteilen; Förderung gegenseitiger Toleranz und Wertschätzung; Unterstützung der Leistungsbereitschaft und Lernfreude der Kinder; Förderung der Kontakte unter den Eltern, Beratung und gegenseitige Hilfeleistung; Förderung der Integration; Einbringen der Meinung in Schulfragen; Mitarbeit bei Projekten.	*Organisationsform Elternforum* ➔ Die Schule schreibt die Organisationsform nicht vor. Diese wird gemeinschaftlich gewählt. Allerdings kann die Schule die Gestaltung als partizipatives Elternforum empfehlen, gemäß ihren demokratischen Prinzipien. **Vorteil des Elternforums:** Die Organisation ist unkompliziert und sehr flexibel. Im demokratischen Verständnis können alle Erziehungsberechtigten und an der Schule interessierten Personen am Forum teilnehmen. ➔ Eltern organisieren sich selbst, geben sich selbst die Strukturen. Es wird in der Regel ganz von Elternseite initiiert. Auch hier ist eine konstruktive Zusammenarbeit wichtig. Inwieweit Schulteam/-leitung die Elternorganisation mitgestalten und personell darin vertreten sind, ist Sache der jeweiligen Akteure. ➔ Die Schulleitung ist erste Instanz bei Problemen in der Zusammenarbeit zwischen Elternforum und Schulteam/-leitung. Erst danach, sollten die Probleme nicht bewältigt sein, kann die nächste Instanz involviert werden.	*Grenzen der Mitsprache* Die Mitglieder des Elternforums anerkennen die Kompetenzverteilung. Sie haben kein Mitspracherecht bei: • Pädagogisch-didaktischen Fragen • Personalfragen • Beurteilung von Mitarbeiterinnen und Mitarbeitern • Stundenplänen, Lehrmitteln • Klassenzuteilungen und Schulaufsicht Sie verfügen über **kein Weisungsrecht** gegenüber Lehrpersonen oder anderen Eltern und vertreten **keine Einzelinteressen**. Bei Zugang zu vertraulichen Informationen unterliegen sie der Schweigepflicht.
Konstitution und Legitimation	Das Elternforum konstituiert sich mit einem ➔ **Vorstand:** gebildet aus den Klassensprechern, einer Elterngruppe, (evtl. Vertretung der Lehrpersonen, Schulleitung, Behördenvertretung) ➔ Projektgruppe A, B ... ➔ Lehrpersonen ➔ andere interessierte Eltern	Haben alle Eltern der Schulkinder einer Schulgemeinschaft die Möglichkeit, im Elternforum mitzuwirken, wird die Organisation legitimiert, die Meinung der Elternschaft zu ergründen und entsprechend zu vertreten.
Finanzierung/ Administration	In der Regel wirken Elternorganisationen selbsttragend, das heißt, sie bestreiten ihr Budget aus Einnahmen von Veranstaltungen, die vom Förderverein der Schule verwaltet werden. In besonderen Fällen kann Schule unterstützen.	➔ Für besondere Veranstaltungen können die Elternorganisationen bei der Schulleitung Gesuche um finanzielle Unterstützung einreichen: z. B. Weiterbildungsveranstaltungen, Workshops für Eltern, Vorträge mit Gastreferenten, durch die Elternorganisation organisierte Schulhaus-Veranstaltungen ➔ Elternorganisationen können auf dem Kopierer der Schulverwaltung eine definierte Anzahl von Kopien pro Jahr erstellen.

190 Das Modell Elternbeirat ist häufig anzutreffende Organisationsform, entspricht aber in ihrer Struktur nicht ganz den Anforderungen einer *partizipativen Eltern-Kultur*

5.8 Steuerungsgruppen für Schulentwicklungsprozesse

„Vielfältige Erfahrungen mit Schulprogramm-Arbeit in den letzten Jahren haben gezeigt, dass erfolgreiche Schulentwicklung neben einer aktiven Rolle der Schulleitung auch wesentlich die Einbindung des Kollegiums voraussetzt [siehe *K.L.I.M.A.*-Konzept unter Punkt 5.6]. Dies kann sehr wirkungsvoll durch eine Steuerungsgruppe [oder auch Schulentwicklungsgruppe etc.] erfolgen. Wo Steuerungsgruppen eingesetzt werden, haben Schulentwicklungsprozesse bessere Chancen

- im Kollegium [Team] dauerhaft verankert zu sein,
- zu nachhaltigen Ergebnissen zu führen und
- sich auf das Ganze der Schule zu beziehen [vgl. systemtheoretische Aspekte Kap. 5]."[191]

Aktuelle Schulentwicklungsprozesse zielen mithilfe von Steuerungsgruppen darauf ab, gegenüber einer traditionell geführten Schulleitung mit einer *top-down-Organisation*, mehr *bottom-up-Ansätze* in der Schule zu realisieren. „Die Kreativität, die Kompetenzen und das Engagement aller an Schule Beteiligten können noch systematischer genutzt werden – die Prozesse finden auf einer wesentlich breiteren Basis statt. Dennoch – oder gerade deshalb – ist die aktive Mitarbeit der Schulleitung in der Steuerungsgruppe von zentraler Bedeutung: So können spezielle Fragen und die Vorbereitung von Entscheidungen gemeinsam beraten und die verschiedenen Perspektiven und Kompetenzen kontinuierlich in den Prozess einbezogen werden (...). Zu Beginn der Arbeit einer Steuerungsgruppe ist es sinnvoll, die Rollen und die Art und Weise der Zusammenarbeit und zwischen Schulleitung zu klären, um Missverständnisse oder Konflikte im Vorfeld zu vermeiden. Mögliche Fragen

➔ **aus der Sicht der Schulleitung:** Wie verstehe ich meine Aufgabe und Rolle als Mitglied der Steuerungsgruppe? Welche Erwartungen habe ich an die Arbeit der Steuerungsgruppe?

➔ **Aus der Sicht der Steuerungsgruppe:** Wie verstehen wir unsere Rolle und Aufgabe im Prozess? Wie (...) die [der Schulleitung]? Welche Unterstützung brauchen wir und welche Erwartungen haben wir an die Schulleitung? Wie erreichen wir einen umfassenden und kontinuierlichen Informationsfluss zwischen Schulleitung, Kollegium [als Team] und Steuerungsgruppe?"[192]

Aufgaben einer Steuerungsgruppe

Die Aufgaben einer Steuerungsgruppe sind vielfältig und haben im Zentrum das Koordinieren/Kooperieren von Entwicklungsarbeit und Evaluation. Weiterhin bemüht sie sich darum, dass Vorhandenes wahrgenommen und weitergeführt wird. Sie bereitet Entscheidungen vor, die dann im Falle einer partizipativen Schulleitung gemeinsam im Team und Leitung getroffen werden. Sie sorgt für Verbindlichkeit sowie Kontinuität und verankert so den Entwicklungsprozess nachhaltig. Sie macht Ergebnisse transparent und sichtbar. Von ihrer impulsgebenden Gestaltungskraft (Synergieeffekte – siehe unter 5.5) kann eine *lernende Schule* als Organisationssystem einen qualitativen Entwicklungsprozess durchlaufen. Diese wichtige Funktion einer Steuerungsgruppe „sollte deshalb unbedingt beibehalten werden, auch wenn das Schulprogramm fertig ‚geschrieben' ist, z. B. um die Umsetzung der Ziele zu koordinieren und zu begleiten".[193] Ein wichtiges methodisches Instrument von Steuerungsgruppen ist die *Moderation*, als Führung und begleitende Leitung von Gesprächen sowie impulsgebende Anregung bei Diskussionsprozessen in Gruppen. Für Entwicklungs- und Gruppen-Lernprozesse sind Moderationsphasen immer wieder wichtig und erforderlich, um im Prozessverlauf Informationen zu sichten, Assoziationen zu bilden, Brainstorming durchzuführen, Planungs- und Entscheidungshilfen zu visualisieren und transparent zu machen.

Zielsetzung der Steuerungsgruppe: Qualitätsentwicklungsprozess

Ein Demokratie-Projekt soll in das Qualitäts- und Entwicklungsprogramm der Schule eingebunden sein. Demokratische Schulentwicklung geht vom Konzept der *lernenden Schule* mit der Bereitschaft zur kontinuierlichen Veränderung und Weiterentwicklung aus. Das Ziel ist ein nachhaltiger Qualitätsentwicklungsprozess, an dem möglichst viele Gruppen der Schule und Akteure (Schulkinder, Lehrende, Eltern, Kooperationspartner) aktiv beteiligt sind. Diese hohe Zielsetzung kann durch die Implementierung einer Steuerungsgruppe realisierbar werden.

5.9 Materialien zu Kapitel 5

M 43 Partizipative Unterrichtskultur: Das ist für uns wichtig!
M 44 Wie ich meine Klasse sehe
M 45 Welche Regeln wollen wir in unserer Klasse?
M 46 Partizipation – Wie? Spielformen der Beteiligung (1)
M 47 Partizipation – Wie? Spielformen der Beteiligung (2)
M 48 Von der kleinen zur großen Versammlung und dann zur Schulversammlung
M 49 Feedback-Regeln
M 50 Mein Gesprächsverhalten im Unterricht
M 51 Selbsteinschätzungsbogen für Lehrer/-innen (4 Seiten)
M 52 Fragebogen: Lehrer/-in-Beurteilung durch Schulkinder
M 53 Ablaufschema der kollegialen Beratung
M 54 Tipps für die Moderation

191 Lernende Schule, 2006, S. 3 ff.
192 Ebd.
193 Ebd.

Partizipative Unterrichtskultur: Das ist für uns wichtig!

M 43

Hier können WIR mitreden und unsere Meinung sagen.

Kreuze an!

- ○ Sitzordnung in unserem Klassenzimmer
- ○ Gestaltung unseres Klassenzimmers
- ○ Gestaltung des Unterrichts
- ○ Auswahl der Unterrichtsthemen
- ○ Festlegung von Regeln im Unterricht
- ○ Leistungsbewertung / welche Noten
- ○ Festlegung von Hausaufgaben
- ○ ??

Bei diesen Dingen würde ich auch gerne mitreden:

Wie ich meine Klasse sehe (mit eigenen Worten)

M 44

Schule ______________________________

Meine Lehrerin ______________________________

Was gefällt mir an meinen Mitschulkindern besonders gut?

Was stört mich an meinem Banknachbarn besonders?

Hier kann ich die Dinge aufschreiben, die mich in der Klasse stören

Stören meine Dinge auch andere Kinder in der Klasse?

Wie können wir gemeinsam die störenden Dinge beseitigen/vermeiden?

Welche Regeln wollen wir in unserer Klasse?

M 45

Welche Regeln gibt es schon?

Wer hat die Regeln gemacht?

Warum werden sie benötigt?

Wenn es diese Regeln nicht gäbe, was wäre dann?

Welche Regel stört dich und warum?

Welche Regel wünscht du dir?

Partizipation – Wie? Spielformen der Beteiligung (1)

M 46

Beteiligung kann **verbal** oder auch **nonverbal** geschehen. Schulkinder sollen im demokratischen Lernen beide Möglichkeiten spielerisch erfahren.

Verbale Beteiligungsmöglichkeiten
Nachrichtensendung Die Kinder erhalten Information über Gestaltungsformen der Nachrichtenverbreitung: Interview, Kommentar, Zuschauerbefragung, Nachrichtenüberblick, Kurzberichte. Kinder spielen eine Nachrichtensendung und geben aus ihrer Sicht wichtigste Eindrücke eines Ereignisses wider (z.B. Schulversammlung). Noch spannender kann dieser reizvolle und anspruchsvolle Auftrag (für ältere Kinder) werden durch eine Videoaufzeichnung.
Satzkette Nach dem Muster des Spiels „Ich packe einen Koffer ..." vervollständigen die Kinder einen vorgegebenen oder selbst ausgesuchten Satzanfang, z.B. „Wenn ich an .... (Schulversammlung) denke, dann ..."). Das nächste Kind in der Reihe muss den Satz des Vorgängers wiederholen und einen eigenen Teilsatz anfügen. Die Anzahl der zu wiederholenden Sätze soll an das Alter der Kinder angepasst werden.
Händedruck Alle Kinder stehen im Kreis und schließen die Augen. Eine Frage wird gestellt: „Was fällt dir ein, wenn du an ... denkst? Die Kinder sollen sich ein bis maximal drei Wörter merken, die ihnen als Stichworte spontan einfallen. Dann wird die Frage noch einmal laut gestellt. Das erste Kkind nennt seine Worte und drückt danach die Hand des Nachbarn, der dann seine Stichworte nennt und den Händedruck weitergibt ...
Fadennetz Die Kinder sitzen oder stehen im Kreis und ein Wollknäuel wird von Kind zu Kind geworfen. Dabei rollt sich der Faden durch das Festhalten von jedem Kind nach und nach ab. Wer das Knäuel in der Hand hält, kann die gestellte Frage beantworten. So entsteht ein großes Fadennetz (Das Wollknäuel muss groß genug sein). Beim zweiten Durchgang wird das Knäuel auf dem gleichen Weg zurückgeworfen und aufgerollt. Dabei beantworten die Kinder eine andere Frage. Wer nicht antworten möchte, kann das Knäuel auch wortlos weitergeben. Die Kinder können – solange sie das Knäuel in der Hand halten – reden. Die Meinung soll nicht kommentiert werden.
Gefühlswürfel zum Feedback-geben Die Kinder würfeln einen Gesichtsausdruck und beziehen das abgebildete Gefühl auf eine einzelne Veranstaltung, Person oder das gesamte Projekt („Spaß hat mir gemacht ...", Erschrocken hab ich mich als ..." usw.).
Sternenhimmel für Wünsche und Ideen Die Kinder schreiben oder malen in ausgeschnittene Sterne ihre Wünsche und Ideen zur Weiterführung oder Wiederholung des Projektes. Die Sterne werden auf ein großes blau bemaltes Plakat oder blaues Leintuch geklebt und an der Decke angebracht.
Ausstellung an der Leine Die Kinder bringen ihre Meinung mit Worten, Bildern, Fotos, Collagen, Zeichnungen usw. auf Papier und hängen ihre Ergebnisse an einer gespannten Wäscheleine auf.

Vgl. Parschau, 2004. S. 94 f.

Partizipation – Wie? Spielformen der Beteiligung (2)

M 47

Beteiligung kann **verbal** oder auch **nonverbal** geschehen. Schulkinder sollen im demokratischen Lernen beide Möglichkeiten spielerisch erfahren.

Nonverbale Beteiligungsmöglichkeiten
Einwerfen Die Kinder werfen Gegenstände entsprechend ihrer Wertung in ein symbolisch gekennzeichnetes Behältnis ein. *Mögliche Behältnisse:* Bonbongläser, Pappkartons, Plastikröhren, Toilettenpapierrollen, gekennzeichneter Kreis auf dem Boden, große Joghurtbecher, alte Gummistiefel etc.) *Mögliche Symbole:* Ampel grün/Ampel rot; lachende/traurige Gesichter; Smileys positiv/ negativ; ein Stern/viele Sterne; Gewitterwolke/Sonne; *Gegenstände:* Kastanien; Walnüsse; Eicheln; Knöpfe; kleine Steine; Stöckchen; Muggelsteine; Kirschkerne; Bausteine; Gänseblümchen. Es ist wichtig, dass das Ergebnis für die Kinder sichtbar wird. Dafür können z. B. unterschiedlich lange Kastanien-Schlangen gelegt oder Bausteine zu verschieden großen Türmen aufgehäuft werden.
Seinen Standpunkt bestimmen (Positionieren) Die Kinder suchen sich auf einer „von-bis-Strecke" eine ihrem Urteil entsprechende Position aus. *„Von-bis-Strecke":* Kreidestrich, Seil, Sandweg, Berg, Klettergerüst, Treppe, Tapetenrolle. *Positionierung:* Der Standpunkt kann mit der eigenen Person oder einem beliebigen Gegenstand (Schuh, Mensch-ärgere-dich-nicht-Figur, Aufkleber, Schuhkarton etc.) bestimmt werden.
Ampelkarten Die Kinder halten entsprechend der Fragestellung eine Farbkarte nach oben: Rot = nein, bzw. Ablehnung; gelb = weiß nicht, bzw. Mittelwert; grün = ja, bzw. Zustimmung Es ist wichtig, dass die Farbendefinition allen Kindern klar und verständlich ist.
Stehen – Sitzen Die Kinder können zu den gestellten Fragen durch Aufstehen (= Zustimmung) und auf den Boden setzen (= Ablehnung) ihre Meinung ausdrücken. Einige Kinder versuchen von selbst, eine mittlere Position einzunehmen, wie bspw. Hocken, wenn sie sich nicht entscheiden können oder wollen. Auch hier ist wichtig, dass die Positionen in ihrer Definition allen Kindern verständlich sind.
Meinungskärtchen Die Kinder werfen hierbei in gekennzeichnete Kästen ihre Meinungskärtchen ein. Die Kästen (Schuhkartons etc.) sind bspw. in den Ampelfarben bemalt. Auf den Kärtchen ist eine mögliche Meinung formuliert, zu der sich die Kinder positionieren sollen. Bei jüngeren Kindern werden die Kärtchen vorgelesen. Dieses Verfahren ist in der Vorbereitung sehr aufwändig.
Stimmungswand Unter einer bestimmten Fragestellung setzt jedes Kind einen Klebepunkt in ein Feld seiner Wahl: Sonne = gut/prima, von einer Wolke halb verdeckte Sonne = in Ordnung; die Regenwolke = total blöd; und das Gewitter = total doof. Vgl. Feedback-Tafel: jedes Kind setzt unter der bestimmten Fragestellung bezüglich der Verhaltenskriterien zur Sozialziel-Umsetzung seinen Punkt in die Kategorien „stimmt", „ab und zu", „stimmt nicht". Hier ist die pädagogische Begleitung für die jüngeren Kinder zum Vorlesen und zum geordneten Punkte kleben wichtig.

Vgl. Parschau, 2004. S. 94 f.

Von der kleinen zur großen Versammlung und dann zur Schulversammlung

M 48

Die Klasse

Morgenkreis: Nach Schulbeginn treffen sich die Kinder in einem Morgenkreis. Sie erzählen von den Erlebnissen des Vortags oder von dem, was sie gerade bewegt. Es gibt Meldungen und Nachfragen zu diesen Berichten. Absprachen werden getroffen und der Tag wird strukturiert.

Die Klassennachbarschaft

Große Versammlung: Anders geht es bei der sog. großen Versammlung zu, die nach der Frühstückspause stattfindet. Dann treffen sich die jeweils benachbarten Gruppen, die in der offenen Schule auf Sichtweite nebeneinander „wohnen", zu einem großen Kreis. Geburtstage werden gefeiert, Ansagen gemacht, Lieder gesunden, kleine Szenen vorgeführt. Die Kinder erfahren so im Schulalltag nicht nur das Leben in der „Familie", der kleinen altersgemischten Stammgruppe, sondern auch in der größeren Gemeinschaft, der „Nachbarschaft". So ist es für sie (später) einmal ganz normal, sich auch in Jahrgangs- oder Schulversammlungen unbefangen und selbstbewusst einzubringen.

Aus der „kleinen Versammlung" der Stammgruppe entwickelt sich in den folgenden Jahrgängen eines der wichtigsten Rituale, zugleich eines der wichtigsten Elemente der Einübung in Demokratie. Im Grundschulbereich wird es die ganzen Jahrgänge über praktiziert. Die Versammlung dauert unterschiedlich lange, je nachdem, was und wie viel anliegt, oft bis zu einer Stunde.

Die Kinder würden sie wohl vor allem als ihre Zeit definieren, nicht als Unterricht. Hier kommt alles zur Sprache, was die Gruppe betrifft: Berichte, Erzählungen, Beratungen, Schlichtungsgespräche. Zugleich ist die Versammlung das Forum für Rückmeldungen und Präsentationen aus dem Unterricht. Es wird vorgelesen und diskutiert, referiert und berichtet.

Bei den Größeren wird die Beratung auf diese Weise mehr und mehr versachlicht, während die Jüngeren oft mit sich selbst genug zu tun haben. Aber auch hier ist das Vorlesen und Vortragen eine Selbstverständlichkeit – ein Mittelding zwischen Parlament, Meckerecke, Meinungsmarkt und Forum ist die Versammlung und ganz sicher eine besonders effektive Spielart des Deutschunterrichts, umso mehr, weil die Kinder dies keineswegs als solchen empfinden.

Die Schulversammlung

Demokratische Schulgemeinschaft entwickelt sich durch Einüben der Versammlungskultur

Feedback-Regeln

M 49

So kannst du eine faire Rückmeldung (ein Feedback) geben bzw. annehmen:

Feedback geben	Feedback annehmen
1. Als erstes sage ich, was mir gefallen hat.	1. Das Feedback des anderen höre ich mir an.
2. Ich kritisiere nicht, sondern beschreibe das Verhalten genau, das ich beobachtet habe.	2. Ich weiß, der andere sagt seine persönliche Meinung.
3. Ich sage Worte, die nicht verletzen.	3. Ich werde nicht angegriffen und muss mich nicht verteidigen.
4. Ich mache Vorschläge: So könnte es sein ...	4. Wenn ich etwas nicht verstanden habe, frage ich nach.
5. Ich zeige, dass das „nur" meine Meinung ist.	5. Ich wähle mir das aus dem Feedback aus, was für mich wichtig ist.

Mein Gesprächsverhalten im Unterricht

M 50

Gib dir selbst ein Feedback

	Das ist leicht für mich	Das ist nicht so leicht	Das möchte ich lernen
Vor der Klasse reden			
Nachfragen, wenn ich etwas nicht verstehe			
An der Tafel etwas erklären			
Laut und deutlich sprechen			
Mich verständlich ausdrücken			
Leise zuhören, wenn andere reden			
Zuhören, wenn die Lehrkraft etwas erklärt			
Beim Reden andere anschauen			
Auf die Fragen und Argumente meiner Mitschulkinder eingehen			
Ein Referat vor der Klasse halten			
Einem Kind in der Klasse etwas erklären			
Mit meinem Nachbarn bei der Stillarbeit nicht reden			
Bei einer Gruppenarbeit nur so laut wie nötig reden			
Die anderen Kinder in der Gruppe ausreden lassen			
?			
?			

Selbsteinschätzungsbogen für Lehrer/-innen

M 51/1

Für eine verbesserte Wahrnehmungsfähigkeit des eigenen Handelns ist es sinnvoll, sich mit folgenden Fragen auseinanderzusetzen. Sie betreffen Einschätzungen zu Arbeitsaufgaben und Arbeitsbedingungen. Differenziert werden können diese Einschätzungen mit der Skalierung der Antworten. Es ist jeweils anzugeben, wie sehr die einzelnen Feststellungen zutreffen bzw. nicht zutreffen. Für jede Aussage ist der entsprechende Zahlenwert anzukreuzen. Es stehen immer fünf Antwortalternativen zur Verfügung: 5: trifft völlig zu, 4: trifft überwiegend zu, 3: trifft teils/teils zu, 2: trifft überwiegend nicht zu, 1: trifft überhaupt nicht zu. Bitte lassen Sie sich bei den Urteilen ausschließlich von Ihrer persönlichen Erfahrung leiten!

1. Wie sehr trifft es zu, dass der *Unterricht* ...

	trifft völlig zu	trifft überwiegend zu	trifft teils/teils zu	trifft überwiegend nicht zu	trifft überhaupt nicht zu
störungsfrei und reibungslos verläuft?	5	4	3	2	1
durch alle Schüler mitgetragen wird?	5	4	3	2	1
zu dem Ergebnis führt, das Sie persönlich angestrebt haben?	5	4	3	2	1

2. Wie sehr trifft es zu, dass die *über den Unterricht hinaus* mit den Schülern zu leistende Arbeit (Schülergespräche, Arbeitsgemeinschaften, Nachhilfe ...) ...

	trifft völlig zu	trifft überwiegend zu	trifft teils/teils zu	trifft überwiegend nicht zu	trifft überhaupt nicht zu
problemlos verläuft?	5	4	3	2	1
nützlich und effektiv ist?	5	4	3	2	1
im Zeitaufwand gut verkraftbar ist?	5	4	3	2	1

3. Wie sehr trifft es zu, dass *offizielle Zusammenkünfte* im Kollegium (Dienstberatungen, Konferenzen u.ä.) ...

	trifft völlig zu	trifft überwiegend zu	trifft teils/teils zu	trifft überwiegend nicht zu	trifft überhaupt nicht zu
im Zeitaufwand angemessen sind?	5	4	3	2	1
sinnvoll und effektiv sind?	5	4	3	2	1
in freundlicher und harmonischer Atmosphäre stattfinden?	5	4	3	2	1

4. **Wie sehr trifft es zu, dass die mit den *Eltern* zu führenden *Gespräche* (Einzelgespräche, Gruppengespräche zum Elternabend ...) ...**

	trifft völlig zu	trifft überwiegend zu	trifft teils/teils zu	trifft überwiegend nicht zu	trifft überhaupt nicht zu
in kooperativer Weise stattfinden?	5	4	3	2	1
auf fruchtbaren Boden fallen?	5	4	3	2	1
im zeitlichen Aufwand angemessen sind?	5	4	3	2	1

5. **Wie sehr trifft es zu, dass die *Arbeit* die Sie *zu Hause* für die Schule zu erledigen haben (Korrekturen, Vorbereitungen ...) ...**

	trifft völlig zu	trifft überwiegend zu	trifft teils/teils zu	trifft überwiegend nicht zu	trifft überhaupt nicht zu
im zeitlichen Aufwand gut verkraftbar ist?	5	4	3	2	1
ohne Stress (durch Aufgabenhäufung und Zeitdruck) getan werden kann?	5	4	3	2	1
mit dem Familienleben gut vereinbar ist?	5	4	3	2	1

6. **Wie sehr trifft es zu, dass die *Schüler* ...**

	trifft völlig zu	trifft überwiegend zu	trifft teils/teils zu	trifft überwiegend nicht zu	trifft überhaupt nicht zu
über die notwendigen Wissensvoraussetzungen verfügen?	5	4	3	2	1
den Lehrkräften gegenüber kooperativ und rücksichtsvoll sind?	5	4	3	2	1
die erforderliche Motivation und Lernbereitschaft aufbringen?	5	4	3	2	1
mit ihren Mitschülern partnerschaftlich umgehen?	5	4	3	2	1
die deutsche Sprache ausreichend beherrschen?	5	4	3	2	1

M 51/3

7. **Wie sehr trifft es zu, dass die *Eltern* …**

	trifft völlig zu	trifft über-wiegend zu	trifft teils/teils zu	trifft über-wiegend nicht zu	trifft über-haupt nicht zu
sich für die schulische Entwicklung ihrer Kinder interessieren?	5	4	3	2	1
die Zusammenarbeit mit der Schule suchen?	5	4	3	2	1
ihrer erzieherischen Verantwortung gerecht werden?	5	4	3	2	1

8. **Wie sehr trifft es zu, dass im *Kollegium* …**

	trifft völlig zu	trifft über-wiegend zu	trifft teils/teils zu	trifft über-wiegend nicht zu	trifft über-haupt nicht zu
ein offenes und vertrauensvolles Klima besteht?	5	4	3	2	1
gegenseitige Unterstützung erfolgt?	5	4	3	2	1
entlastende Gespräche möglich sind?	5	4	3	2	1
gemeinsame Normen und Ziele verfolgt werden?	5	4	3	2	1

9. **Wie sehr trifft es zu, dass seitens der *Schulleitung* …**

	trifft völlig zu	trifft über-wiegend zu	trifft teils/teils zu	trifft über-wiegend nicht zu	trifft über-haupt nicht zu
jeder Einzelne motiviert und ermutigt wird?	5	4	3	2	1
Leistungen angemessen beurteilt und anerkannt werden?	5	4	3	2	1
Unterstützung in allen Arbeitsbelangen erfolgt?	5	4	3	2	1
auf Gerechtigkeit bei der Aufgaben-verteilung geachtet wird?	5	4	3	2	1
Verständnis bei persönlichen Problemen aufgebracht wird?	5	4	3	2	1
die Entwicklung jedes Einzelnen gefördert wird?	5	4	3	2	1
Möglichkeiten der Mitsprache und Mit-entscheidung eingeräumt werden?	5	4	3	2	1

M 51/4

10. Wie sehr trifft es zu, dass eine demokratische *Schulkultur* besteht, bei der ...

	trifft völlig zu	trifft über-wiegend zu	trifft teils/teils zu	trifft über-wiegend nicht zu	trifft über-haupt nicht zu
die Mitsprache der Schüler gewährleistet ist?	5	4	3	2	1
Innovationsfreude und Kreativität von Lehrern und Schülern gefordert werden?	5	4	3	2	1
das gemeinsame Streben nach Lernerfolgen im Vordergrund steht?	5	4	3	2	1
Höflichkeit und Rücksichtnahme den Schulalltag bestimmen?	5	4	3	2	1

11. Wie sehr trifft es zu, dass die *Arbeitsorganisation* an Ihrer Schule ...

	trifft völlig zu	trifft über-wiegend zu	trifft teils/teils zu	trifft über-wiegend nicht zu	trifft über-haupt nicht zu
die Vorhersehbarkeit und Planbarkeit der Arbeitsaufgaben ermöglicht wird?	5	4	3	2	1
Vertretungsstunden gerecht und transparent verteilt werden?	5	4	3	2	1
ungleiche Belastungen vermieden bzw. ausgeglichen werden?	5	4	3	2	1
die administrativen Pflichten auf das notwenige Maß reduziert werden?	5	4	3	2	1
persönlichen Wünschen (z. B. bei der Stundenplanung) entsprochen wird?	5	4	3	2	1

In Anlehnug an: Arbeits-Bewertungs-Check für Lehrkräfte (ABD-L) U. Schaarschmitdt & U. Kieschke (2006)

Fragebogen:
Lehrer/-in-Beurteilung durch die Schulkinder

M 52

Frage	Unser/e Lehrer/-in	Stimmt total	Trifft zu	Mal so, mal so	Eher nicht	Trifft nicht zu
1	ist freundlich und höflich					
2	ist humorvoll					
3	hat Zeit für uns					
4	macht uns Mut					
5	setzt sich für uns ein					
6	beurteilt Leistungen gerecht					
7	geht auf Nachfragen ein					
8	kümmert sich auch um die Schwachen					
9	sorgt für Ruhe und Konzentration im Unterricht					
10	ist geduldig					
11	kann sich durchsetzen					
12	ist konsequent					
13	erklärt im Unterricht verständlich					
14	regt uns zu selbstständiger Arbeit an					
15	kann ein langweiliges Thema spannend erkären					
16	gestaltet den Unterricht interessant					
17	beginnt die Stunde pünktlich					
18	beendet die Stunde pünktlich					
19	lobt gute Leistungen					
20	fordert von der Klasse gute Leistungen					
21	schimpft viel im Unterricht					
22	bevorzugt einige Schulkinder					
23	bevorzugt Mädchen					
24	bevorzugt Jungen					
25	fragt nach unserer Meinung					
26	geht auf unsere Interessen ein					
27	ist offen und ehrlich					
28	kann auch eigene Fehler zugeben					
29	ist gerne in unserer Klasse					

Ablaufschema der *kollegialen Beratung*:

M 53

Zeit	Methode	Ratsuchender	Beratende Gruppe	Regeln/Stichworte
5 Min.	Rollenverteilung			Wer bringt den Fall ein? Wer berät, wer moderiert?
5 Min.	Vorstellung des Falls	beschreibt die Situation, formuliert Fragestellung	hört zu und macht sich Notizen	noch nicht nachfragen!
15 Min.	Befragung	antwortet differenziert	interviewt den Ratsuchenden	nur Verständnis- und Informationsfragen, keine Probleminterpretationen!
10 Min.	Hypothesen	geht aus der Runde und hört zu	berät sich: es werden Hypothesen, Vermutungen, Eindrücke geäußert	noch keine Lösungen entwickeln!
5 Min.	Stellungnahme	kehrt zurück, ergänzt und korrigiert	hört zu und korrigiert ggf. die Aufnahme ihrer Hypothesen	keine Diskussionen!
10 Min.	Lösungsvorschläge	geht aus der Runde, hört intensiv zu und macht sich Notizen	jeder sagt (oder schreibt auf), was er anstelle des Ratsuchenden tun würde	keine Diskussionen!
10 Min.	Entscheidung	teilt mit und begründet in der Runde, welche Hypothesen angenommen werden und welche Vorschläge er/sie umsetzen möchte	hört zu	keine Diskussionen!
5 Min.	Austausch	äußert, wie es ihm/ihr geht	„Was nehme ich mit aus dem Gespräch?" und persönliche Anmerkungen	Verbesserungsvorschläge Anregungen für das Schema

*Vgl.: Haug-Benien R. (1998): Kollegiale Beratung – Ein Fall nicht nur für zwei. hiba transfer, Ausgabe III-1998. Heidelberger Institut Beruf und Arbeit, **hiba gmbh**, S. 6*

Tipps für die Moderation

M 54

- Zu Beginn jeder Sitzung sollten ein Überblick und eine gemeinsame Verständigung über die Ziele und Inhalte stehen. Eine Zusammenfassung ist zum Ende sinnvoll, die auch die getroffenen Vereinbarungen enthält.
- Teilnehmende können aktiviert und eingebunden werden.
- Visualisieren von wichtigen Punkten in den Sitzungen helfen den Teilnehmenden
  - die Aufmerksamkeit auf das Wesentliche zu konzentrieren,
  - im Ablauf die Orientierung zu behalten,
  - Informationen leichter erfassen zu können,
  - Gesagtes zu ergänzen und zu vertiefen.
- Hilfreiche Materialien im Sitzungsraum:

  ➔ ***Flipchart*** (Sammeln von Beiträgen zu den einzelnen TOPs (Tagesordnungspunkten, Prioritätssetzung von Ideen, Erarbeitung von Abläufen und Prozessen)

  ➔ ***Pinnwand*** (als Themenspeicher für Ideen und Anregungen, die noch nicht bearbeitbar sind, wichtig ist aber das Protokollieren hierüber; für Kartenabfragen und zum Clustern von Ideen)

  ➔ ***Overheadprojektor*** (zur Kurzinformation anhand vorbereiteter Folien, Grafiken, Bilder usw.)

  ➔ ***Beamer*** (wie OHP, gleichzeitig Mitschreiben und Visualisieren des Protokolls auf dem Laptop)

  ➔ Folien, Moderationsstife, Karten und Papier.
- Eine rotierende Verteilung der Rollen ist im Verständnis einer Partizipation sinnvoll
  - Zeitwächter, Regel-Beobachter, Lautstärken-Anzeiger für Plenumsarbeit
  - Sitzungsleitung/Moderation
  - Protokollführung
- Abrundung einer Sitzung durch kurzes mündliches ***Feedback*** oder durch visualisieren des ***Stimmungsbarometers*** auf dem Flipchart (mit Smileys, Skalierung etc.).
- Manchmal ist die Hinzuziehung von externen Moderationspersonen sehr hilfreich und zielführend.

„Die Menschen stärken
und
die Dinge klären."
(Hartmut von Hentig)

6. Welchen Auftrag hat das System Schule in der Netzwerk-Gesellschaft?

Schule wird, wie in Kapitel 5 dargelegt, gesehen als interagierendes, soziales und kulturbezogenes Ordnungsmuster innerhalb der Gesellschaft, welche wiederum als Netzwerk sozial konstituierter Organisationsstrukturen verstanden wird.

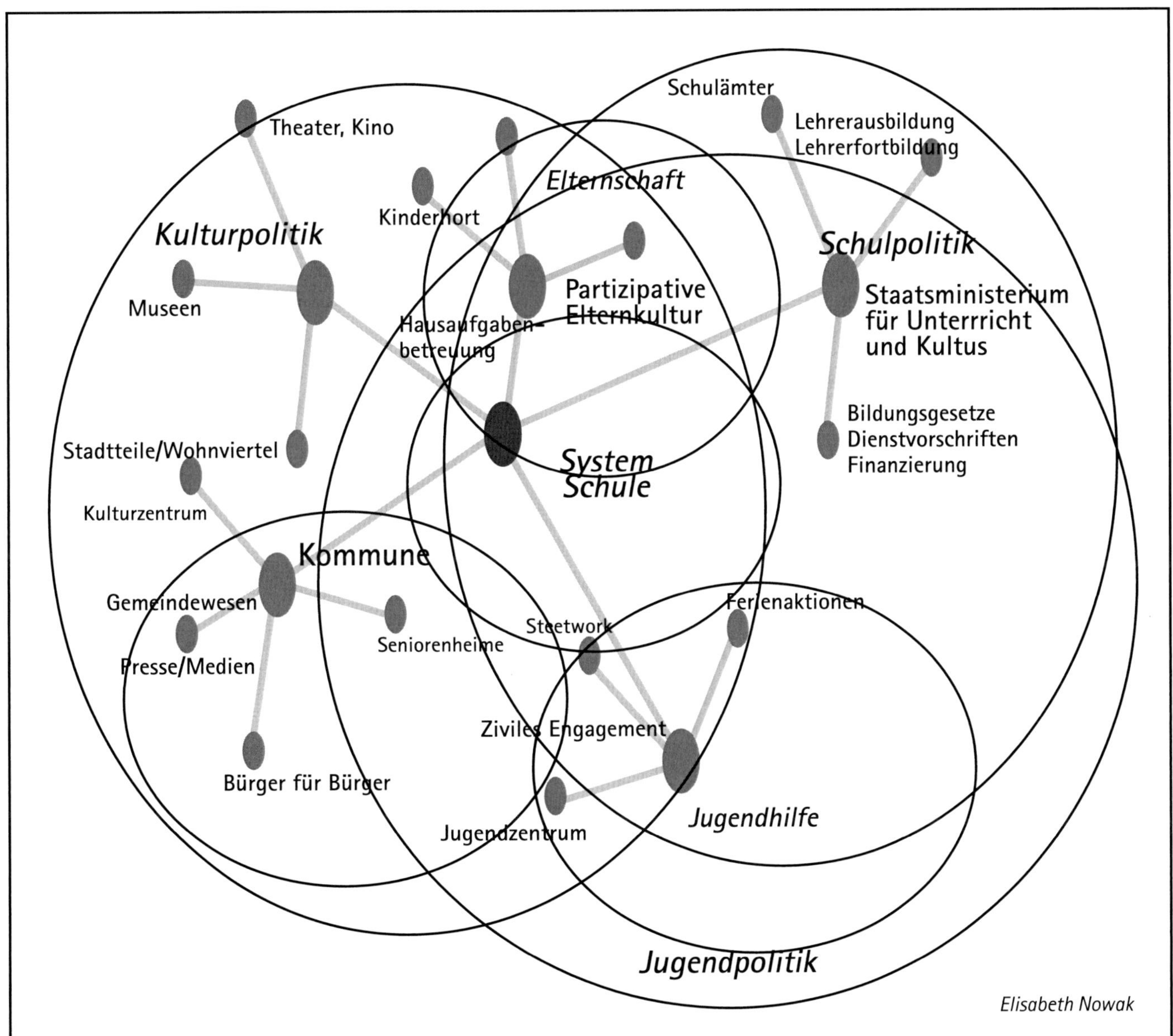

Vorstehende Grafik[194] soll diese Komplexität ansatzweise verdeutlichen: Die Netzwerk-Gesellschaft steht auf drei (hier kontextuellen) Organisationsebenen Bildungspolitik, Kulturpolitik und Jugendpolitik in Wechselbeziehungen: Kulturbezogene Ordnungsmuster (Schule, Kommune, Jugendhilfe). Das System Schule wird gebildet von

194 Die dargestellt Grafik will keinen Anspruch auf Vollständigkeit erheben, sondern als Bild nur die Komplexität einer gesellschaftlich systemischen Vernetzung im Ansatz verdeutlichen. Sie stellt einen Ausschnitt dar, der die weiteren ausdifferenzierten Systemebenen Bund, Länder, Kirchen, Wissenschaft, Wirtschaft, Medizin, Justiz u.a.m. nicht mit in den Fokus nimmt.

allen Schulbeteiligten als Beobachter, Teilnehmer und Akteur (allen Schulkindern, Kollegium, Elternschaft). Die Organisationsstrukturen sind sozial konstituiert. Interaktionen werden von Beobachtern, die bewusst auftreten und sich zur Geltung bringen können, auf unterschiedlichen Ebenen konstruiert, re- oder auch dekonstruiert. In der *demokratischen Wirklichkeit* des Systems Schule interagieren die beteiligten Menschen nach den Prinzipien der Demokratie als Lebensform und einem darin verankerten christlich-ethischen Wertegefüge (siehe Kap. 1). Beobachtervielfalt und deren Geltendmachung lassen Wechselwirkungen, Abhängigkeiten, Verknüpfungen, Vernetzungen als Ressource sichtbar und für Lösungen nutzbar werden (siehe Kap. 3). Interaktion wird als kommunikatives Zusammenwirken und Zusammenarbeiten innerhalb der Organisationsebenen verstanden.

Sozialraumorientierung

Gemäß einer „Sozialraumorientierung"[195] soll Schule die Welt hinein lassen und begibt sich auch selbst nach draußen in die Welt. „Dies ist quasi eine Umsetzung einer wichtigen Definition von Bildung von Wilhelm von Humboldt, derzufolge Bildung darin besteht, so viel Welt wie möglich in sich aufzunehmen um dann auch Spuren in dieser Welt zu hinterlassen."[196] Unsere demokratische Gesellschaft impliziert für Schule neben ihrer inneren Entwicklung auch den gesellschaftspolitischen Auftrag einer äußeren Entwicklung. Schule als *lernende* Organisation muss sich gemäß diesem Auftrag (und dem demokratischen Prinzip partizipativer Solidarität) für ihre Gesellschaft öffnen und sich mit den Organisationen/Systemen dieser Netzwerk-Gesellschaft verknüpfen und interagieren. Im gesellschaftlichen Denken ist bewusst, dass das Profil einer *offenen Schule* in einem vielseitigen Schulprogramm besteht mit starken kulturellen Akzenten. Die Gesellschaftsmitglieder wissen, „dass die Schule nicht alleine für die Erziehung und Bildung der Kinder zuständig ist, sondern dass sehr viele unterschiedliche Akteure an der Bildung und Erziehung der Kinder beteiligt sind: In erster Linie die Kinder und Jugendlichen selbst. Dann sind es natürlich die Eltern, die Lehrerinnen und Lehrer, es ist die Schulverwaltung und sehr viele andere im Stadtteil. Man spricht davon, dass Bildung und Erziehung eine Co-Produktion mit vielen Beteiligten ist. Die Schule der Zukunft ist Teil eines stabilen Netzwerkes, man spricht hier von ‚lokalen Bildungspartnerschaften', die zugleich Verantwortungspartnerschaften im Sinne der Co-Produktion sind".[197]

6.1 Demokratie in der Schule – Schule in der Demokratie[198]: *Offene Schule* mit Kooperationsauftrag

Die *Bildungspolitik* erwartet von einer *offenen Schule* (gemäß den föderalistischen Rechtsordnungen der Länder) eine Zusammenarbeit mit Institutionen oder Personen. In den schulgesetzlichen Regelungen aller Bundesländer sowie allgemein ergänzenden (Förder-)Richtlinien wird die zu unterstützende Kooperation definiert, weil Schule ihrem Auftrag alleine nicht gerecht werden kann.[199] „Zusammenarbeit ist eine teilweise Zusammengehörigkeit, als das wiederkehrende Einbringen von Aktivität oder anderen Leistungen in den Bereich des jeweils anderen Systems zur Erreichung von Zielen, die beiden Systemen entsprechen. Grundlage ist dabei ein Vertrauen auf die fortgesetzte bzw. den Abmachungen entsprechende Wechselwirkungsmöglichkeit. Zum beiderseitigen Vorteil bedeutet eine partnerschaftliche Zusammenarbeit, dass beide Partner mit den Folgen ihres eigenen Handelns konfrontiert werden."[200] Der in den Schulgesetzen der Länder verankerte Bildungs- und Erziehungsauftrag der Schule[201] „beinhaltet u.a., Schülerinnen und Schüler zu befähigen, die Grundrechte für sich und andere wirksam werden zu lassen, die sich daraus ergebende staatsbürgerliche Verantwortung zu verstehen und zur demokratischen Gestaltung der Gesellschaft beizutragen (...). Ein umfassender Auftrag zur Bildung und Erziehung (...) kann allerdings allein im Rahmen der inneren Strukturen der Schule und den fachlichen Methoden der Unterrichtsgestaltung nicht wahrgenommen werden. Wenn die Schulen an den komplexen Lebenslagen der Schülerinnen und Schüler ansetzen wollen, so bedarf es eines ganzheitlichen Bildungsansatzes, der nur im Zusammenwirken aller an Bildung und Erziehung Beteiligter verwirklicht werden kann".[202] Gebote zur Zusammenarbeit wirken nur im Rahmen ihrer Befugnisnormen. „Die Verpflichtung zur Zusammenarbeit richtet sich also nur an die Schulen, nicht an die möglichen Kooperationspartner."[203]

Schule als Lebensort

Der gesetzliche Auftrag an Schulen sich zu öffnen, hat die Entwicklung hin zu einer *Schule als Lebensort* zur Folge, in welcher „Kompetenzen und Ressourcen eingebracht und zusammengeführt werden, [also einer] Zusammenarbeit mit allen Einrichtungen und Institutionen

195 Fuchs, Max: Laudatio anlässlich der Verleihung des Max-Brauer-Preises der Alfred Töpfer Stiftung-F.v.S. in Hamburg, 17.04.2007
196 Ebd.
197 Ebd.
198 Giesel, Katharina D.: Demokratie in der Schule: Fallstudien zur demokratiebezogenen Schulentwicklung als Innovationsprozess/ Katharina D. Giesel; Gerhard de Haan; Tobias Diemer. Frankfurt, M. u.a.: Lang, 2007, S.147 ff., Berliner Beiträge z. Pädagogik
199 Der verpflichtende Auftrag ist in den Schulgesetzen der Länder Bayern, Berlin, Hessen, Mecklenburg-Vorpommern, Thüringen direkt definiert, die Länder Brandenburg, Rheinland Pfalz stellen einen Bezug zu Kooperationsaufträgen zum Bildungs- und Erziehungsauftrag her. Vgl. ebd. S. 61
200 Teuber, Reinhard: Gesetzl. Grundlagen d. Kooperation allg. bildender Schulen mit and. Einrichtungen und Personen, 2004, S. 4
201 Dieser ist als grundlegende Regelung vorangestellt.
202 Ebd. S. 62
203 Ebd. S. 63

im regionalen und sozialen Umfeld der Schulen, die an Erziehung und Bildung beteiligt sind".[204] Dies betrifft besonders die Kooperation mit den Jugendämtern und Einrichtungen der Jugendhilfe. Hier ist allerdings ein Abbau von Berührungsängsten erforderlich, weil „das eigene Selbstverständnis bzw. das professionelle Bild, das man sich von dem Gegenüber macht, (...) ein ausgesprochenes Hindernis ist. Auch zeigt sich, dass (...) zu lange versäumt [wurde], die eigenen Arbeitsansätze unter dem Label ‚Bildung' zu subsumieren. Jetzt setzt sich erst allmählich durch, dass der Slogan absolut richtig ist: Schule ist mehr als PISA, Bildung ist allerdings auch mehr als Schule. Bildung, so ist es inzwischen auch Konsens in der Jugendhilfe, ist Lebenskompetenz, kann daher nur ganzheitlich begriffen werden und braucht deshalb auch viele Orte und Partner an denen sie entstehen kann. Also auch in der Jugendhilfe ist es notwendig, sich offensiv zu vernetzen und insbesondere die Schule als Partner zu akzeptieren".[205]

Schule als Partner

Jugendhilfeeinrichtungen und soziokulturelle Zentren können sehr viel zu einer Ausbildung von qualitativer Lebenskompetenz im stadtteilbezogenen Gemeinwesen bei den Kindern und Jugendlichen beitragen: als Anbieter hochinteressanter, altersgerechter, kultureller Programme; als politischer Akteur in der Stadt- und Stadtteilentwicklung, um Räume für die Kinder und Jugendlichen zu öffnen; als Begründer von Netzwerken und intensiver Mitarbeit in Netzwerken; im aktuellen politischen Diskurs präsent sein. In dieser Weise gelingt der Jugendhilfe die „Überbrückung einer oft vorhandenen Kluft zwischen Sozial- und Kulturarbeit".[206] Die beteiligten Kinder und Jugendlichen erfahren durch ein Erleben dieser Tätigkeit im Rahmen eines Modelllernens vielfältige Anregungen zur Kompetenzerweiterung. Politisch-partizipative Fähigkeiten können durch ein Einbezogen werden und Lernen im Nachahmen gefördert werden und ein politisches Verständnis kann bei Kindern und Jugendlichen angebahnt und ausgebildet werden:

- in Gremien der Schule/Jugendhilfe/Pfarrgemeinde/Vereine mitarbeiten, Interessen vertreten und sich für andere einsetzen,
- sich an der Gestaltung des eigenen Umfeldes beteiligen und Möglichkeiten zur Einflussnahme erkennen und wahrnehmen,
- Zusammenarbeit mit außer-, schulischen Partnern im Gemeinwesen, Verbänden, Organisationen, durch Kontakte zur kommunalen Verwaltung (Bürgermeister, Städteplanung, Umweltreferat, Polizei), Zeitung/Presse, Städtepartnerschaften.

6.2 Bildungsziel Bürgerschaftliches Engagement: *Civic Education – Service Learning & Youth Leadership*

Civic Education bedeutet eine bürgerschaftliche Erziehung. Sie fokussiert als pädagogisches Modell, die Zielsetzung ist *demokratische Handlungskompetenz*, welche durch ein lebenslanges soziales und multi-kulturelles Lernen mit einem neuen Denken einzuüben ist. Dadurch soll ein Funktionieren der Demokratie und Zivilgesellschaft sichergestellt werden. Bei der „Education for Democratic Citizenship"[207] sollen Kinder zur Gestaltung der Gesellschaft im Verständnis einer künftig demokratischen, gerechten und friedlichen Welt erzogen werden. *Civic Education* soll sowohl ein politisches Engagement als auch soziale Fähigkeiten fördern sowie das Verstehen von grundlegenden, demokratischen Prinzipien und den Einsatz für diese.

Humanistische Prägung durch Civic Education

Initiiert wurde *Civic Education* durch spezifische gesellschaftliche Phänomene (Rassismus, Intoleranz, Egoismus, Globalisierung, Kulturverlust, Migrationsprobleme) sowie dadurch ausgelöste Aufgaben (Ethik, Toleranz, Zivilcourage, Gender Mainstreaming). Die Konsequenz lag in der Notwendigkeit, „dass auch [Kinder und] die Jugend aktiv die Demokratie und Gesellschaft mitgestalten sollte. Kommunikativer Unterricht und soziales Lernen stehen dabei im Mittelpunkt. Nach dieser Erziehungsmethode soll nicht nur Toleranz geübt werden, Ziel ist vielmehr eine bewusste Förderung von pluralistischen Anschauungen und divergentem Denken. Die [Kinder und] Jugend soll[en] an die Aufgabe herangeführt werden, die Gesellschaft bewusst und aktiv mitzugestalten. Durch Angebote und neue Perspektiven soll humanistische Prägung, die schließlich Zivilcourage hervorbringt, erfolgen. Jüngste inhaltliche Erweiterungen erfuhr *Civic Education* aufgrund der neuesten Erkenntnisse in Gen- und Hirnforschung: *Life Science* und *Self Science*. Die *evolutionäre Erkenntnistheorie* (Popper/Lorenz), teilweise auch die Anthroposophie (Steiner/Beuys/Krishnamurti), die *Neurosenlehre* (Erwin Ringel) und die *Logotherapie* (Viktor Frankl), sowie die *Dialogpädagogik* (Martin Buber) waren dabei wesentliche Vorläufer".[208] Distanziert von einer Rezeption von Inhalten, bietet *Civic Education* in Anlehnung an John Deweys *Learning by Doing* ein pragmatisches erfahrungsorientiertes Lernen in demokratischer Kommunikation und Verantwortungsübernahme. So betont der *erste Ansatz* (John Rawls, Ronald Dworkin, Bruce Ackermann) „die Aufgabe (der Schule), die kommunikative Kompetenz (...) der Bürger (Schüler) zu fördern und nicht normative Vorgaben des guten Lebens zu vermitteln. Der *zweite Ansatz* (Benjamin R.

---

204 Ebd. S. 78
205 Fuchs, Max: Laudatio anlässl.d.Verleihung d. Max-Brauer-Preises der Alfred Töpfer Stiftung-F.v.S. in Hamburg am 17.04.2007
206 Ebd.
207 Der Europarat hatte 2005 als das Jahr der „Education for Democratic Citizenship" ausgerufen.
208 Frank, Susanne, 2007

Barber) betont nicht die Förderung der kommunikativen Kompetenz, sondern die aktive Gestaltung der Lebenswelt. Schule soll hier normative Tugenden vermitteln und diese sollen dann in der Öffentlichkeit angewendet werden um gesellschaftliche Probleme zu lösen".[209]

Definition Civic Education

„*Civic Education* ist keine politische Bildung im Verständnis einer fachdidaktischen Vermittlung, sondern befasst sich vielmehr mit einem weiten Begriff von Demokratie, dem ganzen Menschen und seiner Umwelt, seiner Herkunft und Zukunft genauso, wie mit seiner Biologie und Kultur (Definition *Michael Stanzer*)."[210]

Dementsprechend gestalten sich auch die demokratischen Methoden[211] der *Civic Education*:

Lernen durch Sprechen	Kurzbeschreibung	Methodenablauf
Apollo-Technik	„Im Zusammenhang mit dem gemeinsamen Verhandeln und Festlegen von für alle geltenden Regeln können im Unterricht komplexe demokratische Verfahren und Konzepte wie das des Gemeinwohls, des Gesetzes und der Sanktion besprochen werden. An dieser Stelle sind Regelverletzungen, Sanktionen und Strafe keine abstrakten (...) Themen, sondern stehen im unmittelbaren Zusammenhang mit der gemeinsamen Arbeit an eigenen Gesetzen, einer eigenen Verfassung für die Klasse und Schulgemeinschaft."[212]	**Schritt 1:** Brainstorming: Alle Beteiligten schreiben ihre Ideen zur Kooperation auf. Dann Partnerarbeit: Übereinstimmende Vorschläge werden übernommen, gemeinsam als Regel zusammengefasst. Unterschiedliche Vorschläge kommen auf eine extra Liste. **Schritt 2:** Jetzt arbeiten zwei Gruppen = vier Beteiligte zusammen und wiederholen das Verfahren von Schritt 1. **Schritt 3:** Eine zufällig z. B. per Los gewählte Gruppe muss alle Ergebnisse zusammenfassen. **Schritt 4:** Die Klasse diskutiert die Liste mit den verschiedenen Vorschlägen. Entweder werden die Punkte zum gesamten Regelwerk zugefügt oder in einer besonderen Liste der Minderheitenpositionen aufgenommen.
Delibrieren, Debating[213]	Bedeutet einen Dialogprozess oder Diskurs. *Delibrieren* ist ein vernunftge-leitetes und freies Sprechen. Zielsetzung ist eine grundsätzliche Verständigung über ein Problem. Im Unterschied zum *Debating* führt es nicht zu einer abschließenden Abstimmung. Die Teilnehmer müssen sich hier auf die Inhalte des Diskurses konzentrieren. Es steht hier also nicht die Form, rhetorisches Geschick oder die Schlagfertigkeit im Vordergrund, sondern der Verständigungsprozess über ein Problem, um zu kreativen Lösungen zu kommen.	Die Diskurs-Teilnehmer sitzen im Kreis – ohne Führung und ohne feste Tagesordnung. Es wird völlig frei nacheinander laut gedacht. Die Beteiligten müssen hier – die Umwelt – alte Konflikte – Machtspiele usw. zurückstellen, um sich partnerschaftlich zu verständigen. (Diese Methode erinnert etwas an die Zukunftswerkstatt, bei welcher die Gesprächsteilnehmer ebenfalls frei, visionäre oder auch verrückte Gedanken aussprechen.)

209 Ebd.
210 Ebd.
211 Ebd.
212 Sliwka, Anne, 2001
213 Sliwka, Anne, 2005

Lernen durch Sprechen	Kurzbeschreibung	Methodenablauf
3-Schritt-Interview	Förderung eines gezielten Fragens als Technik sowie das aktive Zuhören. Die persönliche Erfahrungen der Lernenden können ermittelt werden, um dann darauf z. B. im Unterricht oder Workshop aufzubauen. Themenvorschläge: Erfahrung im Bereich Demokratie, Gerechtigkeit oder/ und andere Werte usw. oder Reaktionen, die ein Gedicht u.ä. ausgelöst hat oder Schlussfolgerungen, die sich aus einer Unterrichtseinheit ergeben haben.	Einteilung der Lernenden in Gruppen zu je drei Kindern. Zeitvorgabe für ein Interview durch Moderator (Lehrkraft) z. B. fünf Minuten, sodass alle Interview-Schritte nach 15 Minuten fertig sind. 1. Schritt: A interviewt B, wobei C sich als Beobachter Notizen über die wesentliche Aussage macht. 2. Schritt: B interviewt nun C, wobei A sich als Beobachter Notizen über die wesentliche Aussage macht. 3. Schritt: C interviewt nun A, wobei B sich als Beobachter Notizen über die wesentliche Aussage macht. 4. Schritt: Zwei Dreier-Gruppen werden zusammengeführt. Die sechs Beobachter berichten anhand ihrer Notizen über die wichtigsten Aussagen.
Placemat Activity	Ist eine Form der Gruppenarbeit und ein Bestandteil eines kooperativen Lernens. *Placemat* bedeutet (engl.) Platzdeckchen, hier ein Blatt Papier, welches wie folgt eingeteilt ist: Das klassische Verfahren aus der Demokratiepädagogik ist wie folgt: 1. **Think** (nachdenken + schreiben) 2. **Pair** (stummes Vergleichen) 3. **Share** (teilen + Konsens finden)	Die Klasse, Lerngruppe teilt sich in Gruppen auf. Jede Gruppe besteht aus 3–5 Mitgliedern. Jeder aus der Gruppe erhält einen bestimmten Auftrag: z. B. Material holen, Zeit beachten, Präsentieren, Beobachten, Gesprächsregeln beachten etc. Jede Gruppe erhält ein *Placemat* in DIN A3 oder A2 Papier, das wie das Muster vorbereitet ist, damit 3 bis 5 Felder plus eins in der Mitte entstehen. Alle erhalten einen Auftrag zu einem bestimmten Thema, z. B. *Was bedeutet für dich/euch der Begriff Demokratie?* Jeder Teilnehmer schreibt seine Gedanken, Ideen oder Wissen auf seinen Teil des Placemats innerhalb der vorher festgelegten Zeit (ca. 5-10 Minuten). Die Gruppe entscheidet gemeinsam, welche der genannten Gedanken in die Mitte des Blattes geschrieben werden. Hilfestellung der Lehrkraft: z. B. einigt euch auf fünf Hauptpunkte. Diese fünf Punkte könnten dann auch noch in eine Rangfolge gebracht werden. Abschließend präsentiert jede Gruppe ihre Arbeitsergebnisse dem (Klassen)-Plenum.

Lernen durch Handeln	**Kurzbeschreibung** *Learning by [Feeling] & Doing* Vgl. Ausführungen zu John Dewey	**Methodenablauf**
Service Learning *oder* *Ziviles Engagement Lernen*	**Lernen durch Übernahme von Verantwortung:** „Die Idee kommt aus den USA (...), Schülerinnen und Schüler engagieren sich ehrenamtlich im Umfeld ihrer Schule. Und das nicht allein aus individuellem Antrieb, sondern gleich als ganze Klasse mit intensiver Auseinandersetzung auch im Unterricht. Das geht auch schon in der Grundschule. Das Lernen: Die Kinder und Jugendlichen lernen unmittelbar, gesellschaftliche Probleme bewusst(er) wahrzunehmen. Sie erfahren, dass sie selbst etwas bewirken können. Sie trainieren ‚ganz nebenbei' selbstständiges Handeln, Kooperation und Teamfähigkeit. Sie entwickeln ein Gespür für (soziale) Verantwortung und den Sinn von Demokratie.	**Die Funktionsweise des Verantwortung Lernen:** „Die Klasse erforscht zunächst im Umfeld ihrer Schule, wo es Schwierigkeiten und Defizite gibt, wo ehrenamtliches Engagement helfen kann. Die Jungen und Mädchen entscheiden sich für ein konkretes Projekt, das kann im sozialen, karitativen oder ökologischen Bereich sein, aber auch in Sport und Kultur. Sie entwickeln Ideen, wie sie helfen und was sie tun können. Sie setzen diese um mit einem freiwilligen Einsatz von 90 Minuten in der Woche. Sie reflektieren ihre Erfahrungen im Unterricht. Zum Projekt-Abschluss präsentiert die Klasse die Ergebnisse und Erfahrungen der Öffentlichkeit. Jedes Kind bekommt ein Zertifikat, das seine Tätigkeit und die im Projekt erworbenen Kompetenzen darstellt. Vielleicht feiern alle zusammen am Ende ein Verantwortungsfest."[214]
Service Learning *oder* *Ziviles Engagement Lernen*	**Die Vorteile:** Die Kinder und Jugendlichen machen mit sich, ihrer Klasse und den Lehrerinnen und Lehrern ganz neue Erfahrungen. Sie können ihren Lernstoff in praktisches Handeln umsetzen. Dadurch steigt die Lernmotivation (Erfahrungslernen). Sie erfahren, dass ihre individuellen Fähigkeiten gefragt sind und gebraucht werden (individuelle Förderung). Sie lernen, Unterrichtsinhalte fächer- und schulübergreifend anzuwenden. Sie erfahren, dass Lernen nicht nur in Noten anerkannt wird. Gerade Kinder, die sich mit theoretischen Unterrichtsinhalten schwer tun, erhalten hier Anerkennung und Futter für ihre Lernbereitschaft."[215]	**Mögliche Handlungsfelder:** (für den Grundschulbereich/Primarstufe – Seniorenheime – Schulen zur Förderung der individuellen Lebensart (früher Geistig-Behinderten-Schule) – Integrative Kindertagesstätte – Pfarrgemeinde. In letzter Zeit wird *Service Learning* von der Bundesregierung ausdrücklich eingefordert und mit dem deutschen Begriff **bürgerschaftliches Engagement Lernen** bezeichnet .

214 Ebd.
215 Sliwka, A. ; Frank, S., 2004

Lernen durch Handeln	**Kurzbeschreibung** *Learning by [Feeling] & Doing* Vgl. Ausführungen zu John Dewey	**Methodenablauf**
Youth Leadership	Ist ein pädagogisches Programm eines Tutorensystems, welches die Idee beinhaltet, „Jugendliche so auszubilden, dass sie in der Lage sind, Projekte – zum Beispiel in ihrer Gemeinde – zu initiieren und zu führen und, wenn sie zum Weiterführen des Projektes nicht mehr in der Lage sind, andere Jugendliche soweit auszubilden, dass diese dann an ihrer Stelle das Projekt weiterführen können. Projekte, die zum Beispiel durch Service Learning in der Schule entstanden sind, können dann durch diese ausgebildeten Jugendlichen weitergeführt werden".[216]	**Zielsetzung von Leadership-Programmen:** „die systematische Förderung und Entwicklung des gesellschaftlichen Potenzials zur demokratischen Führung; die Entwicklung eines selbstreflektiven und selbstkritischen Führungsbewusstseins bei jungen Menschen; die Förderung von selbstbewusstem und selbstverantwortendem Handeln; die Vermittlung der zur Ausübung von Leadership notwendigen Grundfertigkeiten; die Übergabe von Verantwortung an junge Menschen und die Rückmeldung über ihre Leistungsfähigkeit".[217]

Praxisbeispiel: Kidstadt – ein Projekt der Stadt Lübeck (Schleswig Holstein)

Verwiesen sei noch auf ein außergewöhnliches (konstruktivistisches) Projekt, welches innerhalb der Initiative der Bund-Länder-Kommission (BLK) „Demokratie lernen & leben" ausgezeichnet wurde: „Die Kidstadt ist eine Stadt für Kinder zwischen 8 und 13 Jahren. Mithilfe der Kooperationspartner und Schülerinnen und Schüler wurde das vorgesehene Gelände vermessen, Häuser entworfen, Geldnoten gestaltet, ein Bau- und Stadtplan angefertigt, Spielregeln entwickelt und vieles mehr. Damit war die Stadt eröffnet. Es gab klar definierte Funktionsräume (Arbeitsstätten, Geschäfte, Straßen, Schulen, Fabriken, Dienstleistungsbetriebe, Verwaltungseinheiten usw.). Die Kinder, die in der Kidstadt ‚leben' wollten, mussten sich im Rathaus anmelden. Dort bekamen sie einen Ausweis und wurden auf das Arbeitsamt geschickt. Denn wer in der Stadt leben wollte, musste auch arbeiten. Für ihre Arbeit bekamen sie Lohn, für den sie, nach Abzug der Lohnsteuer, Dinge kaufen oder ihr Geld anlegen konnten. Mit einer Gewerbesteuer wurde es anderen Betrieben (z.B. Post) ermöglicht zu überleben. Für Unstimmigkeiten gab es ein Gericht und die Stadtverwaltung. (...)

Best Practice:

- Durch das Leben und Arbeiten in der Kidstadt bekommen die Kinder einen Eindruck von dem Alltag, den demokratischen Vorgängen und den bürokratischen Abläufen einer Stadt. Spielerisch erleben und erlernen sie die Zusammenhänge der Lebens- und Arbeitsbereiche.
- Das Miteinander-Leben in der Stadt fördert den sozialen Umgang der Kinder untereinander. Sie müssen auf den anderen Rücksicht nehmen und lernen trotzdem, sich selbst zu verwirklichen. Sie erfahren ihr eigenes Recht, aber auch das Recht des anderen und der Stadt als Institution. Beim Leben in der Stadt werden sie zwangsläufig mit Konflikten konfrontiert, die sie eigenständig lösen müssen. Auf diese Weise lernen sie Verantwortung und Selbstbehauptung."[218]

Soziales und bürgerschaftliches Lernen

Soziales und bürgerschaftliches Lernen ist angewiesen auf eine ethische Dimension. „Ohne diese verlieren die Bereiche der sozialen Denkweisen, der sozialen Einstellungen, der sozialen Urteilsfähigkeit und des sozialen Handelns ihre Begründung und damit ihre Qualität, sie erscheinen formal oder gar beliebig. Nahe liegend für soziales Lernen wäre in einer christlichen Tradition die Orientierung am ‚Nächsten' als Mitgeschöpf oder im Sinne Martin Bubers als ‚Du-Beziehung'[219]. Die Maxime, den Menschen menschlich zu behandeln, ebenso der kategorische Imperativ nach I. Kant oder die Goldene Regel aus der Bergpredigt sind längst grundlegende, generationsübergreifende Normen zwischenmenschlichen Zusammenlebens geworden."[220]

216 http://de.wikipedia.org, download vom 14.09.2007
217 Sliwka, Anne, 2001
218 Edelstein, Wolfgang; Fauser, Peter, 2001
219 Vgl. Buber, M. (1984): Das dialogische Prinzip
220 Böhm, Uwe, 2005

Schulethos einer demokratischen Schulwirklichkeit

Gemäß diesem bedeutsamen gesellschaftlichen und bildungspolitischen Auftrag greift das Schulethos einer ***demokratischen Schulwirklichkeit*** auf die in ihr lernenden und gestaltenden jungen Menschen über. Es lässt sie erleben, dass Schule gemäß ihrer Sozialethik, als System in der Zivilgesellschaft, ihre solidarische Verantwortung innerhalb der Generationen erkennt und wahrnimmt und ihren Schulkindern ein *Ziviles Engagement Lernen* ermöglicht. W. Klafki betont „die ethische Durchdringung der Allgemeinbildung mit den Zielsetzungen Selbst- und Mitbestimmungs- sowie Solidaritätsfähigkeit. Das Erreichen dieser Ziele bietet die Grundlage, um die ‚epochaltypischen Schlüsselprobleme' wie Friedensproblematik, Umweltfrage, soziale Gerechtigkeit, Deutsche und Ausländer, Nord-Süd-Gefälle [und Geburtenrückgänge] in Deutschland zu bearbeiten".[221]

6.3 Gesellschaft im Wandel der Zeit – Land ohne Kinder?

Erscheinungsformen wie eine kontinuierlich schrumpfende Bevölkerungszahl (neben versiegenden Ressourcen) stellen die Bildungspolitik vor große Aufgaben. „Der Bevölkerungsschwund in Deutschland facht neue Verteilungskämpfe an. Ein Gerangel um Schüler, Kinder, Fachleute beginnt – und spaltet die Republik in Gewinner- und Verliererregionen (...). [Im Nordosten Deutschlands im Bundesland Mecklenburg-Vorpommern] ist schon heute sichtbar, was auf ganz Deutschland wie auf fast alle entwickelten Länder der Welt zukommt: Die Geburtenraten sind niedrig, die Zahl der Alten nimmt rapide zu – und folglich schrumpft die Bevölkerungsgröße dramatisch (...). Im Rest der Republik, vor allem im Westen, wird der Schwund noch von der Zuwanderung der neunziger Jahre kaschiert. In absehbarer Zukunft wird allerdings ganz Deutschland vom Entvölkerungssog erfasst: Im Jahr 2050, prophezeit das Statistische Bundesamt, werden nur noch 65 bis 70 Millionen Menschen hier leben. Wobei 100.000 bis 200.000 Einwanderer pro Jahr schon eingerechnet sind. Bereits im vergangenen Jahrzehnt standen 7,1 Millionen Geburten 7,9 Millionen Sterbefälle gegenüber (...). Seit Ende der sechziger Jahre werden in Deutschland weniger Kinder geboren, als für die Erhaltung des Status quo notwendig wäre. Um die zu erreichen, müsste im statistischen Schnitt jede Frau 2,1 Kinder zur Welt bringen. Tatsächlich schwankt die Geburtenrate, in Ost wie in West nahezu gleichermaßen, seit mehr als einer Generation zwischen 1,3 und 1,4. Das bedeutet, jede nachwachsende Generation ist um ein Drittel kleiner als ihre Elterngeneration. Die Bevölkerungspyramide wird sich so in wenigen Jahrzehnten auf den Kopf gestellt haben: unten die schmalen Jahrgänge der Nachwachsenden, oben die breiten Jahrgänge der Alten."[222] Nachfolgende Grafik veranschaulicht diesen Zusammenhang:[223]

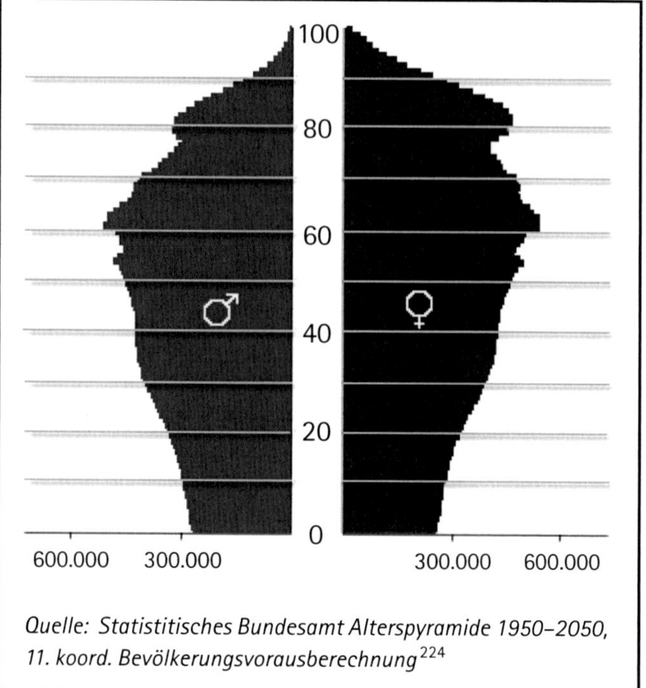

Quelle: Statistitisches Bundesamt Alterspyramide 1950–2050, 11. koord. Bevölkerungsvorausberechnung[224]

„Land ohne Leute"

Was besagt „Land ohne Leute"?[225] Welche Auswirkungen haben demografische Fakten, bezogen auf unseren Kontext einer Schule in der Demokratie? Bedeutet es im Umkehrschluss eine Schule ohne Schulkinder? Als erste spüren die Schulen der Primarstufe die Auswirkungen: In den Grundschulen der wirtschaftlich schwachen Regionen werden Grundschulen geschlossen, zusammengefasst. Dadurch ist keine flächendeckende Schulpräsenz mehr gegeben. Die Auswirkungen sind weiterhin in Jahrgangszusammenlegungen, die in den verschiedenen Fachbereichen (Religion, TAW) vorgenommen werden, erkennbar. Auf der einen Seite also schrumpfende Schulkinderzahlen und auf der anderen Seite gibt es strukturelle Probleme durch überstarke Eingangsklassen, für welche die bestehenden Räumlichkeiten nicht ausreichen. Diese entstehen durch eine Kommunalpolitik, wo Arbeitsplätze geschaffen werden und mit z. B. Einheimischen-Modellen Bauland von Familien günstig erworben werden kann. So kommen Familien in die Re-

221 Vgl. Klafki, W., 1985, S. 17 ff.

222 Kirbach, Roland, 2001

223 Aufbau der Grafik: X-Achse-> Anzahl/Anteil der Menschen zu einem Jahrgang (Lebensalter). Y-Achse-> Lebensalter der Menschen. Durch Anordnung einer mittigen Y-Achse, werden nach links Anzahl/Anteile der Frauen, nach rechts Anzahl/Anteile der Männer darstellbar. Das ursprüngliche Pyramidenbild ergab sich aus der grafischen Umsetzung der jüngeren Jahrgänge an der Basis und die Anzahl der mit zunehmendem Alter abnehmenden Jahrgänge. Die Grafik zeigt einen weit fortgeschrittenen Umkehrungsprozess, sichtbar in einer immer dünner werdenden Basis der jüngeren Jahrgänge zulasten einer zunehmenden Anzahl von älteren Jahrgängen.

224 http://www.destatis.de, download vom 14.09.2007

225 Kirbach, Roland, 2001

gion, Gemeinde und Kinder in die Schule. „Der Schrumpfungsprozess wird die bereits bestehenden Schwächen und Stärken von Regionen mehren – und die Konkurrenz auch innerhalb von Regionen anheizen, zumal jenen, die zu den Verlierern zählen. Der Verteilungskampf verschärft sich immer mehr, je weniger es zu verteilen gibt. Bevölkerungsschwund wird zum Katalysator von Ungleichheit. Gewinner und Verlierer stehen dabei längst fest. Wer heute schon stark ist, wird morgen noch stärker sein. Wer heute jedoch schwächelt, liegt morgen am Boden. So wird der Osten gegenüber dem Westen weiter zurückfallen, und in Ost wie West wird das Nord-Süd-Gefälle eine Renaissance erleben. Die reichen Bundesländer von heute also, Bayern und Baden-Württemberg vor allem, werden auch in Zukunft prosperieren, die Armen wie Ostfriesland oder Sachsen-Anhalt werden weiter verdorren."[226]

Nach der Aussage von Bevölkerungsforscher Birg, erhöht sich die Wirtschaftskraft und das Einkommensniveau, also damit der Wohlstand, wenn hoch qualifizierte Zuwanderer in der Region sind. Diese Entwicklung hat wiederum den Effekt, dass weitere Zuwanderer dadurch angezogen werden.[227] Eine Familie mit (noch nicht oder schon) schulpflichtigen Kindern zieht dahin, wo eine Bildungsinfrastruktur – also Kindergärten, Schulen, Kirchengemeinde – innerhalb wirtschaftlicher Strukturen – also Arbeitsplätze – und Freizeitstruktur – Freibäder, Natur, Kultur – vorhanden ist. In der (Sozial-, Wirtschafts-, Bildungs- und auch Gesundheits-) Politik gilt es, aufgrund komplexer Zusammenhänge – Mobilisierungsfaktoren und Globalisierungsauswirkungen – vernetzt zu denken: Arbeitsplätze sowie die erforderliche Infrastruktur (öffentliche Dienste, Erholungseinrichtungen u. v. a. m.) müssen erhalten bzw. geschaffen werden. Der demografische Wandel darf nicht die städtische und kommunale Sozialpolitik brutalisieren.[228] Wohnortnah braucht es flächendeckend (auch) Schulen in der Kleinstadt, im ländlichen Bereich, im Vorort und in Großstädten. Dies sind existentielle Rahmenbedingungen für ein öffentliches und privates Leben in der Wohngemeinde.

Schule im sozialen Umfeld für die Kinder

Kinder sollen mit ihren Eltern (Erziehungsbeauftragten und im Umkreis auch mit ihren Großeltern) zusammenleben können. Kinder sollen ihre Schule im sozialen Umfeld besuchen können und ihre Freundschaften eingebunden in ihre soziale Lebenswelt und Schulwelt erfahren dürfen. Nur dann können Schulkinder, verwurzelt in ihrer Heimat und Kultur, sich öffnen für ein Wirken gemäß ihrem gesellschaftlichen und demokratischen Auftrag. Nur wenn sie mit den Systemen der außerschulischen Wirklichkeiten in ihrem Lebensumfeld in Berührung kommen können, dann werden sich Kinder bereits im (Grund-) Schulalter durch eine praktizierte Verantwortungsübernahme eines *zivilen Engagement-Lernen* mit den anderen Gesellschaftsmitgliedern (Senioren, Menschen mit Behinderung, kranken oder auch armen Menschen) solidarisieren. Nur dann können die dadurch ausgebildeten *sozialen und demokratischen* Kompetenzen für ein ehrenamtliches Tätigsein, sich für ihren weiteren Lebensverlauf zukunftsprägend auswirken. Nur dann können Schulkinder schließlich als mündige und verantwortungsübernehmende Bürgerinnen und Bürger in eine Gesellschaft von Morgen hineinwachsen.

Bildung soll zum Erfolg führen

„Dass Bildung zum Erfolg führt, ist nicht allein eine Aufgabe für den Staat. Die Eigenverantwortung jedes Einzelnen ist dabei ebenso gefordert wie das Engagement von Unternehmen und gesellschaftlichen Initiativen."[229] „Für den Bildungserfolg sind nicht zuletzt gute Lehrer/-innen ausschlaggebend. Zusammen mit Eltern und Familie wecken und entfalten sie die natürliche Neugier der Kinder, sie vermitteln ihnen grundlegende Kompetenzen, und sie sind Vorbilder. Gute Lehrer/-innen sind – dieses Bild findet sich in den europäischen genauso wie beispielsweise in der arabischen Literatur – wie Gärtner, die sich um jeden einzelnen der ihnen anvertrauten Schüler/-innen kümmern, [sie] in ihrem Wachstum unterstützen und zugleich auf individuelle Fähigkeiten und Begabungen eingehen können. Die Wirklichkeit sieht aber oft anders aus: Vielerorts mangelt es an Lehrern. Das gilt in bestimmten Schulformen und -fächern auch für Deutschland, wenn auch in vergleichsweise überschaubaren Dimensionen (...). Der Philosoph Karl Jasper hat einmal gesagt: ‚Es ist das Schicksal des Volkes, welche Lehrer es hervorbringt und wie es seine Lehrer achtet'. Das ist zweifellos richtig. Unsere Lehrerinnen und Lehrer haben eine enorme Verantwortung, und wir erwarten viel von ihnen – denn wir vertrauen ihnen das Kostbarste an, was wir haben: Unsere Kinder. Deshalb sollten wir auch bereit sein, den Pädagogen entsprechende Arbeitsbedingungen zu bieten. Das ist nicht nur eine Frage der Bezahlung. Dazu gehören auch angemessene Klassengrößen, fachliche und menschliche Unterstützung, die Einbindung der Schule in ihr gesellschaftliches Umfeld – und nicht zuletzt auch Wertschätzung und Anerkennung."[230]

6.4 Anforderungen an die Zukunft: *Schule der nächsten Generation*

Nur eine lernende Gesellschaft ist eine zukunftsfähige demokratische Gesellschaft. In ihr ist Bildung Schlüssel für individuelle Lebenschancen und Motor für gesellschaftliche Entwicklung. Bildung begründet Wohlstand. Kulturelle Teilhabe, politische Mündigkeit und eine berufliche Perspektive durch Bildung für alle zu ermöglichen, ist eine zentrale gesellschaftspolitische Aufgabe. Demzufolge besteht ein demokratiebezogener Erzie-

226 Ebd.
227 Ebd.
228 Ebd.
229 Grußwort von Bundespräsident Horst Köhler zur Eröffnung des 5. Weltlehrerkongresses, www.vbe.de, download vom 9.09.2007
230 Ebd.

hungsauftrag für die öffentlichen Schulen in staatlicher und privater Trägerschaft. Dieser geht über die Vermittlung von Wissen hinaus und gibt auf der Grundlage unserer christlich-abendländischen Kultur in enger Zusammenarbeit mit den Eltern ethische Orientierung, lässt Wertehaltungen einüben, demokratische und soziale Kompetenzen ausbilden. Bildungspolitik muss im Zentrum der politischen Aufmerksamkeit stehen. Sie muss insbesondere bei der Finanzplanung Priorität haben. Bildungsausgaben sind keine Konsumausgaben, sondern Investitionen in die Zukunft.

Grundschule – ein idealer Lernort für demokratisches Handeln

Weil unser Staat (nach Ernst-Wolfgang Böckenförde) von Voraussetzungen lebt „die er selbst nicht garantieren kann, ist Demokratie nicht von selbst da, sondern muss gelernt – und gelehrt werden" [siehe Kap. 1]. Gerade die Grundschule ist ein idealer Ort, um Fähigkeiten für demokratisches Handeln zu entwickeln, um Kompetenzen zu vermitteln, die Menschen in einer demokratisch verfassten Gesellschaft brauchen.

„Nach PISA sehe ich [so der Bundestagspräsident Thierse] in der Schulpolitik eine Tendenz, Faktenvermittlung und Leistungssteigerung einseitig in den Vordergrund zu rücken. Um kein Missverständnis aufkommen zu lassen: Ich bin sehr für Leistung – auch in der Schule. Aber es ist doch die Frage, in welcher Form eine Gesellschaft auf Leistung setzt. Wollen wir eine Gesellschaft mit Ellbogenmentalität? Oder wollen wir eine Gesellschaft, die auf sozialen Ausgleich setzt, auf Bildungsbeteiligung für alle, auf Chancengerechtigkeit und Solidarität? Das ist die Frage, bei der jeder bildungspolitisch Farbe bekennen muss!

Ich habe etwas gegen den weit verbreiteten Ausdruck, Schule sollte unsere Kinder ‚fit machen' für den Arbeitsmarkt. Natürlich müssen Schüler/-innen lesen, rechnen und schreiben können, sie müssen mit den neuen Medien umgehen können, und sie sollten auch frühzeitig andere Sprachen erlernen. Dennoch darf sich Schule nicht auf die Vermittlung von Faktenwissen beschränken. Sie muss auch das bieten, was ich einmal etwas salopp als Lebensbefähigungs-Unterricht bezeichnen möchte. Dazu gehören die Fähigkeit zum selbstständigen Denken und Lernen, die Fähigkeit, Sinnfragen zu stellen, die Fähigkeit, Auseinandersetzungen gewaltfrei zu lösen und mit Frustrationen zurechtzukommen, die Fähigkeit, sich in einer komplizierten Welt zu orientieren und – ganz gewiss nicht zuletzt – die Fähigkeit zur Demokratie in der Gemeinschaft an einem Projekt zu erarbeiten, Argumente abwägen, Kompromisse finden – all das können und sollten auch Schülerinnen und Schüler in der Grundschule erfahren und erlernen.

Dass immer mehr junge Menschen skrupellosen politischen Rattenfängern auf den Leim gehen, [so Bundestagspräsident Thierse weiter] macht mir Sorgen. Und wenn in der jüngsten Shell-Studie davon die Rede ist, dass gerade mal ein Drittel der Jugendlichen ganz sicher zur Wahl gehen will, dann stimmt auch das höchst bedenklich. In der Schule, gerade auch in der Grundschule, muss es Zeiten und Orte geben, die dem Demokratielernen und der Werteerziehung vorbehalten sind. Verlieren wir also – trotz PISA – nicht eine der wichtigsten Aufgaben der Schule aus dem Auge: Die Aufgabe umfassender Persönlichkeitsbildung!"[231]

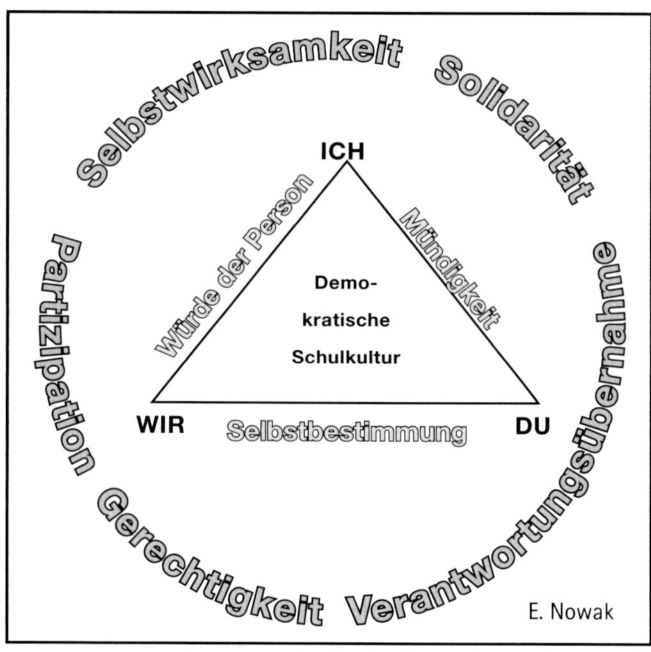

Schule der nächsten Generation

Eine *Schule der nächsten Generation* greift den Anspruch auf, die in ihr Lehrenden und Lernenden heute schon auf die Anforderungen im 21. Jahrhundert vorzubereiten. Bildungseinrichtungen bedürfen hierzu, als fester Bestandteil, einer Demokratiepädagogik für die (heutige und) zukünftige Bildung und Erziehung. Eine Schule der nächsten Generation definiert sich mit einem Bildungsauftrag einer aktiven und lebenslangen Teilhabe in einer sich ständig weiterentwickelnden Gesellschaft, mit Fortschritten in ihren Netzwerken der bestehenden und künftigen Berufsfelder (Technik und Wissenschaft), sich verändernden sozialen Gemeinschaften (mit neuen Lebensentwürfen und generationsübergreifenden Lebensformen) und sich erweiternden Kulturkreisen (Effekte der Globalisierung und Mobilisierung der Gesellschaftsmitglieder). Um für diese Anforderungen ausgerüstet zu sein, brauchen unsere jungen (und auch erwachsenen) Gesellschaftsmitglieder folgende Kompetenzen:

- „Informationen, Sprache und Medien flexibel nutzen zu können,
- sich Wissen aneignen zu können,
- eigenständige Gestaltung des Lebens und Akzeptanz großer Flexibilität,
- vernetzendes Denken und Handeln,
- Verteidigung und Wahrnehmung humanistischer, wertebezogener und demokratischer Rechte und Interessen,

231 Grußwort von Bundestagspräsident Wolfgang Thierse vom 20./21.09.2002, http://grundschulverband.de, download v. 9.09.2007

- sich in Gruppen mit unterschiedlicher Zusammensetzung zurechtzufinden und einzubringen.

Um diese Kompetenzen erlangen zu können, müssen Schülerinnen und Schüler in einem geschützten Raum lernen, üben und im engen Sinn [durch ein partizipatives Learning by Feeling and Doing] wirklich erfahren können. Eine Schule *[der nächsten Generation]* als Lern- und Lebensraum und Abbild einer demokratischen Gesellschaft *im Kleinen* bietet genau diese Chance. Demokratie wird dabei im Wesentlichen als Lebensform verstanden, deren zentrales Merkmal im Verhältnis der Menschen zueinander besteht. Dafür muss die Schule *[der nächsten Generation]* demokratische Werte wie

- Anerkennung des gleichen Rechts auf Freiheit,
- Respekt und Akzeptanz,
- Partizipation aller Beteiligten an Entscheidungen,
- Teamorientierung und Verantwortungsübernahme,
- Toleranz für Unterschiedlichkeit,
- Fairness als Leitidee,
- Selbstbestimmung,
- Respektvolles und partnerschaftliches Miteinander,
- Vertrauen in die Leistungsbereitschaft und Leistungsfähigkeit,

ohne Ausnahmen zu Prinzipien ihrer Kultur machen und sie im Alltag mit Leben erfüllen. Demokratie als Lebensform in der Schule *[der nächsten Generation]* erfordert geradezu die Gestaltung einer demokratischen Schulkultur in Verbindung mit einem hohen Lern- und Leistungsniveau."[232]

6.5 Materialien zu Kapitel 6

M 55 Demokratische Schulgemeinschaft

M 56 Traum oder Wirklichkeit einer demokratischen Schulgemeinschaft

232 http://www.demokratiepaedagogikberatung.de, vom 14.09.2007

Demokratische Schulgemeinschaft

Demokratische Schulgemeinschaft entwickelt sich durch ...

prägende persönliche Beziehungen	prägende demokratische Erfahrungen
Sozialkompetenz	**Demokratiekompetenz**

– Werte erleben und erlernen im Miteinander der Schulgemeinschaft – Mündigkeitsentwicklung – Lernen in Sozialzielen – Qualität der sozialen Beziehungen	– Schulversammlung für politisches und demokratisches Handeln – Demokratie im Kleinen durch partizipative (Unterrichts-)Kultur und selbstwirksame Lernkultur
– emotionale Anerkennung – moralische Anerkennung – soziale Anerkennung	– Diskussionskultur – Eigenverantwortung – Partizipation

Zusammenwirken von Werteerziehung, politischer Bildung, sozialem Lernen, demokratischem Lernen und Schulentwicklung

Demokratiepädagogische Schulentwicklung wirkt auf allen Ebenen

- gesamte Schulgemeinschaft
- im Unterricht auf Klassenebene
- beim Individuum

Traum oder Wirklichkeit einer demokratischen Schulgemeinschaft

Ich träume von einer Schulgemeinschaft,
zu welcher Menschen aller Arten und Daseinsformen gehören.
Lernende und Lehrende, Schulkinder und Eltern.
Einfache Leute und Gebildete.
Sie leben miteinander.
Sie lernen voneinander und füreinander.
Sie kennen keine Eifersucht und keine Machtkämpfe.
Sie sprechen miteinander über alles in der Schulgemeinschaft.
Teilen alle Freuden und Sorgen.
Sie sprechen von der Hoffnung und davon,
was sie trägt und wem sie vertrauen.

Ich träume von einer Schulgemeinschaft
die eingebunden ist in die Gesellschaft
mit allen Generationen, Jungen und Alten,
wo das Schulkind lernt,
Verantwortung für sich und den anderen zu übernehmen,
mit einem Geist,
der Solidarität und Nächstenliebe heißt.

Ich träume von einer Schulgemeinschaft,
die einem Schiff gleicht,
das sich mutig dem Meer anvertraut.
Sie alle sind eine Mannschaft,
jeder verlässt sich auf den anderen.
Sie überlassen die Sorge für die Schulgemeinschaft nicht den Experten,
sie trauen ihren eigenen Gaben,
sie hören auf ihren Gott und aufeinander.
Und so leben sie eine lebendige Schulwelt als Beispiel für die vielen,
die suchen nach
Gerechtigkeit, Gleichheit, Frieden und Mitmenschlichkeit.

Elisabeth Nowak

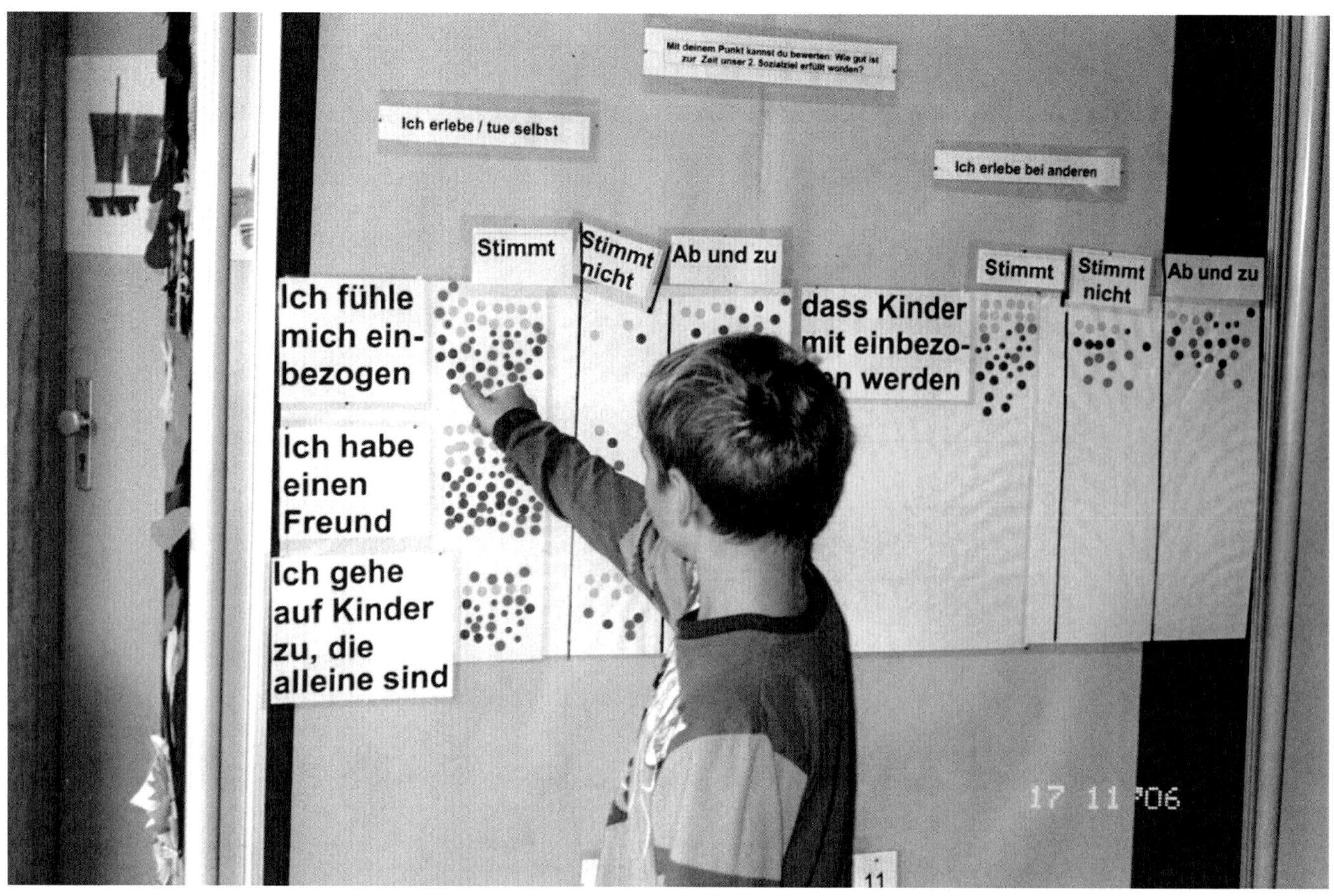

Schulkind-Abstimmung an der Feedback-Tafel

Plakat zum Sozialziel Miteinander

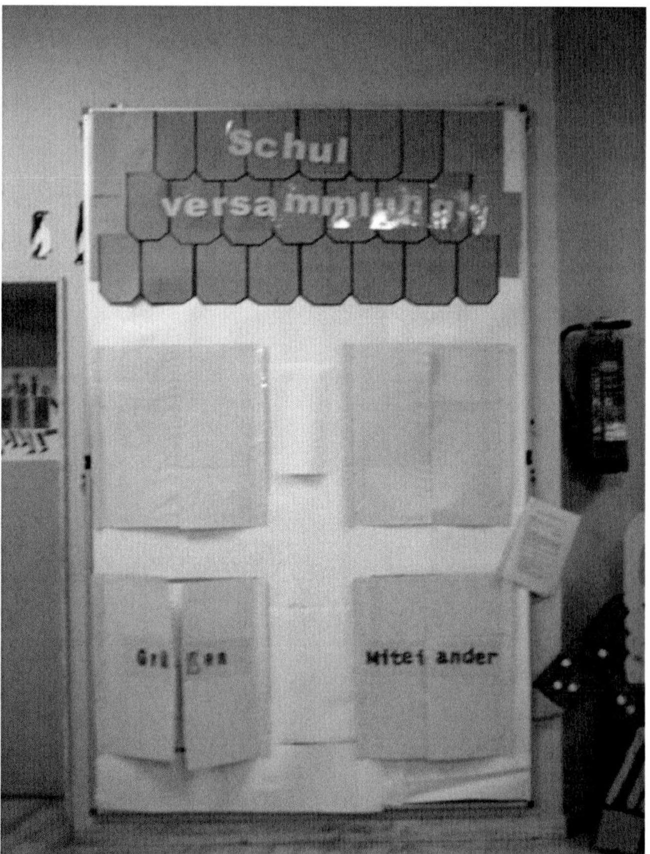

Das Schulversammlungshaus gestaltet sich im Prozess

Schlichter-Kinder stellen die Auswertung des zweiten Sozialziels in der Schulversammlung vor

Sozialprojekt: Demokratie in der Schule

Percha (fx) – Wie achte ich auf fremde Sachen, meine Umwelt und meine Mitmenschen? Mit dieser Frage haben sich die Schüler der Grundschule Percha in den vergangenen Wochen beschäftigt. Ihre Ergebnisse stellten die Mitglieder der Streitschlichter-Gruppe und die einzelnen Klassen gestern bei einer Schulversammlung vor. Man könnte zum Beispiel jemanden, der seine Jacke vergessen hat, daran erinnern, sie mitzunehmen, sagte ein Schüler. Den richtigen Umgang mit Mitmenschen stellten die Drittklässler in kleinen Rollenspielen dar.

„Der Schwerpunkt bei unserem Schulprojekt liegt darin, den Kindern Werte zu vermitteln", erklärte Rektorin Bernhild Bernecker. So sei man dabei, eine demokratische Schule aufzubauen und wolle den Kindern damit die Möglichkeit geben, sich an Entscheidungsfindungen und Themenauswahl zu beteiligen, erläuterte Religionslehrerin Elisabeth Nowak, die das Sozialprojekt heuer betreut.

Die Streitschlichter haben ihre Ernennungsurkunden erhalten. Foto: Pool

Bis Pfingsten beschäftigen sich die Schüler mit dem Thema „Miteinander reden" und am Schuljahresende trifft sich die ganze Schule, um die bearbeiteten Themen zu besprechen und zu überlegen, was noch verbessert werden kann.

(Starnberger Merkur, 22. März 2007, Nr. 68)

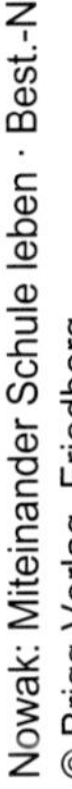

Literaturverzeichnis

Quellenangaben

Antons, K.: Feedback, Johari-Window. In Antons, K.: Praxis der Gruppendynamik. Verlag Hogrefe, Göttingen, 1987.

Auernheimer, G. (1995): Einführung in die interkulturelle Erziehung. Darmstadt. In: Badry, Elisabeth; Buchka, Maximilian; Knapp, Rudolf (Hrsg.): Studienbücher für soziale Berufe. Pädagogik: Grundlagen und Arbeitsfelder. 3., überarb. Auflage. Luchterhand Verlag GmbH, Neuwied, Kriftel, 1999.

Badry, Elisabeth; Buchka, Maximilian; Knapp, Rudolf (Hrsg.): Studienbücher für soziale Berufe. Pädagogik: Grundlagen und Arbeitsfelder. 3., überarb. Auflage. Luchterhand Verlag GmbH, Neuwied, Kriftel, 1999.

Bayer. Staatsministerium für Unterricht und Kultus: http://www.km.bayern.de/ km/berichte/jugend vom 23.05.2007.

Benediktiner Unternehmensethik. In: http://www.andechs.de/kloster/.html download vom 19.11.2007.

Bernhardt, D.; Gürtler, L; Wolf, D.; Wahl, D.: Grundlage: Konstruktivistischer Lernbegriff In: Pädagogik 03'08, 60. Jg., Beltz-Verlag, GmbH & Co.KG, 2008.

Bessoth, Richard: Pädagogische Führung: Voraussetzungen für Schulqualität. In: Pädagogische Führung, 1, 1990. Zeitschrift für Schulleitung und Schulberatung, Neuwied: Luchterhand.

Bessoth, Richard: Ist Führungsqualität messbar. In: Pädagogische Führung, 14, 2003b, 3. Zeitschrift für Schulleitung und Schulberatung, Neuwied, Luchterhand.

Bessoth, Richard: K.L.I.M.A.: Fünf Führungsstrategien, die alle ins Boot bringen. In: Pädagogische Führung, 14, 2003a, 3. Zeitschrift für Schulleitung und Schulberatung, Neuwied, Luchterhand.

Beywl, Wolfgang/Taut, Sandy (2000). In: Ulrich, Susanne; Wenzel, Florian M.: Partizipative Evaluation – Ein Konzept für die politische Bildung, Verlag Bertelsmann Stiftung, Gütersloh 2003.

Böhm, Uwe: Soziales Engagement als außerschulisches Praktikum der baden-württembergischen Realschule. Erprobtes Beispiel mit Portfolio Arbeit In: Realschule in Deutschland, Nr. 8/2005, Verband deutscher Realschullehrer, Druckerei Humbach & Nemazal GmbH, Pfaffenhofen.

Buber, Martin (1984): Das dialogische Prinzip. Gütersloher Verlagshaus; Schneider, Gerlingen, 9. Aufl. 2002.

Burggraeve, Roger; Scheppens, Jacques: Emotionalität, Rationalität und Sinngebung als Faktoren christlicher Werterziehung: Eine Interpretation des pädagogischen Erbes Don Boscos für heute. 1. Aufl., Don Bosco Verlag, München, 1999. Benediktbeurer Hochschulschriften; Bd. 14.

Burk et al in: http://de.wikipedia.org/wiki/Demokratische Erziehung download 14.09.2007.

Cousins, J.B. & Whitmore, E. (1998): Framing participatory evaluation. In E. Whitmore.

Deutscher Verein für öffentliche und private Fürsorge (Hrsg.): Fachlexikon der sozialen Arbeit/4. vollst. überarb. Aufl. Kohlhammer, Stuttgart, Berlin, Köln, 1997.

(DeGEval) Deutsche Gesellschaft für Evaluation: Empfehlungen zur Anwendung der Standards für Evaluation im Handlungsfeld der Selbstevaluation, Alfter, 2004.

Dewey, John; Oelkers, Jürgen (Hrsg.): Demokratie und Erziehung. Eine Einleitung in die philosophische Pädagogik. Beltz Verlag, Weinheim, Basel, 2000.

Dietrich, Julia: Was ist ethische Kompetenz? In: Wertloses Wissen – Fachunterricht als Ort ethischer Reflexion. Hrsg.: Quinn, R.A u. a., Verlag Julius Klinghardt, Bad Heilbrunn 2007

Dimbath, Oliver & Schneider, Werner (2006): Partizipative Evaluation in der politischen Bildung. In: Zeitschrift für Evaluation, Jg. 5, H. 1, S. 109–134, 2006.

Dubs, Rolf: Mitsprache ist hilfreicher als Mitbestimmung. In: www.elternmitwirkung.ch – download vom 26.09.2006.

Edelstein, Wolfgang und Fauser, Peter: Demokratie lernen und leben – Gutachten zum Programm. In: Materialien zur Bildungsplanung und zur Förderung. Bund-Länder-Kommission für Bildungsplanung und Forschungsförderung. Heft 96/2001.

Fallner, H. u. Gräßlin, H.-M.: Kollegiale Beratung. Eine Systematik zur Reflexion des beruflichen Alltags. Ursel Busch Fachverlag, Hille, 1990.

Fend, H.: Qualität im Bildungswesen, Beltz-Verlag GmbH & Co.KG, Weinheim, 1998.

Fitzgerald Raimond N.: Afrikanische Seele – die Weisheit eines Kontinents, Weltbild Buchverlag, Augsburg, 2006.

Frank, Susanne: „Civic Education" – was ist das? In: http://de.wikipedia.org/wiki/Civic Education download vom 20.08.07.

Fuchs, Max: Laudatio anlässlich der Verleihung des Max-Brauer-Preises der Alfred Töpfer Stiftung-F.v.S. in Hamburg am 17.04.2007.

Gemeinde Herisau, Ressort Schule, Eltern/Schule: Zusammenarbeit Eltern-Schule, März 2005.

Giesel, Katharina D.; Haan, Gerhard; Diemer, Tobias: Demokratie in der Schule. Fallstudien zur demokratiebezogenen Schulentwicklung als Innovationsprozess. Peter Lang GmbH, Europäischer Verlag der Wissenschaften, Frankfurt am Main, 2007.

Gieseke, H.: Einführung in die Pädagogik. Neuausgabe, Beltz-Verlag GmbH & Co.KG, Weinheim/München, 1990.

Greiffenhagen, M. u. S.: Wertewandel. In: Breit, G./Schiele, S.(Hrsg.): Werte in der politischen Bildungsarbeit, Schwalbach/Ts. 2000.

Grell, J.: Techniken des Lehrerverhaltens. Beltz-Verlag GmbH & Co.Kg., Weinheim, 1994.

Grell, J.; Grell, M.: Unterrichtsrezepte. In: Kleines Meth.-Lexikon, Peterßen, Oldenbourg Verlag, München, 1999.

Gudjons, H.: Didaktik zum Anfassen. Lehrer/in-Persönlichkeit und lebendiger Unterricht. Klinkhardt Verlag, Bad Heilbrunn, 1998.

Gudjons, H., Scarbath, H., Miller, R. u. Schumacher, E.: Lebenslügen von LehrerInnen. Pädagogik, Heft 9/1999. Beltz-Verlag GmbH & Co.KG, Weinheim.

Habermas, Jürgen: Theorie des kommunikativen Handelns. Band 2 Zur Kritik der funktionalistischen Vernunft, Suhrkamp Verlag, Frankfurt am Main 1981.

Harris, Alma: Leading or misleading? Distributed leadership and school improvement. In: Journal of curriculum studies, 37, 2005

Haug-Benien, R.: Kollegiale Beratung – Ein Fall nicht nur für zwei. Heidelberger Institut Beruf und Arbeit, hiba transfer, Ausgabe III – 1998, hiba GmbH, 1998.

Haug-Benien, R.; Griepenburg, C.: Kollegiale Beratung – fallbezogene Kommunikation zwischen MitarbeiterInnen in der Benachteiligtenförderung. hiba Durchblick, Ausgabe 2/98, S. 27–29. Heidelberger Institut Beruf und Arbeit, hiba GmbH. 1998.

Haug-Schnabel, Gabriele: Kinder von Anfang an stärken. Wie Resilienz entstehen kann. In: TPS Theorie und Praxis der Sozialpädagogik. 5/2004. Erhard Friedrich Verlag GmbH. Seelze/Velber. 2004.

Heijl, P.M.: Konstruktion der sozialen Konstruktion: Grundlinien einer konstruktivistischen Sozialtheorie. In: Schmidt, S.J. (Hrsg.): Self-Organizing Systems. Campus, Frankfurt a. M./New York, 1987.

Heijl, P.M.: Soziale Systeme: Körper ohne Gehirne oder Gehirne ohne Körper? Rezeptionsprobleme der Theorie autopoietischer Systeme in den Sozialwissenschaften. In: Riegas, V.; Vetter, C. (Hrsg.): Das Nervensystem – offenes oder geschlossenes System? Campus, Frankfurt a. M./New York, 1990.

Heiner, Maja: Lernende Organisation und Experimentierende Evaluation. Verheißungen Lernender Organisationen. In: Heiner, Maja (Hrsg.): Experimentierende Evaluation. Ansätze zur Entwicklung lernender Organisationen. Juventa-Verlag, Weinheim und München. 1998. (Edition Soziale Arbeit).

Heinze, T.: Schülertaktiken. München, Urban & Schwarzenberg, 1980.

Hentig, Hartmut von: Die Schule neu denken. Eine Übung in pädagogischer Vernunft. Erweiterte Neuausgabe. Beltz Verlag, Weinheim, Basel, 2003.

Honneth, Axel: http.//de.wikipedia.org

International UNESCO Education Server for Civic, Peace and Human Rights Education: www. d@dalos.org download vom 22.06.2007.

Internet:

http://www.demokratiepaedagogikberatung.de download vom 14.09.2007.

http://www.destatis.de download vom 14.09.2007.

http://www.europa-jetzt/org.wiki vom 04.07.2007.

http://spiritualwiki.org download vom 14.09.2007.

http://arbeitsblätter.stangl-taller.at, download vom 20.08.2007.

http://jwww.uni-koeln.de download vom 11.10.2006 und 28.07.2007.

http://www.verantwortungslernen.de vom 2.08.2007.

http://.de.wikipedia.org download vom 20.07.2007, 20.08.2007, 14.09.2007, 27.03.2008.

Kant, Immanuel: Werte Band VII, S. 71 in: Blasersfeld, E.: Der Radikale Konstruktivismus, o.V., Frankfurt am Main 1996, S. 59.

Kinast, E.-U.: Evaluation Interkultureller Trainings. Verlag Pabst, Lengerich, 1998.

Kirbach, Roland in: Die Zeit – Dossier: Land ohne Leute. 20/2001.

Klafki, W.: Neue Studien zur Bildungstheorie und Didaktik. Beiträge zur kritisch-konstruktiven Didaktik. Beltz Gmbh & Co.KG, Weinheim, 1985.

Knab, D., Buchen, S., Gosch, H. u. Beyer, A.: Arbeitsplatz Schule. Pädagogik, Heft 9/1995. Beltz-Verlag Gmbh & Co.KG, Weinheim.

Kobelt-Neuhaus, Daniela in: TPS. Theorie und Praxis der Sozialpädagogik. 5/2004. Erhard Friedrich Verlag GmbH, Seelze/Velbert.

Köhler, Horst: Grußwort des Bundespräsidenten zur Eröffnung des 5. Weltlehrerkongresses In: www.vbe.de download vom 09.09.2007.

König, Joachim: Einführung in die Selbstevaluation. Ein Leitfaden zur Bewertung der Praxis Sozialer Arbeit. Lambertus-Verlag, Freiburg im Breisgau, 2000.

Kunzmann, Peter; Burkard, Franz-Peter; Wiedmann, Franz: dtv-Atlas Philosophie. 7., überarb. u. erweiterte Auflage. Deutscher Taschenbuch Verlag GmbH & Co. KG, München, 1998.

Lernende Schule. Für die Praxis pädagogischer Schulentwicklung. Werkstatt. Praxisheft für Steuerungsgruppen. Erhard Friedrich Verlag, Seelze, Jahrgang 34/2006.

Lind, Georg: Moral ist lehrbar. Handbuch zur Theorie und Praxis moralischer und demokratischer Bildung. EGS-Texte. Hrsg.: Peterßen, Wilhelm H., Oldenbourg Schulbuchverlag GmbH, München, 2003.

Lind, Georg: www.uni-konstanz.de download vom 30.05.2008.

Lindemann, Holger: Konstruktivismus und Pädagogik. Grundlagen, Modelle, Wege zur Praxis. Ernst Reinhardt Verlag München Basel, 2006.

Lohmann, G.: Mit Schülern klarkommen. Cornelsen Scriptor, Berlin, 2003.

Lorent, H.-P.; Czarnecki, S.: Supervision. Nachdenken über den Arbeitsplatz Schule. Pädagogik, Heft 09/1995.

Maroshek-Klarman, Uki: Miteinander – Erfahrungen mit Betzavta; ein Praxishandbuch, Adam Institut, Jerusalem/in der Adaption von Susanne Ulrich. Verlag Bertelsmann Stiftung, Gütersloh 1997.

Naidoo, Xavier: Was wir alleine nicht schaffen; Telegramm X. P + C 2005 naidoo records GmbH.

Nolting, H.: Störungen in der Schulklasse. Ein Leitfaden zur Vorbeugung und Konfliklösung. Beltz, Weinheim, 2002.

Nowak, Elisabeth et. al.: Miteinander Lernen – Zusammen Wachsen – Peer-Mediation in der Grundschule. 1. Aufl. Bildungshaus Schulbuchverlage Westermann Schroedel Diesterweg Schöningh Winklers GmbH, Braunschweig, 2006.

Pallasch, W., Mutzeck, W. u. Reimers, H. (Hrsg.): Beratung – Training – Supervision. Juventa Verlag, Weinheim, 1992.

Parschau, Bianca: Evaluation pädagogischer Praxis aus der Perspektive von Kindern – Fragen und Anregungen zur Datenerhebung. In: Riekar, Peter (Hrsg.): Der frühe Vogel fängt den Wurm. Soziales Lernen und Prävention von Rechtsextremismus und Fremdenfeindlichkeit in Kindergarten und Schule. Halle 2004, S. 94 f.

Polák Vlastimil: Wirksame Lehr- und Lernaktivitäten, Delphi-Befragung, Ministerium für Schule und Weiterbildung des Landes Nordrhein-Westfalen, 40190 Düsseldorf.

Portmann, Rosemarie; Student, Sonja: Partizipation in Grundschulen. Schülerinnen und Schüler bestimmen mit. 2005. In: Giesel, Katharina D.; Haan, Gerhard; Diemer, Tobias: Demokratie in der Schule. Fallstudien zur demokratiebezogenen Schulentwicklung als Innovationsprozess. Peter Lang GmbH, Europäischer Verlag der Wissenschaften, Frankfurt am Main, 2007.

Posch/Altrichter (1997) in: http://www.qis.at-bm:bwk vom 05.09.2007

Psychologie heute: Beltz-Verlag GmbH & Co.KG (Hrsg.), 9/2005. Weinheim. 2005.

Reich, K. (Hrsg.): Methodenpool. In: url: http://methodenpool.uni-koeln.de.

Ritzel, W. (1968): Die Vielfalt der pädagogischen Theorien und die Einheit der Pädagogik. Wuppertal/Ratingen/Düsseldorf. In: Badry, Elisabeth; Buchka, Maximilian; Knapp, Rudolf (Hrsg.): Studienbücher für soziale Berufe. Pädagogik: Grundlagen und Arbeitsfelder. 3., überarb. Auflage. Luchterhand Verlag GmbH, Neuwied, Kriftel, 1999.

Ritzel, W. (1973): Pädagogik als praktische Wissenschaft. Von der Intentionalität zur Mündigkeit. Heidelberg. In: Badry, Elisabeth; Buchka, Maximilian; Knapp, Rudolf (Hrsg.): Studienbücher für soziale Berufe. Pädagogik: Grundlagen und Arbeitsfelder. 3., überarb. Auflage. Luchterhand Verlag GmbH, Neuwied, Kriftel, 1999.

Schaarschmitdt & U. Kieschke (2006): Arbeits-Bewertungs-Check für Lehrkräfte (ABD-L) U.

Schaarschmidt-Studie vom 9.4.2003 In: http:/www.dphv.de download vom 20.08.2007.

Schlee, J. u. Mutzeck, W. in: Fallner, H. u. Gräßlin, H.-M.: Kollegiale Beratung. Eine Systematik zur Reflexion des beruflichen Alltags. Ursel Busch Fachverlag, Hille, 1990.

Schlee, J. u. Mutzeck, W. (Hrsg.): Kollegiale Supervision. Modelle zur Selbsthilfe für Lehrerinnen und Lehrer. Winter Universitätsverlag, Heidelberg, 1996.

Siebert, H. (2001): Selbstgesteuertes Lernen und Lernberatung. Luchterhand, Neuwied/Kriftel. In: Lindemann, Holger: Konstruktivismus und Pädagogik. Grundlagen, Modelle, Wege zur Praxis. Ernst Reinhardt Verlag, München, Basel, 2006.

Schorch Günter: Erziehender Unterricht angesichts neuer Lernkultur – www.uni-bayreuth.de downlodad vom 20.08.2007.

Schülerduden: Die Pädagogik, hrsg. u. bearb. von Meyers Lexikonred. In Zusammenarbeit mit Gerhard Eberle u. Axel Hillig, Mannheim, Wien, Zürich, Dudenverl., 1989.

Sliwka, Anne: Das anglo-amerikanische Beispiel. Band 2, Freudenberg Stiftung, Weinheimer Gespräch, 2001.

Sliwka, Anne; Frank, Susanne: Service Learning. Verantwortung lernen in Schule und Gemeinde. Beltz Verlag, Weinheim und Basel, 2004.

Sliwka, Anne: Das Deliberationsforum: Eine neue Form des politischen Lernens in der Schule, Berlin, Januar 2005.

SPIEGEL ONLINE – http://www.spiegel studium/0,1518,20 download vom 20.08.2007.

Steentjes, Gabriele in: http://www.vbe.de: Handreichung für Eltern des Verbandes Bildung und Erziehung download vom 14.09.2007.

Temperley, Helen S.: Distributed leadership: Developing theory from practice. In: Journal of curriculum studies, 37, 2005, 4.

Teuber, Reinhard: Gesetzliche Grundlagen der Kooperation allgemein bildender Schulen mit anderen Einrichtungen und Personen. Erstellt für das Deutsche Jugendinstitut e.V., Mai 2004.

Thierse, Wolfgang: Grußwort des Bundestagspräsidenten vom 20./21.09.2002, http://grundschulverband.de.

Ulrich, Susanne; Wenzel, Florian M.: Partizipative Evaluation – Ein Konzept für die politische Bildung, Verlag Bertelsmann Stiftung, Gütersloh 2003.

Verband Bildung und Erziehung: Handreichung für Eltern In: http://www.vbe.de download 19.11.2007.

Watzlawick: Man kann nicht nicht kommunizieren. In: Watzlawick, P. et al: Menschliche Kommunikation. Bern, Stuttgart, Wien, 1971 (2).

Zollneritsch, Josef: Wie behalte ich mir die Freude am Lernen? In: http://arbeitsblätter.stangl-taller.at/LERNEN/Lernfreude.shtml download 14.09.2007.

Literatur-Empfehlungen

Becker, T. (2003): Effiziente Klassenführung. Schriftliche Hausarbeit gem. § 58 OVP (Theorieteil). Dortmund, Studienseminar Sek II (Berufskolleg).

URL: http://paedagogik.homepage.t-online.de/klassenfuehrung.pdf (Version 1.3).
Zum Thema 'Classroom Management' sehr empfehlenswert sind auch die Ausgaben 02/00 und 02/05 der Zeitschrift: Die Grundschule.

Besser, R. (2002): Transfer: Damit Seminare Früchte tragen. Weinheim, Beltz.
Kollegiale Beratung mit ganzheitlichem Ansatz: Bei der 'Rezeptverschreibung' erfolgt die Strukturierung über eine leicht erlernbare Rollenverteilung und über die Arbeit mit Metaphern.

Kahl, R. (2004): Treibhäuser der Zukunft. Wie in Deutschland Schulen gelingen. Archiv der Zukunft
Belastung und Überforderung als Folge einer im Grunde unergonomischen Organisation von Unterricht und Schule. Drei DVDs mit Interviews und Beispielen deutscher Reformprojekte ***(Infos).***

Kahl, R.: Überfordert, allein gelassen, ausgebrannt. In: Geo Wissen, 2003, Heft 31, S. 52-61.

Spiegel.Online. URL: ***http://www.spiegel.de/unispiegel/schule/0,1518,240691,00.html***

Abbildungsverzeichnis

Abbildungen im Text